Dios está
en todas partes

Una luz en la oscuridad

Rosalía Alcalá Gallegos

Prólogo.

Hice mías las palabras *Quién tuvo la experiencia de conocer a Dios no puede quedarse callada*, una frase del padre Ignacio Larrañaga, que fue el impulso que me motivó a escribir y compartir con todo el mundo estas historias donde Dios ha estado presente a lo largo de mi vida.

Llevo con orgullo el mismo nombre de mi madre, que significa coronada de rosas. Estoy felizmente casada con Adrian, a quién amo profundamente, tenemos tres amados y maravillosos hijos, Adriana, Jesús Adrian y Mario, mi adorado yerno. El Señor nos ha bendecido con dos nietos hasta el momento, Emiliano y Marcelo, dos angelitos que me derriten de amor.

Mucho aprendí de mis padres y mi familia, a ser servicial y generosa, a dialogar, a preocuparnos unos por otros, allí comencé a amar las relaciones sociales, disfruto de estar rodeada de personas con quien conversar, he sido hija, hermana y esposa fiel, honesta y leal a mis principios e ideas.

Desde mi matrimonio, me he dedicado al hogar, pero siempre lo he compaginado con otras actividades, he sido secretaria, agente de ventas, estilista y diseñadora de imagen, me agrada mantenerme ocupada para ser independiente y de ayuda para los demás.

Pasando a un plano más profundo diré que desde la infancia, percibí una gran fuerza espiritual en mi madre, una guía de fe que me acompañó en cada etapa de mi vida. Sin embargo, llegó un momento en el cual, esa fe dejó de ser solo herencia, y despertó la mía propia. Fueron mis experiencias personales las que me brindaron la certeza de que Dios existe y me ama.

Siempre he sido una mujer de fe, profesando la religión católica con devoción y fervor. Aunque había pasado por muchos movimientos religiosos, fue en los Talleres de Oración y Vida donde encontré la forma de relacionarme con Dios que tanto buscaba. Allí experimenté un encuentro directo con Dios, convirtiéndome en mensajera y testigo de su amor y bondad.

Una misión, revelada en un sueño, me llevó a impartir talleres de oración en el Centro de Readaptación Social (CERESO) de Chihuahua. Allí, presencié prodigios que solo la presencia divina podría haber realizado. A lo largo de casi veinte años, estuvo latente mi deseo de plasmar estas maravillosas historias en palabras escritas para que quedaran como testimonio del amor y misericordia del Señor.

La fuerza que me impulsó a escribir este libro fue, antes que nada, un mandato divino: anunciar a todos mis hermanos que Jesús vive y los ama. La experiencia en el taller del CERESO reforzó mi sueño de escribir las vivencias que no debían quedar en el olvido de nuestros recuerdos, sino ser conocidas y admiradas para la gloria de Dios y, quizás, para la conversión de algunos.

Sin embargo, también albergaba otro deseo: plasmar mis experiencias como testimonio de vida para mis hijos y su descendencia. A través de estas páginas, deseo que me conozcan y que comprendan que las vivencias no siempre fueron fáciles, pero Dios siempre estuvo cerca de mí, y lo más maravilloso es que sigue estándolo.

Dios está en todas partes es un libro que relata la historia de mi vida, desvelando la íntima y personal manera en que descubrí y viví la presencia divina. A través de mis recuerdos, viajamos desde la inocencia de la niñez, pasando por cada etapa de mi existencia, hasta el momento en que llevé la palabra de Dios a un grupo de reclusos mediante los Talleres de Oración y Vida.

En estas páginas, comparto la experiencia de una visitación divina que me encomendó una misión evangelizadora: "Dile a tus hermanos que vivo y los amo". A través de un sueño, esa misión adquirió una precisión extraordinaria: debía acudir a las almas sedientas de amor, aquellas que clamaban angustiadas por ayuda para seguir adelante.

El Señor me preparó gradualmente para esta misión, guiándome por los caminos del amor hasta el momento preciso de su cumplimiento. El significado del sueño se reveló: debía llevar libertad a los cautivos, ser una *luz en la oscuridad* para aquellos

presos que anhelaban escuchar de Dios y experimentar su amor. Esta libertad no era meramente física, sino espiritual, llenándolos de paz y esperanza, sin importar las dramáticas condiciones de sus vidas.

A través de este libro, tengo dos sueños por cumplir:

Primero, el anhelo de que toque corazones, que sea una herramienta de evangelización para las almas que aún no encuentran al Dios del amor y la misericordia, para que los muchos testimonios de otras personas y los míos propios los muevan a buscarlo hasta encontrarlo. Vale la pena buscarlo, enamorarse de Él y quedarse en su presencia, Él es la respuesta a todas nuestras necesidades, por Él estamos y con Él tiene sentido nuestra vida. Por Él llegamos a este mundo y a Él regresaremos al final de nuestros días.

Segundo, que los que conocen a Dios, refuercen su convicción de que el Dios del amor y la misericordia sigue presente y cercano en todos los acontecimientos de nuestra vida, y cuando sintamos su presencia, dar testimonio de todas sus maravillas para crecimiento mutuo en la fe.

Aunque la vida no es fácil, siempre hay momentos de gracia que merecen ser contados. Solo debemos estar atentos y perceptivos para descubrir la mano de Dios en cada detalle y cultivar un espíritu de agradecimiento. A lo largo de las páginas de este libro, encontrarán numerosos prodigios. Mi esperanza es que estos testimonios sean conocidos para la gloria de Dios y toquen los corazones de quienes los lean.

Agradecimientos.

En primer lugar, agradezco a Dios por todas las bendiciones que han llegado a mi vida. Él me condujo a recorrer el universo entero, permitiéndome contemplar su maravillosa creación y apreciar todo lo que ha hecho por amor. Nada falta en su obra maestra, y en su amor encontramos la plenitud y la felicidad.

En segundo lugar, quiero expresar mi gratitud a los Talleres de Oración y Vida. Fue allí donde Jesucristo me sedujo, donde lo traté y lo conocí más íntimamente. Mi corazón quedó disponible para contribuir, aunque fuera con un modesto "granito de arena", en la tarea de implantar su reino en la tierra.

Por último, a mi amado esposo Adrián, quién ha sido mi compañero fiel en este viaje. Él no solo me apoyó en todos esos momentos compartidos, sino que también me impulsó a perseguir este sueño de escribir mis experiencias, sin él probablemente no se hubiera realizado. Juntos, hemos recorrido toda esta historia, y su amor ha sido un faro en mi camino.

Índice.

1

Una infancia humilde y maravillosa.

Honra a tu padre y a tu madre, para que se prolonguen tus días sobre la tierra que Yahvé, tu Dios, te va a dar.

Éxodo 20, 12
(Biblia de Jerusalén, Quinta Edición)

La figura de mis padres.

En los pliegues de mi memoria, donde los sueños se mezclan con la realidad, residen las imágenes vivas de mi infancia, un tapiz de colores puros y destellos de alegría. Cada risa, cada juego, cada abrazo eran pinceladas de amor en el lienzo de mi ser.

La ingenuidad de mi niñez era la que me hacía despertar al mundo, con ojos abiertos de par en par, sin miedos ni dudas, solo con la certeza de que todo estaba bien, que todo sería siempre así.

Fue en el cálido abrazo de un hogar modesto que vi la luz por primera vez. Mis raíces, hechas en su totalidad con fibras de humildad y amor, se anudaron a mis padres, Pablo y Rosalía, ellos fueron padres de trece hijos, aunque los tres primeros no sobrevivieron, un varón y dos bebitas, el resto de nosotros pudimos vivir a su lado para disfrutar de su amor incondicional.

Pablo, era el pilar de la familia. su figura se alzaba con una presencia imponente. Mi padre, de estatura regular, no destacaba por su altura, pero su corpulencia llenaba cada rincón del espacio.

La espalda ancha, como si hubiera cargado el peso del mundo en sus hombros durante mucho tiempo, se erguía con una dignidad innata. Sus brazos, robustos y musculosos, parecían esculpidos por los dioses mismos. Las venas, como ríos de fuerza, serpenteadas bajo la piel, marcaban su esfuerzo y tenacidad.

Pero eran sus manos las que más llamaban la atención. Grandes y poderosas, como herramientas forjadas en la fragua de la vida. Cuando las extendía, parecían capaces de sostener todo lo que se cruzara en su camino: desde un niño asustado hasta los sueños más inalcanzables.

Su tez blanca, casi pálida, contrastaba con su cabello oscuro, como la noche sin luna. Cada hebra parecía guardar secretos y memorias. Y sus ojos… oh, sus ojos. Claros como el avellano en otoño, profundos como abismos. En ellos, se reflejaba la sabiduría de los años vividos y la pasión que ardía en su interior.

De este modo era mi padre: un hombre apuesto, sí, pero más allá de la belleza física, su fortaleza y nobleza lo convertían en una

figura inolvidable. Un hombre sabio, con honestidad a toda prueba. Un titán de carne y hueso, cuyas manos podían sostener tanto el mundo como el corazón de quienes lo amaban.

Rosalía, era el corazón latente de nuestro hogar. Su estatura era la de una mujer que ha caminado con firmeza por los senderos de la vida, ni demasiado alta ni demasiado baja, pero siempre erguida, como si llevara consigo la carga de los sueños y las esperanzas de generaciones pasadas.

Su esbeltez era un enigma, un equilibrio entre la gracia y la fuerza. Cada línea de su cuerpo parecía trazada con precisión, como si un escultor invisible hubiera modelado sus curvas y ángulos. Pero es en su mirada donde residía la verdadera magia. Profunda y misteriosa, sus ojos claros resguardaban la sabiduría del tiempo. El color menta, apenas perceptible, era como el reflejo de un bosque sumergido en la memoria.

Los labios de mi madre eran finos, pero su sonrisa era un regalo para quienes la conocían. Se curvaban con la ternura de los años vividos, con la sabiduría de quien ha enfrentado grandes problemas y hallado refugio en pequeñas alegrías. Y su cabello rizado y rebelde, como un torrente de ébano, parecía tener vida propia. Era abundante, como si quisiera escapar de las ataduras de las horquillas y las trenzas, y danzar al viento.

Su rostro era un mapa de historias. Sus rasgos finos y afilados cuentan de antepasados lejanos, de luchas y victorias, de risas y lágrimas. La tez morena clara llevaba consigo el sol de muchos veranos, la caricia del viento en los campos, la dulzura de las tardes compartidas bajo la sombra de un árbol.

Pero lo más asombroso era su personalidad. Fuerte como las raíces de un árbol centenario, mi madre había enfrentado tormentas y sequías con la misma entereza. Su serenidad era como un lago tranquilo en medio de la vorágine del mundo. No se apresuraba, no se inquietaba. Sabía que la vida es un río que fluye, y ella se dejaba llevar sin resistencia.

Así recuerdo a mi madre: una sinfonía de colores y emociones, una presencia que llenaba la habitación con su luz.

Mis compañeras de juegos.

En esas mismas memorias, las siluetas de mis hermanas se superponen y entrelazan como raíces de un árbol alimentándose entre sí. Cada una era un retrato en color, un suspiro de infancia que se desvanece en el viento.

Malena, la efímera. Su recuerdo se desliza entre mis dedos como arena fina. Se casó temprano, ya no compartía casa con nosotras y su ausencia dejó un hueco en nuestros corazones. Piel morena clara, cabello largo y oscuro que ondeaba como un rio en la noche. Su belleza, un misterio que todas atesoramos.

Lourdes, la risueña. Tan llena de luz como bajita de estatura. Su piel, morena como la tierra cálida. Cabello oscuro que caía en rio sobre su espalda. Siempre nos animaba con su sonrisa contagiosa y divertida, contrastando al mismo tiempo con su tranquilidad y discreción, como quien fuera la mejor amiga. Su rostro se iluminaba de alegría.

Isabel, la alta y enigmática. Su tez, blanca como la nieve en la cumbre de los sueños. Ojos verdes que destilaban secretos. Cantaba con voz de ángeles, y su risa era un himno en las tardes doradas. Atrabancada, como un vendaval de emociones.

Pablo, el apuesto. Estatura regular, piel morena clara. Ojos verdes que escondían mundos. Cabello corto y rizado. Un enigma que caminaba entre nosotros, con la gracia de un poeta.

Ofelia, la cargadora de niños y de risas. Alta y delgada, con caderas que sostenían mis sueños de niña. Piel blanca como la espuma del mar al amanecer. Cabello rizado y rubio, como los campos de trigo en verano. Bailaba con la ligereza de las mariposas.

Mary, de gran fuerza y compasión, de estatura promedio, de piel clara con un rubor natural evidente. De carácter inquebrantable, como las raíces de un roble. Todos se doblaban a su voluntad, pero siempre con un corazón benevolente. Su belleza brillaba como un faro guía en tiempos de turbulencia.

Clara, la primera menor a mí, mi fiel compañera de aventuras. De cabello rubio como el sol de la mañana. Su piel blanca, a veces

pálida como la luna llena. Delgada y frágil como una mariposa al viento. Tranquila, como un lago en calma al atardecer.

Lety, indómita y sonriente. No muy alta, de piel tan blanca como la nieve. Cabello rizado casi blanco, como las nubes de verano. Con pecas en su rostro, como pequeñas estrellas en el cielo nocturno. Siempre dispuesta a arrancar carcajadas y llenaba de alegría la vida de los demás.

Susy, la pequeñita, la recién llegada. En sus ojos, el asombro del mundo. Piel frágil como una flor en primavera. Mi mamá la sostenía en brazos, y yo la miraba con admiración. Un nuevo capítulo en nuestra historia, un regalo del tiempo.

Y yo, la séptima de los diez hijos que sobrevivimos, de piel morena clara, de cabello castaño y grandes ojos expresivos, era como una nota en una sinfonía familiar. Entre risas y juegos, aprendí a compartir, a cuidar y a soñar. Las noches eran un coro de cuentos y secretos susurrados bajo las mantas.

En ese rincón de la existencia, crecí rodeada de risas, ollas humeantes y abrazos que sabían a hogar. Mi familia, humilde pero maravillosa, me enseñó que la verdadera riqueza reside en los lazos que tejemos con amor y en las historias que compartimos alrededor de una mesa.

La casa de mis recuerdos.

En la ciudad de Chihuahua, Chih., la casa de mi niñez se ubicaba en la *Granja Avícola Cerro Grande*. El dueño de aquella granja era el Ing. Millán, un hombre cuya figura se encontraba con muchas de las historias que mi padre solía contar junto al fuego. La casa, modesta y sencilla, se aferraba a las faldas del Cerro Grande, como si buscara refugio en su sombra protectora. La naturaleza la envolvía por todos lados, susurros de hojas y el aroma de la tierra húmeda se filtraban por las rendijas de nuestras ventanas.

Desde el exterior, la casa lucía impoluta, con sus paredes de gran blancura. Cuatro o cinco pequeñas ventanas en la fachada,

permitían que la luz del día se colara tímidamente. Su diseño carecía de ostentación; más bien, se inclinaba hacia la austeridad. Pero era en el interior donde la esencia de aquel hogar se revelaba con mayor claridad.

La puerta principal, de madera envejecida, mostraba las huellas del tiempo. Sus vetas marcadas, como arrugas en la piel de un anciano, narraban décadas de historias. Aunque parecía frágil, aquella puerta seguía siendo firme y fuerte, como si hubiera absorbido la tenacidad de quienes la habían cruzado antes que yo. Por las noches, cuando el mundo se sumía en la penumbra, mi padre atravesaba las trancas de madera para asegurar la casa. El sonido de la madera al encajar en su lugar resonaba como un ritual, un pacto silencioso con la seguridad y la paz.

La cocina era como un santuario de aromas y recuerdos. Aunque pequeña para albergar a todos los que habitábamos, su corazón latía con las historias de comidas compartidas y secretos susurrados entre sus paredes. Un pequeño trastero, albergaba los trastes más finos: platos y vasos de peltre y cristal. Eran tesoros que emergían en ocasiones especiales, cuando la mesa de madera se vestía con mantel blanco pregonando la próxima fiesta.

Aquella mesa de madera, testigo silencioso de innumerables desayunos, almuerzos y cenas, se aferraba a la memoria de los años. Sus patas desgastadas, sostenían historias de risas y lágrimas. A veces, al rozar su superficie, podía sentir la huella de mis padres, la risa de mis hermanos, la calidez de los abrazos compartidos.

La otra mesa, de peltre blanco, era más modesta pero igual de entrañable. Su superficie lisa y fría acogía los desayunos apresurados, las meriendas improvisadas. Duró décadas, resistiendo el paso del tiempo como una fiel testigo de la unión familiar. Era el único mueble que perduró por muchos años, como si estuviera destinado a ser el epicentro de nuestra vida cotidiana.

En un rincón, la estufa de leña se erigía como objeto de nuestra veneración. Robusta y tosca, emanaba calor y fragancias que se entrelazaban con nuestras historias. Mi madre, con las manos curtidas por el fuego, cocinaba con habilidad innata. Desde muy temprano, el aroma de las tortillas de harina y los frijolitos recién

hechos nos despertaba, como un abrazo matutino que nos envolvía en su ternura.

Más adentro de la casa estaba la recámara, compartida por las numerosas hermanas, era un crisol de risas y secretos. Las paredes, testigos mudos de confidencias y confabulaciones, parecían encogerse para dar cabida a nuestras almas inquietas. Ahí, en la penumbra, las voces se entrelazaban como hilos de un tapiz mágico. Las noches se prolongaban con pláticas sin fin, como si el tiempo se rindiera ante nuestra complicidad.

Mi cama, un espacio compartido con dos o tres de mis hermanas, se convertía en un refugio de risas y complicidad. Dos en los pies, dos en la cabecera: un rompecabezas humano que se resolvía con carcajadas. No me molestaba; al contrario, lo disfrutaba. Dormir cerca de mis hermanas era como abrazar la certeza de que nunca estaba sola. Las horas de ir a la cama se convertían en un festín de anécdotas y chistes. Nuestras risas, como luciérnagas en la oscuridad, iluminaban el cuarto.

Y al cerrar los ojos, con una expresión de felicidad en nuestro rostro, nos sumergíamos en el sueño. A veces, la sombra de Ofelia o Mary se asomaba desde la puerta entreabierta. Sus regaños, como ráfagas de viento, nos recordaban que el juego tenía límites. Pero incluso en esas reprimendas, había un rastro de amor y complicidad.

Afuera, la granja con su cría de pollos y gallinas tenía su propia sinfonía. Los gallos, como pregoneros del alba, entonaban sus cantos para despertarnos. Las aves, en sus mil tonadas, tejían un tapiz de sonidos que vibraba en el aire. Los ladridos de los perros, como notas dispersas en la partitura de la vida, resonaban en aquella casa. Entre aquellos sonidos, uno se destacaba: Lobo, un perro de pelaje color paja y ojos leales. Su presencia era un ancla en el umbral, un guardián silencioso que velaba por nuestro hogar. Siempre en la puerta, como un centinela fiel, Lobo se erigía contra el viento y el tiempo.

Entre el olor a tierra y el coro de plumas, aprendí que la vida se esconde en los detalles más simples: en una mesa, en una estufa, un guardián, en el canto de un gallo al amanecer.

El ritual del baño.

Por la mañana, los braceros, como guardianes del fuego, se alzaban alrededor de la casa. Estructuras de fierro, robustas y toscas, sostenían la leña que crepitaba en su interior. Sobre ellos, los botes cuadrados de acero inoxidable, llenos de agua, esperaban su turno para calentarse. El vapor ascendía, como suspiros de la tierra, y se fundía con el aire.

Las tinas de peltre, como baúles de memorias, aguardaban en otro rincón. Allí nos sumergíamos, una por una, en el abrazo tibio del agua. Isabel, con sus manos amorosas, nos tallaba los brazos, las piernas y el cabello. Su voz, entonando canciones de antaño, llenaba el espacio. Cada gota, como un verso en el poema de la vida, nos envolvía en su cariño.

El ritual del baño se desarrollaba con precisión. La primera de nosotras, con los ojos brillantes de anticipación, se sumergía en las aguas cálidas. Después, como una danza sincronizada, salía y daba paso a la siguiente. Las risas, como burbujas que emergían a la superficie, llenaban el ambiente de algarabía. Era un juego, un festín de complicidad. Esperábamos nuestro turno, como estrellas en fila, mientras el vapor se alzaba y las paredes guardaban nuestros secretos.

Para enjuagarnos, había otra tina. El agua fresca, como un abrazo matutino, nos despertaba de nuevo. Y alguien, quizás Lourdes, nos cubría con la toalla, como si tejiera un manto de ternura alrededor de nuestros cuerpos. No frotaba; nos abrazaba y dejaba que el rocío se evaporara lentamente, como si el tiempo se detuviera en aquel instante.

De esta forma, entre el calor del fuego y la caricia del agua, el baño se convertía en un rito sagrado. Las hermanas, desnudas y risueñas, compartíamos más que el agua: compartíamos la infancia, la complicidad y el amor que nos unía en aquel pequeño santuario de la granja.

Mis juegos y lugares favoritos.

A la hora de la comida, cuando el sol se inclinaba hacia el horizonte y las sombras se alargaban, nos escapábamos como pájaros inquietos. Mi madre, con su delantal manchado y sus manos hábiles, nos instaba a salir. La casa, como un nido vacío, quedaba a merced de su escoba y su detergente. Pero para nosotras, las hermanas, aquel momento era una liberación

A esa tierna edad, entre los cuatro y los seis años, yo ansiaba la libertad como un tesoro escondido. Salía sola, sin más compañía que el viento y los matorrales. Los caminos se extendían ante mí como senderos de aventura. No había peligro en aquel entonces; el mundo era un lienzo en blanco, esperando que mis pies lo colorearan.

Buscaba lugares apartados, rincones donde el silencio se tejía con hilos de hierba y el aire olía a tierra. Ahí, como una alquimista de piedras, recogía tesoros del camino. Las juntaba en la blusa, haciendo una canastita improvisada. Cada piedra, con su forma única y su historia ancestral, se convertía en un fragmento de mi mundo secreto.

Llegaba a mi escondite, a mi lugar favorito. Allí, entre las sombras de los arbustos, comenzaba a construir mi refugio. Las piedras, como ladrillos en una catedral invisible, se alzaban en divisiones perfectas. Dejaba un huequito donde estaría la puerta, como si esperara la visita de seres diminutos o hadas esquivas.

Y entonces, hablaba. Hablaba sola, pero no me sentía sola. Mi voz, como un eco en el bosque, se mezclaba con el susurro del viento. Imaginaba mundos dentro de mi casita de piedras. Allí vivían princesas errantes, caballeros valientes y criaturas mágicas. Las florecitas y las ramitas, como ofrendas a mis sueños, adornaban mi propio santuario.

Pero el tiempo no se detenía. Escuchaba los gritos de mis hermanas: "Rosy... Clara... Lety..." El regreso a la realidad era inevitable. Bajaba del monte, con las mejillas sonrosadas y el corazón lleno. Las voces de mis hermanas, como campanas llamando a la cena, me guiaban de vuelta al hogar. Y allí, con las manos aún impregnadas de tierra y el alma llena de historias,

compartía la mesa con ellas. El hambre se mezclaba con la magia, y el sabor de la comida era más dulce que cualquier cuento que hubiera imaginado.

Los gansos.

Los aromas de la cocina, como hilos invisibles, tejían un lazo entre mi madre y nosotras. Su sazón, impregnado de amor y dedicación, se desplegaba en cada platillo. A pesar de tener tantas hijas, nunca la escuché renegar. Todo lo hacía con una entrega que trascendía las palabras. Era como si su corazón se derramara en cada cucharada de sopa, en cada tortilla dorada.

La casa, con sus paredes impregnadas de historias, se llenaba de risas y el aroma de los guisos. Las hermanas, como notas en una partitura, se reunían alrededor de la mesa. Allí, entre los platos humeantes y los cubiertos tintineando, compartíamos más que la comida: compartíamos la vida.

Pero había otro rincón de la granja que también guardaba su encanto: los gansos. Sus patas, anchas como abanicos, dejaban huellas en la tierra. El pico largo, como una lanza afilada, se alzaba en el aire. Y su caminar, como brinquitos de alegría, nos hacía reír. Eran criaturas extravagantes, como personajes de un cuento antiguo.

Yo, sin miedo a los animales, los observaba con admiración. Sus graznidos, como saludos de bienvenida, nos acompañaban en las mañanas. Pero cuando nos veían, los gansos se transformaban en guardianes feroces. "Honk... honk..." corrían hacia nosotros, como si quisieran proteger su territorio. Clara, siempre miedosa, se encogía. Lety, más valiente, salía corriendo, riéndose de su propio susto. Lupe, también asustadiza, se unía al coro de risas.

Entre los aromas de la cocina y los graznidos de los gansos, la granja se convertía en un mundo mágico. Cada detalle, cada encuentro, se grababa en nuestra memoria como una melodía. Y mientras compartíamos la comida, también compartíamos las risas, los miedos y el amor que nos unía como hermanas.

Los juegos de la granja.

Los recuerdos, como hojas secas en el viento, se extendían ante mí. Las vacas, con sus mandíbulas en movimiento y sus ojos serenos, parecían meditar sobre la vida. Su presencia, como guardianas de la tierra, se fundía con el paisaje. A veces, las encontraba paradas, como estatuas de paciencia; otras, echadas, como suspiros de descanso. El ruido de sus mandíbulas, masticando la pastura, se entrelazaba con el canto de las aves.

Las aves, ah, las aves. Me encantaban. Las parvadas, como nubes de plumas, surcaban el cielo. Desde bien temprano, sus cantos llenaban el aire. Pajarillos, palomas, torcacitas: cada uno tenía su melodía, su historia. Pero también estaban los chanates y los cuervos, como sombras que descendían para alimentarse de lo que sobraba. Eran los limpiadores del mundo, los guardianes de los restos.

Y luego estaban los animales de granja. Gallinas, pollos, cerdos: todos tenían su voz. Los gallos, como relojes desajustados, marcaban el tiempo. Las gallinas, con sus cacareos, anunciaban los huevos frescos. Los cerdos, con sus gruñidos, parecían filósofos en profunda reflexión.

Y los juegos, ah, los juegos. Las hermanas, como cómplices en un cuento, salíamos a jugar. Los tambos de doscientos litros, como cilindros de risas, nos esperaban en las laderas. Algunas se colocaban arriba, otras debajo de la loma. Y las elegidas, valientes y risueñas, se metían adentro del tambo.

El juego comenzaba. Empujábamos con los pies, y el mundo se convertía en una cuesta de risas. El tambo rodaba cuesta abajo, como un sueño en movimiento. Las que estaban abajo, con los brazos extendidos, lo detenían. Pero en ese corto tiempo, mientras el tambo iba rodando, todas nos volvíamos locas de la risa. Los riesgos, como sombras lejanas, se desvanecían ante la alegría compartida.

Entre las vacas, las aves y los juegos, la granja se convertía en un poema. Cada verso, cada risa, se grababa en la tierra. Y al final del día, cuando el sol se ocultaba tras el Cerro Grande, nos reuníamos en la mesa. El hambre se mezclaba con la felicidad, y el

sabor de la comida superaba cualquier fantasía que hubiera soñado.

Vestidos largos.

Los vestidos largos, como telones de un teatro improvisado, hacían su aparición en la granja. Las hermanas mayores, con sus risueños secretos y sus ojos brillantes, se transformaban en artistas. El templete, un rincón apartado, se convertía en el escenario de sus sueños.

Las luces, filtradas por las hojas de los árboles, delineaban sus figuras. Las faldas de los vestidos, como olas de seda, se alzaban en cada movimiento. Y entonces comenzaba el espectáculo. Una hermana, con la voz temblorosa pero llena de valentía, se adentraba en el escenario. Las demás, como espectadores ansiosos, la observábamos con los ojos abiertos de asombro.

El canto, como un río de notas, fluía desde sus gargantas. Las canciones, a veces tristes y a veces alegres, se entrelazaban con el viento. Las risas, como aplausos invisibles, resonaban en el aire. Y cuando una actuación terminaba, la siguiente hermana subía al escenario. Así, una tras otra, como las estaciones del año, compartíamos nuestros talentos y nuestros sueños.

Los vestidos, con sus pliegues y sus colores, se convertían en personajes. Las hermanas, con sus gestos y sus miradas, se sumían en la magia del teatro. Y aunque el público era pequeño y silencioso, nuestras almas vibraban con la emoción. Porque en aquel rincón de la granja, entre los árboles y los suspiros de las aves, éramos estrellas. Y el aplauso más grande, el más sincero, venía de nuestros corazones.

La primavera y las tarántulas.

En la vastedad de la granja, el cielo se extendía como un lienzo azul infinito, pintado con un sol que adoraba fervientemente. Su calor, lejos de ser abrasador, era una caricia que podía disfrutar sin temor a quemarme, y así, mi corazón se entregaba a su luz sin reservas. Descalza, no por carencia sino por elección, me deleitaba en la calidez de la tierra, hundiendo mis pies en su abrazo, viviendo una experiencia que rozaba lo sublime.

La primavera traía consigo un renacer en tonos de verde, un espectáculo que inundaba cada rincón de mi vista. Los mezquites, esos guardianes del paisaje, nos llamaban a cosechar sus frutos. En el camino, un desfile de arbustos, árboles y zacate nos acompañaba, hasta que, al fin, los mezquitales nos recibían. Cortarlos y llevarlos a la boca era descubrir un sabor sin igual, un regalo de la naturaleza que se disfrutaba con cada mordida.

Recuerdo una lomita, cercana a la granja, un sendero de piedras que me obligaba a descender sentada, deslizándome hacia abajo. Allí, las tarántulas tejían su presencia entre las rocas, y aunque nos advertían de su peligro, yo encontré belleza en su andar pausado y sus patas de terciopelo. Tan inocente y niña, sin miedo alguno, las acogí entre mis manos, descubriendo que no buscaban hacerme daño. En mi corazón, se convirtieron en uno de los seres más hermosos del campo.

Más allá, en las profundidades del valle, se erguían árboles majestuosos de la granja lechera *El Milagro*, cuyas copas eran el escenario de aves de todas las especies. Me encantaba observar a las más grandes, y allí, sentada en la cima del mundo, me perdía en la contemplación de ese espectáculo natural.

Y aún me llegaban, flotando en el aire, los aromas embriagadores de los helados de la casa de una vecina de la granja. Aunque mi bolsillo vacío me impedía probarlos, mi imaginación no conocía de limitaciones. Los veía, los saboreaba con la mirada, y ese recuerdo se grabó en mí, quizás porque representaba un sueño aún por cumplir

El aroma inconfundible de la leña quemada se elevaba en el aire, preludio de los manjares que mi madre ya estaba preparando. Ese

olor, tan característico y acogedor, precedía al delicioso perfume de los platillos que pronto adornarían nuestra mesa. El humo, blanco y espeso, se escapaba por el tubo de la estufa que se asomaba en la azotea, como un mensajero que anunciaba que era hora de comer.

Entre sonidos y costales.

En la granja, una sinfonía de sonidos naturales daba vida al paisaje. El canto de las palomas, melódico y distinto, se entrelazaba con el trino sombrío de las torcacitas, que parecían entonar una balada de melancolía.

En contraste, los pajaritos celebraban con sus notas alegres, llenando el aire de un optimismo contagioso. Los perros, fieles centinelas, ladraban con un timbre particular, alertando la llegada de visitantes desconocidos o poco familiares.

Tras los ladridos, se levantaban nubes de polvo, señal de los vehículos que se aproximaban. Era notable cómo las grandes camionetas de trabajo se dirigían hacia la granja vecina, mientras que a la nuestra avanzaban lentas carretas tiradas por caballos, que igualmente levantaban remolinos de tierra a su paso.

La curiosidad se apoderaba de todos al ver quién llegaba, ya fuera a la granja vecina o a la nuestra. Había una emoción palpable al observar la llegada de la pastura para los animales de al lado, y con nosotros, la comida para nuestros pollos y gallinas. Era un espectáculo sencillo, pero lleno de la autenticidad de la vida rural.

Aunque nuestra situación económica era modesta, en cierta forma teníamos lo suficiente, aunque realmente estaba muy ajena a las preocupaciones de mi padre por conseguir los alimentos y el vestido de una familia tan numerosa.

Recuerdo los costales de harina que mi padre traía, y cómo, una vez vacíos, mi madre transformaba esos sacos estampados en vestimenta. Reciclaba con ingenio, y pronto encontrábamos en nuestra cama vestidos iguales, de dos en dos, como reflejos el uno

del otro. Mary y Ofelia, Clara y yo, Lety y Susy cuando creció. Con su máquina de coser, mi madre aliviaba la carga económica de mi padre, y era una bendición verlos juntos, siempre cariñosos, una fuente de felicidad para todos.

La fe de mi madre.

En el regazo de mi familia, la vida me enseñó lecciones preciosas, forjando los cimientos sobre los que se erige mi existencia adulta. Descubrí la importancia de la unión familiar, la disposición y el compromiso para servir y ayudar, no solo a los míos sino también a vecinos y amigos.

Pero, por encima de todo, aprendí a amar; ese sentimiento maravilloso que nos envolvía en protección y felicidad, que emanaba de la cuidadosa atención de mis hermanas y mis padres. A pesar del paso del tiempo, esos recuerdos permanecen intactos, como joyas del pasado.

De mi padre heredé la honestidad, la ética del trabajo incansable y la responsabilidad. De mi madre, el amor en su máxima expresión: su devoción por su esposo, su fidelidad inquebrantable. Observaba cómo lo trataba con ternura, cómo lo cuidaba, levantándose antes del alba para prepararle el desayuno, bendecirlo y despedirlo antes de que partiera al trabajo.

Luego, con nosotros, continuaba su labor de amor, asegurándose de que estuviéramos bien atendidos, peinándonos con trenzas que nos estiraban los ojos, y dedicándose con fervor a los innumerables quehaceres del hogar. Era el pilar de nuestra casa, una mujer luchadora, impecable y, sobre todo, amorosa.

En lo espiritual, el ejemplo de mi madre fue mi guía. La veía bendecir a mi padre, rezar con devoción cada noche, con su velo blanco cubriendo su cabeza. Cada domingo, se dirigía a misa, vestida de blanco, con su libro de oraciones en mano. Era la señora del rosario, una imagen grabada en mi memoria. Sus oraciones y su fe crearon un ambiente de armonía, tranquilidad y amor.

Dios está en todas partes, y aunque vivíamos aislados, lejos de otras casas, mi madre le rezaba por la protección de su familia, confiando en que la escuchaba y nos llenaría de amor, paz y confianza. Así lo aprendí de ella, así también lo sentía, y sin darme cuenta, esa fe se arraigó en mí. Aprendí a confiar en ese Dios maravilloso al que ella rezaba, en ese Dios que proveía todo lo necesario, que cuidaba de su esposo, sus hijas y su hogar.

Y fue así como, en la inocencia de mi infancia, yo mamé de mi madre la fe en Dios. Era una fe intuitiva, nacida en el silencio de sus oraciones, en aquellos momentos en que, sin saberlo, Dios velaba por mí. En mis juegos solitarios, cuando me perdía en el mundo de mi imaginación, sentía su presencia; era Él quien escuchaba mis risas, secaba mis lágrimas y acompañaba mis días. A través de los actos de mi madre, sin plena conciencia, yo estaba aprendiendo a conocerlo.

2

Entre la felicidad y las primeras sombras.

¡Señor, qué numerosas son tus
obras! ¡Todas las has hecho con
sabiduría, de tus criaturas la
tierra está repleta!

Salmo 104, 24
(Biblia Latinoamericana. 2005)

Nuevos horizontes.

En los albores de mi adolescencia, dejamos atrás la vida campirana de la granja para aventurarnos en un nuevo comienzo en la Colonia Pacífico. Nuestra morada, ubicada en la discreta Privada de 20 de noviembre, era un santuario de verdor y trinos, donde el zaguán se convertía en un escenario para las plantas de mi madre y el canto de los pájaros enjaulados. Aquella casa, aunque efímera en nuestra historia, fue un capítulo de transición hacia lo desconocido.

Mi padre, visionario y siempre en busca de horizontes más amplios, no se conformaba con la quietud de la privada. Sus ojos estaban puestos en la avenida 20 de noviembre, una arteria de la ciudad que prometía prosperidad y crecimiento. Y así, con la determinación que lo caracterizaba, aprovechó la primera oportunidad para trasladarnos a lo que sería el lienzo de su ambición.

La propiedad en la avenida no era más que un terreno vasto, adornado únicamente por un cuarto de adobe, solitario y austero. La calle, aún sin pavimentar, y la casa, apenas esbozada, no eran más que el preludio de lo que mi padre aseguraba sería un futuro brillante. A pesar de la incertidumbre y el trabajo arduo que nos esperaba, él veía más allá del polvo y los escombros; veía un hogar lleno de promesas.

Nosotras, aún niñas y ajenas a las complejidades del mundo adulto, resistíamos el cambio. La casa de la privada había calado hondo en nuestros corazones, y la idea de abandonarla nos causaba un dolor inesperado. Pero nuestro padre, inmune a nuestras súplicas, nos guio con firmeza hacia la nueva morada.

La construcción de la nueva casa fue un renacer. Mi padre, maestro de la albañilería, se entregó con pasión a la tarea, y nosotros, sus pequeñas ayudantes, nos convertimos en sus fieles acompañantes. Cada balde de tierra, cada ladrillo transportado, era nuestra contribución a la obra que se alzaba ante nuestros ojos. Pablo, nuestro querido hermano, se sumó con entusiasmo, convirtiéndose en un pilar importantísimo de aquel proyecto familiar.

La casa de la 20.

Con el tiempo, la casa que inicialmente rechazamos comenzó a transformarse, erigiéndose en una casa de paredes blancas. No en una casa cualquiera, sino un santuario de historias, un lienzo en blanco donde cada habitación se expande más allá de sus confines, abrazada por la luz que se filtra a través de cada ventana.

De ese modo, en la sala, el tiempo parece detenerse. Una celosía de madera, tallada con la paciencia de los años, separa este espacio del comedor, como guardiana de dos mundos.

Recuerdo, con una claridad que desafía al tiempo, una sala bañada en oro; no en el metal, sino en el color de los sueños. Un conjunto de terciopelo que capturaba la elegancia de una época pasada, adquirida por el esfuerzo conjunto de Isabel y Lourdes, mis hermanas mayores. Su trabajo incansable y su generosidad decoraron este hogar, y las cortinas que enmarcaban la ventana parecían capturar la esencia misma de su dedicación.

En el corazón de nuestro hogar, se encontraba el comedor, un espacio sencillo pero rebosante de belleza. Era el reflejo de la convivencia femenina, un lugar donde la limpieza no era solo una práctica, sino una manifestación de respeto y cuidado mutuo.

A pesar de la diversidad de caracteres y la cercanía de los lazos, las discrepancias eran inevitables. Sin embargo, eran efímeras, como nubes pasajeras en un cielo despejado, gracias a la sabia guía de mi madre. Su presencia era el faro que nos mantenía en curso, asegurando que cualquier desatención se disolviera en el perdón y el amor incondicional.

Y luego estaba la cocina, pequeña en tamaño, pero inmensa en su capacidad de albergar los relatos más entrañables. Aquí, mi padre compartía sus aventuras, sus viajes y desventuras, pintando con sus palabras un retrato de valentía y esperanza. Chon, mi cuñado, y Pablo, mi hermano, también encontraron en esta cocina un escenario para sus propias odiseas. Las historias de mis hermanas, como la de Malena, resonaban entre estas paredes, llenando el aire con la calidez de sus experiencias y la alegría de sus visitas.

Esta cocina fue testigo de nuestras amistades forjadas, de comidas humildes y festines exquisitos, celebrando los momentos más preciados: el Día de la Madre, el Día del Padre, Navidad y Año Nuevo. Y en cada cumpleaños de mi madre, la cocina se convertía en un punto de encuentro, recibiendo a todos aquellos que venían a honrar su vida y su legado.

Desde donde los sabores y las risas se entrelazan, nace la historia de una celebración que marcaba el paso de los años con la misma cadencia con que las estaciones se suceden. Era el cuatro de septiembre, una fecha grabada en el calendario familiar con la tinta indeleble de la tradición. Mi madre, cuyo santo y cumpleaños convergían en un solo día festivo, se convertía en la arquitecta de un festín que trascendía lo culinario

Era un ritual familiar: nosotros, sus hijas, nos convertíamos en sus ayudantes, cada una con una tarea específica. Mis dedos deshilachaban la zanahoria, mientras mis hermanas daban nueva vida a la lechuga, la papa y los chícharos. Juntas, como una orquesta afinada, preparábamos los ingredientes que mi madre luego mezclaba con destreza para crear una ensalada que era más que un plato: era una obra de arte comestible.

No contenta con una sola cazuela, mi madre siempre preparaba una segunda, alternando entre la sopa de coditos y el vibrante chile colorado. Era su manera de asegurarse de que había algo para todos, y de que el festín reflejara la calidez de su corazón.

Entre los invitados, destacaban sus primas, especialmente Tencha, con quien compartía un lazo que iba más allá de la sangre. Eran amigas del alma, compañeras de risas y confidentes de secretos. Su presencia añadía una capa más de alegría a la celebración, y sus conversaciones eran el aderezo perfecto para una tarde llena de felicidad.

La recamara de la adolescencia.

En las recámaras, donde el espacio era un bien preciado, mi madre había orquestado una sinfonía de espacio y funcionalidad.

Las literas, esas estructuras de madera que desafiaban la gravedad, eran nuestro pequeño milagro cotidiano. En ellas, el sueño se compartía en dúo, y yo tenía la fortuna de compartir mi refugio nocturno con Clara, mi cómplice eterna.

Nuestra conexión era tan profunda que a menudo nos confundían con gemelas auténticas. Juntas, en nuestra litera compartida, intercambiábamos secretos y sueños al caer la noche, alternando entre el cielo y la tierra de nuestro pequeño universo: unas veces yo en la cima, otras, anclada en la base, pero siempre juntas.

Cuando las mañanas se vestían de pereza, yo era la niña que se aferraba a los sueños en la cúspide de una litera. Mientras el mundo despertaba, yo me sumergía en el abrazo de las sábanas, resistiendo el llamado del alba. Pero entonces, como un conjuro que disipaba la bruma del sueño, se colaba por la ventana el aroma de las tortillas de harina, ese perfume hogareño que anunciaba el inicio de un nuevo día.

La voz de mi madre, dulce y serena tejía melodías al susurrar "Hay tortillas de harina y frijolitos", palabras que eran caricias para el alma. Su tono nunca alzaba vuelo hacia el regaño; ella conocía el secreto para desenredarme de los hilos de Morfeo. Con amor y paciencia, transformaba cada mañana en un despertar suave y lleno de promesas.

En aquel rincón íntimo de la casa, la recámara se abría al mundo exterior a través de una ventana que enmarcaba nuestro modesto patio. Aunque pequeño en extensión, el patio era un vasto universo de aventuras para nosotros. Mi padre, con su colección de herramientas esparcidas como tesoros ocultos, había convertido inadvertidamente este espacio en nuestro campo de juegos.

Nos deleitábamos en el arte de la reparación, cada martillo y llave una invitación a la imaginación. La tarea de limpiar y ordenar se transformaba en una odisea lúdica; cada movimiento, cada descubrimiento, cada risa resonaba entre las paredes de nuestro santuario al aire libre. Lo cotidiano se volvía extraordinario, y en ese patio, cada día era una celebración de la infancia.

El jardín de mi madre.

En el corazón del jardín, donde el sol acaricia las hojas y la brisa susurra secretos a las flores, mi madre encontraba su santuario. Era su rincón de paz, un lienzo vivo donde sus manos danzaban entre la tierra y el follaje, tejiendo la magia de la vida con cada movimiento.

Con la delicadeza de una artista, ella retiraba el manto otoñal de hojas secas, revelando el verdor escondido debajo. Sus dedos, ágiles y sabios, eran pinceles que pintaban nuevos comienzos en el lienzo de la tierra, trasplantando con esperanza y cuidado.

Recuerdo cómo sus manos y dedos, tan suaves y firmes, se convertían en herramientas de amor, limpiando y cuidando cada brote y cada pétalo. Bajo su atenta mirada, el jardín florecía, un espejo de su alma generosa y su espíritu incansable.

Y cuando el trabajo daba sus frutos, y el jardín se vestía de colores y aromas, ella se tomaba un merecido descanso. Sentada en su banco de madera, con la mirada perdida en la belleza de su creación, mi madre sonreía. Los lirios, geranios, helechos, pericos y rosales, sus cómplices florales se erguían orgullosos, compartiendo con ella la alegría de la vida en su forma más pura.

El exterior del hogar.

El portón que inicialmente ocultaba el interior cedió paso a una fachada mostaza salpicada de ladrillos era un faro de calidez, aquel color, reminiscente de los atardeceres que pintaban de oro los campos de trigo, era el telón de fondo de mi infancia, una paleta de sueños y juegos bajo el sol. Sus ventanas miraban orgullosas hacia la avenida y las rejas, cuyo diseño eligió mi padre, dibujaban soles en el aire.

En la cochera, el piso relucía con el testimonio de las habilidades de mi padre, un mosaico de esfuerzo y dedicación. Con sus propias manos, mezcló cemento blanco y lo tiñó con pintura roja, creando

una superficie que, más que firme, era el reflejo de su ingenio y su deseo de construir un hogar sólido para su familia.

Mi madre, con su toque alquímico, transformaba lo ordinario en extraordinario. Preparaba una mezcla de petróleo y cera de velas, un cerato casero que aplicaba con amor y paciencia sobre el piso. Con cada pasada del trapeador, el rojo cobraba vida, brillando con la intensidad de un rubí, un espejo donde se reflejaban nuestras historias y nuestros pasos danzantes.

Cada rincón de nuestra morada contaba una historia, un capítulo de la novela que era nuestra vida, escrita con los colores, los aromas y las texturas que solo una familia como la nuestra podía narrar. Al finalizar la construcción, lo que una vez fue rechazo se convirtió en orgullo y alegría. Nuestro hogar, forjado con esfuerzo y amor, era ahora un refugio de felicidad y sueños cumplidos.

Mis primeros sueños.

En la quietud de la noche, cuando las estrellas titilan como faros de esperanza en el firmamento, mis sueños se despliegan como alas de mariposa, llevándome a un futuro anhelado. En ellos, me veo dueña de una casa cuyas paredes susurran promesas en tonos pastel, y su fachada, un lienzo que refleja la paleta de mi corazón, se tiñe con los colores de la serenidad.

Imagino la llegada de mi esposo, su silueta recortándose contra la luz del crepúsculo, el día se desvanece en su sonrisa cansada pero satisfecha. Los niños, ecos de nuestra alegría, juegan en un remolino de risas y juegos inocentes, mientras una mascota fiel salta y danza al ritmo de nuestro hogar vivaz.

Las cortinas, suaves guardianes de nuestra intimidad, ondean al compás de los suspiros del viento, y los muebles, testigos mudos de nuestra historia, se alinean en armonía, cada uno un capítulo de nuestro relato familiar. La decoración, escogida con el cuidado de quien teje sueños, adorna cada rincón con destellos de nuestra personalidad compartida.

Sí, en esos sueños me veo envuelta en el calor de un hogar, no solo una estructura de ladrillo y madera, sino un santuario de amor y risas compartidas. Un lugar donde cada día se construye sobre el cimiento de la felicidad, y cada noche, me acuesto con la certeza de que, en la realidad o en la ensoñación, tengo todo lo que siempre he deseado: una familia unida y un hogar cálido.

El arroyo y los juegos.

Frente a la casa de mi adolescencia, un arroyo serpenteaba libre, sin las ataduras de la civilización, un hilo de plata que bordaba la tierra con su cauce indómito. Más allá, un parque se extendía como un tapiz de esmeralda, un pedazo de selva arrancado de los cuentos de aventuras y depositado ante nuestros ojos maravillados.

El zacate silvestre se mecía al compás del viento, los mezquites se alzaban como guardianes del tiempo y los girasoles giraban sus rostros dorados hacia el sol, como si buscaran la aprobación de un dios antiguo. En ese escenario, nosotros, los niños del vecindario, encontrábamos nuestro reino, un dominio donde la imaginación dictaba las reglas y cada juego era una epopeya.

Nuestros amigos de tierras lejanas comenzando por Gilli, con su belleza de luna llena, su voz melodiosa y su risa fácil, era la princesa de nuestro cuento. Germán, el caballero de estatura imponente y voz de trueno, guardaba un mundo interior tan vasto como el cielo nocturno. Marcia, la pequeña hada de piel de ámbar y cabello de ébano, traía consigo la dulzura de los sueños infantiles.

Y cuando Jorge, Pinky y Pepe, los primos que a veces los acompañaban, se unían a nosotros, el juego se transformaba, se vestía de novedad y moda, un reflejo de un mundo más allá de nuestras fronteras.

Con ellos aprendimos a lanzar la pelota y a soñar en grande, a construir resorteras de madera y esperanzas, a cazar chapulines y vivir momentos de alegría pura. El sol era un espectador más de nuestras tardes eternas, y el cansancio nunca lograba alcanzarnos,

siempre había tiempo para una partida más, para una carcajada más.

Y cuando la lluvia visitaba nuestro mundo, el arroyo se transformaba en río, un espejo donde el cielo se reflejaba con claridad. Nos sumergíamos en sus aguas como peces en su elemento, y las gotas de lluvia eran aplausos a nuestra felicidad. Luego, con la arena y el barro, dábamos forma a nuestros sueños, construíamos ciudades, vehículos y animales, cada uno una obra maestra de la creatividad.

Eran días de pura magia, donde cada juego era una promesa de eternidad, y cada amigo, un tesoro más valioso que el oro. La vida frente al arroyo fue el capítulo de una historia que solo el corazón puede escribir.

La disciplina de mi madre.

Nuestra madre, la guardiana de la ley y el orden. Necesitaba mantener la disciplina de tantas niñas, nos instruía con firmeza antes de cada salida: "Pórtense bien y háganme caso, o no las vuelvo a llevar". Su sistema para inculcarnos la obediencia era tan efectivo como sutil, y se componía de tres niveles de persuasión.

El primero era su mirada, un espejo de su voluntad. Al asistir a celebraciones o visitas, nuestra primera acción era buscar su aprobación. Si sus ojos se suavizaban en un gesto afirmativo, nos dábamos por liberados para participar y aceptar lo ofrecido. Pero si su mirada se fijaba en nosotros, sus pupilas dilatadas como dos soles oscuros, entendíamos la prohibición sin necesidad de palabras, y declinábamos cualquier invitación con cortesía, a pesar de la insistencia ajena.

El segundo nivel emergía cuando ignorábamos su silenciosa advertencia. Su puño se cerraba, y el dedo medio, elevado sobre los demás, se convertía en un presagio de lo que vendría. Sin llegar a golpearnos, rozaba fuertemente nuestras cabezas con un gesto que simulaba el castigo, un recordatorio táctil del rigor que nos esperaba si desobedecíamos de nuevo. A veces, la tentación de la

aventura nos empujaba a desafiar ese límite, dispuestos a enfrentar las consecuencias.

El tercer nivel era la última frontera, el castigo máximo que podíamos incurrir. Se materializaba en la forma de una chancla o, en casos extremos, un cinto. Sin embargo, su sola mención bastaba para disuadirnos de cualquier acto de rebeldía. "¡Ah! ¿No vas a hacer caso?, déjame voy por el cinto...", pronunciaba, y esas palabras resonaban con tal autoridad que la obediencia se reinstauraba instantáneamente, como si un hechizo hubiera sido conjurado, y así, nuestra madre recuperaba el control, sin importar cuán indómitos quisiéramos parecer.

Los amigos del barrio.

En aquellos días dorados, cuando el barrio era un tapiz de rostros conocidos y las calles un escenario de incontables primeras veces, la vida se desarrollaba ante mí con la promesa de la felicidad.

En la cúspide de mis quince años, me encontraba en un punto intermedio de la vida, ni alta ni baja, con una complexión que desafiaba las categorías de delgada o robusta. Mi piel, un lienzo de tonalidad morena clara, resplandecía bajo el sol de mi tierra, mientras que mi cabello, de un castaño medio, se mostraba escaso pero suficiente. Mis ojos, herencia de mi padre, eran dos joyas de color avellana, eran grandes y expresivos, custodiados por cejas pobladas que los enmarcaban con precisión artística. Mi rostro, de contornos cuadrados, albergaba una nariz pequeña y característica. Y a pesar de la juventud que marcaba mi edad, mi figura ya revelaban una forma torneada, herencia de los juegos y correrías de una infancia vivida con plenitud.

María de Jesús, Consuelo y Clara emergen como figuras emblemáticas, cada una un faro de luz propia.

María de Jesús, con su piel de ébano y su estatura que rozaba los cielos, portaba ojos tan grandes y expresivos que parecían contener universos enteros. Su cabello lacio, negro y brilloso como la obsidiana pulida, caía en cascadas sobre un cuerpo esculpido por las mismas manos que curvan los ríos y tallan las montañas. Su inteligencia era tan profunda como su seriedad, un reflejo de la solemnidad con la que abrazaba la vida.

Consuelo, por otro lado, era la personificación de la alegría. Su tez morena clara era el dorado atardecer en el lienzo del mundo, y su estatura, aunque modesta, no hacía sino acentuar la fuerza de su presencia. Su cabello lacio, oscuro como la noche sin estrellas, enmarcaba un rostro cuya belleza era tan natural como la flor que florece sin pretensiones. Su inteligencia, combinada con un carácter suave, la hacía tan admirable como el suave murmullo del viento entre las hojas.

Clara, mi hermana un año menor, la compañera de mis más preciadas aventuras. Su cabello rubio como los rayos del sol al amanecer, enmarcaba un rostro de tez blanca, un lienzo de belleza con pinceladas de inocencia. Delgada, frágil como una mariposa en el viento. Sus ojos al igual que los míos y que compartían la herencia, eran grandes y de color avellana. Su carácter tranquilo, un lago sin olas, reflejaba la serenidad de su espíritu servicial y obediente, siempre dispuesta a extender su mano como quien ofrece una flor.

Juntas, formábamos un cuarteto inseparable, un círculo de almas que se encontraban y se reconocían en medio del bullicio de la vida cotidiana.

Vienen también a mi memoria el rostro de grandes compañeros y amigos de aventuras Carlos Rubén, Ignacio, Vicente, Camilo, Fidencio, Mario, Rogelio, José, Hugo, Lupillo y Chino, entre muchos más.

De entre ellos recuerdo especialmente a Vicente e Ignacio, amigos de alma y compañeros de incontables aventuras. Vicente, con su melena al viento, era la imagen de la libertad; un espíritu serio pero capaz de desatar una risa que resonaba como un himno a la vida. Su pasión por el deporte se reflejaba en cada pedalazo sobre su bicicleta, tan grande como su corazón, y en cada salto

para encestar en el juego de baloncesto que compartía con sus camaradas.

Ignacio, en cambio, era un joven cuya alta estatura contrastaba con la modesta bicicleta que manejaba con destreza. Su piel morena y ojos rasgados eran el espejo de un alma profunda, y su seriedad se equilibraba con un carisma que iluminaba su semblante. Juntos, Vicente e Ignacio, dedicaban horas a embellecer sus bicicletas, en una competencia amistosa que era menos sobre ganar y más sobre el arte de destacar.

Los tardeadas inolvidables.

Otro gran amigo era Carlos Rubén, él no era un joven de gran estatura, pero lo que le faltaba en altura, lo compensaba con la gracia de su figura delgada y su cabello lacio. Sus ojos, dos esferas de cristal llenas de sueños y travesuras, reflejaban una energía inagotable que lo impulsaba a través de la vida con una dinámica que pocos podían igualar. Era un alma libre, amante también de las bicicletas.

Carlos Rubén era un joven conocido, no solo por su encanto sino también por su pasión por la música. Un espíritu inquieto, dividía su tiempo entre el ritmo de las ruedas, el rebote del balón en la cancha de basquetbol, y el eco de las notas musicales que llenaban su ser.

Con cierta frecuencia, organizaba tardeadas transformando la carpintería de su padre en un salón de ritmos y luces. Como si fuera una discoteca, acetatos de colores colgaban del techo, adornando convenientemente el majestuoso escenario, grandes bocinas se alzaban como pilares de sonidos interminable y las luces multicolores danzaban en el aire pintando cada rincón con el vibrante espectro de una época irrepetible.

Y allí, en el corazón de ese cosmos improvisado, Carlos Rubén se convertía en el maestro de ceremonias, un DJ de renombre en su propio reino de melodías, sus manos ágiles y seguras, navegaban por la tornamesa, seleccionando con reverencia los vinilos que eran el alma de la fiesta. Las melodías de los 70s y 80s

fluían como un rio que lleva a todos los presentes en un viaje a través de la mejor música para bailar.

Era una época de felicidad pura, un capítulo de mi vida donde la alegría se medía en compases y coros. La música, esa hermosa música, era el lenguaje universal que todos entendíamos, y él, con su colección incomparable de discos y grupos, era el custodio de nuestro tesoro más preciado.

Recuerdo con una sonrisa aquellas tardeadas que se convertían en el epicentro de nuestra alegría. Nos reuníamos todos, los jóvenes con sus mejores galas y nosotras, engalanadas con vestidos que destellaban bajo el sol poniente, todas ansiosas por que llegara la hora para correr a la tardeada. Era el momento de lucirnos, de ser las más hermosas, las más radiantes.

Al llegar la hora señalada, cruzábamos el umbral y la música nos envolvía. Música que, como un tatuaje, se ha grabado en lo más profundo de mi ser, que resuena aún en mi mente, mi corazón y mi alma. Como no recordar aquellos grandes éxitos de la época:

 *Toca Mi Campana (Ring My Bell), La Ciudad del Funcky (Funkytown), Algo Excitante (Hot Stuff), Diseñador de Música (Designer Music), Corazón de Cristal (Heart of Glass), Nacido para Estar Vivo (Born to be Alive)* y otros miles de éxitos más.

Cada melodía tenía su propio baile, y nosotros nos entregábamos a ellos con una alegría desbordante, riendo y disfrutando cada compás. Y cuando la música se tornaba tranquila, llegaba el momento de "no salirse del cuadrito". Al compás de éxitos como:

 *Corazón Herido (It´s a Heartache), Herida de Amor (Love Hurts), Si me Dejas Ahora (If You Leave Me Now), Hotel California, Eres Mi Mundo (You Are My World), No puedo Sonreír Sin Ti (Can't Smile Without You)*, y muchos más, bailábamos serenos, abrazados, moviéndonos al ritmo pausado de la canción, con la ternura y la inocencia del primer amor, o la dicha de compartir con amigos esos instantes de calma.

¡Ah, aquellos tiempos! Donde lo único que importaba era convivir y disfrutar de los bailes, donde cada melodía era un pretexto para la unión y la felicidad compartida.

Era una época de esplendor y alegría, donde los jóvenes como Carlos Rubén, Rogelio y Consuelo se convertían en los héroes de la pista, sus cuerpos moviéndose al ritmo de la música con una gracia que desafiaba la gravedad. Yo, simple espectadora en esos momentos encontraba mi deleite en las notas que llenaban el aire, la música que llenaba mi vida y todos mis espacios.

La fiesta llegaba a su fin, y con ella, el eco de las risas y las conversaciones se desvanecía en la noche. Pero la alegría compartida no se apagaba al cerrar la puerta; me acompañaba en el camino de regreso, un sendero iluminado por los recuerdos de una velada inolvidable.

Incluso en la soledad de mi hogar, la música era mi fiel compañera, transformando cada tarea diaria en un viaje a otro mundo. No importaba el día de la semana; las melodías eran un puente hacia un lugar donde la fantasía y la realidad se fusionaban, y yo, con cada nota, redescubría el encanto de las cosas comunes.

El baile de moda.

La moda Country era un río caudaloso que nos arrastraba con su corriente. Nos vestíamos con el orgullo del Oeste, pantalones de mezclilla ajustados que delineaban nuestras siluetas y camisas de cuadros en diferentes combinaciones de colores. Las botas, firmes y audaces, marcaban nuestro andar, y los cinturones, como trofeos de un estilo inconfundible, ceñían nuestras cinturas. Incluso las tejanas, símbolos de una época, adornaban nuestras cabezas con la gracia de un horizonte sin fin.

El baile Country era la poesía de nuestros cuerpos, una danza que nos permitía expresar la belleza de la vida en cada paso. Aquellos días, yo era una con la música, cada compás un latido, cada canción una extensión de mi ser. El salón de baile se convertía

en mi universo, y la música Country, en la banda sonora de mis sueños.

Una noche inolvidable, entre la multitud y las luces tenues, mis ojos se posaron en un joven vaquero. Su figura, recortada contra el fondo de la pista, era la promesa de una nueva historia de baile. Con un gesto sutil, incliné mi cabeza en saludo, y aunque solo nuestras miradas se cruzaron, sentí que un "hola" resonaba en el silencio entre nosotros.

El destino, juguetón y caprichoso, lo guio hacia mí para invitarme a bailar, y juntos nos sumergimos en el centro de la pista. Su habilidad para moverse al ritmo del Country era un espectáculo, y yo, al seguir sus pasos, me sentía brillar con la misma intensidad. La música, mi eterna pasión, me envolvía en sus acordes, llevándome de vuelta a los días gloriosos de los 80s, entre los días de discoteca y de pistas de baile Country, encontré un pedazo de cielo en la Tierra.

La semilla de escribir.

Por aquellos mismos días, encontré un tesoro al escribir en las páginas de un diario íntimo, un confidente silencioso de mis días de adolescencia y las vivencias del barrio que me vio crecer.

En esta adolescencia, cuando la vida aún se desplegaba ante mí como un lienzo en blanco, tuve un encuentro que marcaría el comienzo de mi viaje literario. Su nombre era Humberto, un joven cuya presencia traía consigo el bullicio y la vastedad de la Ciudad de México, un mundo lejano al mío en Chihuahua.

Era el verano de mis quince años, una temporada suspendida entre la niñez y la madurez, cuando Humberto cruzó el umbral de mi vida. Con su sonrisa fácil y su carisma natural, se convirtió en el sol de mis días de vacaciones, iluminando cada momento con la promesa de algo nuevo y emocionante. Él era guapo, sí, con una galanura que no necesitaba de palabras para ser comprendida, y una simpatía que derretía las barreras entre nosotros.

Nos convertimos en novios, aunque nuestro romance era más un susurro que un grito, una promesa hecha casi en silencio. Humberto fue mi primer amor, el primer nombre que escribí con un suspiro en las páginas de mi diario.

Nuestros encuentros eran breves, intermitentes, marcados por la cadencia de las estaciones y las vacaciones escolares. Pero en esos momentos compartidos, el mundo se expandía más allá de los límites de nuestra pequeña ciudad.

Con cada conversación, él pintaba para mí un retrato de la Ciudad de México, sus calles vibrantes, su gente diversa, y su ritmo incesante. A través de sus ojos, veía un lugar donde las historias brotaban en cada esquina, esperando ser contadas. Sin siquiera darme cuenta, Humberto sembró en mí la semilla del deseo de escribir, de capturar la vida en palabras, de explorar la profundidad de nuestras experiencias humanas.

Fue Humberto, con su voz serena y su mirada firme, quien perturbó la tranquilidad de mi rutina. "Nos vemos ahí a la vuelta a las seis de la tarde", me dijo un día, con una sencillez que disfrazaba la magnitud del momento. Aunque la distancia era corta, cada paso resonaba con el eco de una aventura desconocida, un territorio más allá de los límites previamente explorados.

Con el corazón palpitante y las mejillas arreboladas por la emoción, me preparé para el encuentro. Vestida con esmero, salí al crepúsculo que ya teñía de oro y sombras las calles conocidas. La espera de Humberto se diluyó en segundos cuando nuestros ojos se encontraron. Un abrazo cálido selló el preludio de un instante que quedaría grabado en mi memoria: el primer beso.

Él, más alto que yo, percibió la necesidad de unir nuestras alturas y, con una ternura que solo la juventud conoce, me invitó a elevarme sobre una piedra cercana. Así, en equilibrio sobre la roca, nuestros labios se encontraron en un beso fugaz, un dulce roce que marcó el inicio de tantas cosas.

Al regresar a mi santuario, plasmé en tinta aquella experiencia vibrante, un capítulo nuevo en el libro de mi vida, una página que releería innumerables veces, cada una con la frescura de la primera vez.

Este fue el inicio, el primer hilo de un tapiz que continuaría tejiendo a lo largo de mi vida, un tapiz hecho de recuerdos, sueños y la eterna búsqueda de la belleza en lo cotidiano. En las páginas de mi diario, las palabras fluían como un río incesante, capturando cada momento vivido, cada suspiro del destino.

Y fue en una tarde bañada por el sol de la nostalgia, mientras el aroma del limpiador se mezclaba con el eco de las risas infantiles, que escuché el susurro de una confabulación.

Arturo, el joven sobrino de espíritu aventurero, y Leticia, mi hermana, la flor aún no desplegada, murmuraban en un idioma de complicidad y sonrisas. Algo en sus voces me decía que tramaban una travesura, pero la inocencia de mi corazón no alcanzaba a imaginar la traición.

Continué mi danza con la escoba, en un vals con el polvo y los recuerdos, cuando las palabras de Arturo atravesaron el aire como una flecha: "…y un día salí…", escuche, "fui a la cita, a la vuelta de la esquina…", volví a escuchar, "y me subí a una piedra…" Las carcajadas que siguieron eran el preludio de una revelación inesperada. "Estas palabras…", pensé, "son ecos de mi alma plasmados en papel".

La verdad cayó sobre mí como una cortina pesada: habían descubierto mi diario, ese cofre de mis secretos más íntimos, y ahora se burlaban de su contenido sagrado.

La lucha por recuperar mi tesoro fue épica, una batalla de voluntades entre la inocencia perdida y la dignidad herida. Nos enredamos en un tira y afloja de emociones, ellos reacios a soltar el diario, pasándolo de mano en mano, y yo, una marioneta en su juego cruel, casi al borde de las lágrimas por la furia que me consumía.

Al final, cuando el diario volvió a mis manos, sentí el peso de la invasión a mi privacidad, un asalto a lo más sagrado de mi ser. Con lágrimas que empañaban mi visión, resguardé mi diario en un santuario secreto, un lugar inexpugnable donde solo yo podría acceder.

Las cartas juveniles.

Pero no todo lo que escribía era sobre mí, desde el rincón de una aula bañada por la luz del mediodía, donde las voces de la juventud resonaban entre las paredes de la Escuela Secundaria Once, se tejían historias que trascendían el papel.

Aquí, un maestro de lectura y redacción, con su mirada aguda y su sonrisa alentadora, encontró un destello de talento en mis escritos. Mis palabras, aún sin pulir, brillaban con la autenticidad de quien escribe desde el alma, esto llamó la atención de mis compañeras de clases, que anticipaban que algo podría hacer yo por ellas.

En aquellos días de aprendizaje y descubrimiento, encontré una musa inesperada en Ivonne, una compañera cuya estatura no alcanzaba las nubes, pero cuyo espíritu parecía tocar el cielo. De tez como la porcelana y risa contagiosa, Ivonne poseía unos ojos que narraban historias sin necesidad de palabras, y una belleza que no requería adornos. Veía en ella no solo a una amiga, sino a un reflejo de la vida misma, vibrante y llena de matices.

Un día, mientras las dos compartíamos confidencias en el aula, un grupo de compañeras se acercó, atraídas por la melodía de una carta de amor que yo leía en voz alta. La carta, un puente entre dos corazones jóvenes, había sido tejida con las palabras que Ivonne deseaba entregar a su enamorado. Las compañeras, cautivadas por la emoción que emanaba de cada línea, vieron en mí a alguien capaz de dar voz a sus propios sentimientos.

De esta forma comenzó un desfile de cartas, cada una un pedazo de papel donde se plasmaban los sueños y anhelos de adolescentes en busca del amor. Con cada historia que me confiaban, era un lienzo donde se tejía un nuevo capítulo de amor juvenil, lleno de ternura, pasión y la inocencia de los primeros amores.

Estas cartas, más que simples mensajes, se convirtieron en el inicio de un viaje literario que me llevaría a explorar las profundidades del corazón humano, a escribir historias y experiencias de mi vida.

La secundaria y el barrio.

En esos años, la escuela secundaria se erigía como un reino de aventuras interminables. No me consideraba la más estudiosa, pero sí portaba con orgullo la responsabilidad como una insignia.

Mi uniforme era mi armadura; mientras que la mayoría optaba por la blusa blanca y pantalones azul rey, yo me decantaba por la falda, que ondeaba con cada paso que daba. Completábamos nuestro atuendo con zapatos negros y calcetas blancas, que se detenían justo debajo de la rodilla, como guardianes de nuestras juveniles esperanzas.

El básquetbol me llamó a sus filas, y por un tiempo, fui parte de su ejército. Mis jugadas eran astutas, pero mi estatura se convirtió en un obstáculo insuperable. Las nuevas jugadoras, como gigantes de escuelas lejanas, llegaron a dominar el terreno con su altura imponente, y yo, incapaz de competir, me vi obligada a abandonar el campo de batalla.

Una anécdota que aún me arranca sonrisas es la de dos maestros, amigos y cómplices en su pereza. Nos tenían cariño, aunque a veces a su manera peculiar. "Oiga Rosalía, vaya y dígale a tal maestro que las chelas están bien frías", me instruyó uno de ellos un día.

Con la inocencia de la juventud, cumplí el recado, sin entender el trasfondo de aquellas palabras hasta mucho después. Eran risueños y traviesos, y se deleitaban con nuestra ingenuidad, mientras en la cajuela de un coche reposaba una hielera con cervezas, listas para celebrar el fin de las clases.

La vida me sonreía con la generosidad de un sol de primavera. Todo era motivo de felicidad: desde el sabor casero de la comida hasta las charlas sin fin con los amigos. El sueño no era una necesidad, sino un placer más que se sumaba a la lista de mis gozos cotidianos.

Mi espíritu, sereno y jovial, encontraba en la naturaleza un escenario perfecto para mi alegría. Aunque las amigas eran pocas, Clara, María de Jesús y Consuelo en el barrio, y Martha Cecilia e Ivonne en la secundaria, mi corazón no conocía de soledades. Los

amigos abundaban, tantos que podían llenar una calle con sus bicicletas y risas.

Pero esta multitud de compañeros varones era un enigma para mi padre. La llegada de uno tras otro, formando un desfile de bicicletas y camaradería, pintaba la calle con el color de la juventud. Sin embargo, mi padre, con la preocupación tejida en su frente, no compartía mi visión. "¿No hay más chicas en el barrio?", preguntaba, mientras la media calle se convertía en un festival sobre ruedas.

No comprendía que, a pesar de la multitud, solo reinaba la tranquilidad y la inocencia. Al final, nos retirábamos al refugio de nuestro hogar, y los amigos, como aves migratorias, buscaban nuevos horizontes.

Con mi temperamento alegre y mi alma sociable, a menudo me sorprendía pensando en voz alta: "Dios mío, ¿por qué tanta belleza, tanta alegría, tanto amor?". Era como si el cariño y el amor divinos se derramaran sobre mí en una cascada inagotable, y yo, en mi humilde existencia, me maravillaba de ser su receptora. Realmente sentía que *Dios está en todas partes*, sentía su presencia que me rodeaba en mi hogar, con mis padres, mi familia, mis amigos, en la escuela y en todo los acontecimientos de mi vida.

Sueños y carencias.

Soñaba con las aulas universitarias, con el conocimiento que se desborda de los libros, pero la realidad de mi hogar teñía esos sueños de incertidumbre. Éramos un coro de hermanas, y mi padre, con su trabajo tan inestable como el viento, luchaba por mantener la melodía de nuestra educación. "Pobrecito mi papá, ¿por qué no tienen?", me preguntaba, mientras observaba a mis compañeras, con sus futuros asegurados, inscribirse sin complicaciones.

La preocupación era una sombra que se proyectaba sobre mis padres, un reflejo de la lucha diaria contra la adversidad. Sabían que cada junta escolar no solo significaba enfrentar el costo de la inscripción, sino también el de las innumerables peticiones

adicionales que se escondían tras cada esquina del camino educativo.

"¡Ándale! Pablo, hay junta en la escuela", exclamaba mi madre, una invitación que resonaba con la urgencia de lo inaplazable. Mi padre, sumido en las profundidades de sus ocupaciones, respondía con una negativa teñida de la pesadez del deber: "No, pues ve tú, no ves que estoy muy ocupado". Y así, con pasos resignados pero decididos, mi madre se dirigía a las juntas, portadora de las esperanzas y preocupaciones de su familia.

A su regreso, mi padre, con la curiosidad de quien espera noticias del frente, preguntaba: "¿Y qué?, ¿cómo te fue?". Mi madre, mensajera de novedades y requerimientos, relataba: "No pues qué bien, que es esto ..., que lo otro..., que la inscripción ...", y continuaba mi madre con una larga lista que parecía interminable, "y luego que tenemos que pagar porque van a pintar los salones o van a hacer unos arreglos".

Pero su informe no era el final, sino el preludio de un debate familiar. "Entonces, tienes que pagar quién sabe cuánto más...", continuaba mi madre, su voz un eco de la incertidumbre financiera. Mi padre, en un tono de reproche mezclado con frustración, la increpaba: "¿Por qué te dejaste?, les hubieras dicho que esto..., y que el otro...". Mi madre, con un atisbo de molestia y una chispa de desafío, replicaba: "Sí, mira tú, saliste muy bueno para el dile ¿por qué no fuiste tú?".

Estas discusiones, aunque pequeñas en el vasto tapiz de la vida, eran el reflejo de una realidad más profunda. Eran la manifestación de la lucha de dos padres por brindar a sus hijos la educación que merecían, un esfuerzo que, aunque no exento de desafíos, estaba cimentado en el amor y la dedicación.

En el silencio de mi ser, una voz susurraba admiraciones hacia aquellos cuya vida parecía deslizarse sin esfuerzo. Observaba, no sin cierta maravilla, las cadenas de oro que adornaban los cuellos de mis compañeros, los lonches que desbordaban de manjares, y los automóviles que, como carruajes modernos, los transportaban. Sin embargo, en mi caminar a pie, acompañado siempre de la austeridad, no albergaba frustración.

Era una aceptación serena, nacida de la comprensión de nuestra numerosa familia y la escasez que, como una sombra, se posaba sobre nuestro hogar. Mary, con sus propios medios cursaba la preparatoria, pero Susy, Lety, Clara y yo aún estábamos en la orilla, esperando nuestro turno para zarpar.

El final de la escuela se acercaba, y con él, las conversaciones giraban en torno a futuros inciertos. Algunos ya habían trazado su camino hacia el bachillerato; otros, hacia la preparatoria.

En mi realidad, la posibilidad de seguir sus pasos era tan distante como una estrella fugaz en el firmamento nocturno. No exigí más de lo que podíamos afrontar, pues comprendía la tela de nuestra situación familiar. Pero en mi interior, una determinación florecía: debía actuar.

Con la esperanza como estandarte, encontré trabajo en La Avena Número Uno, un lugar donde mi esfuerzo se traducía en una remuneración justa. Ahorré cada moneda, cada fruto de mi labor, hasta que el día llegó. Con el tesoro de mi perseverancia, me inscribí en la preparatoria, decidida a continuar el viaje de mi educación.

Las primeras sombras de mi vida.

En aquellos días, la figura de mi padre se tornó en una silueta errante, una sombra que se deslizaba entre los resquicios de mi felicidad. La falta de empleo ocasionó que desarrollara cierta afición por la bebida, aunque fue de manera temporal, sería hasta ese momento, la única mancha en el lienzo de mi vida, un dolor que se arraigaba en lo más profundo de mi ser.

Recuerdo con tristeza, una ocasión que no regresó a nuestro hogar en la hora prevista. Su ausencia, después de varias horas, llevó a una búsqueda desesperada, una peregrinación que mis hermanas y yo, emprendimos divididas en grupos, explorando cada rincón en su búsqueda.

El destino de nuestra expedición terminó en la puerta de un bar, donde la realidad golpeaba con la fuerza de un trueno. No era

agradable, era la antítesis de todo lo que había conocido hasta entonces. La felicidad que había sido mi compañera constante se veía opacada por estos momentos de incertidumbre y preocupación.

Fue entonces cuando la vida comenzó a revelarse ante mí con una nueva faceta, mostrándome que no todo era tan sencillo ni tan colorido como lo había imaginado en mi inocencia. La vida, con sus matices grises, me enseñaba que la felicidad no era un estado perpetuo, sino un tesoro que se debía cuidar entre las pruebas y tribulaciones del camino.

Sin embargo, incluso en los momentos más oscuros, cuando las sombras amenazan con engullir nuestra esperanza, la presencia divina se manifiesta. Es un faro de consuelo y sabiduría, una mano que sostiene la nuestra en la penumbra, guiándonos hacia la luz. No solo nos brinda alivio en la adversidad, sino que también nos prepara para el viaje de la vida. Un camino sembrado de obstáculos y desafíos nos espera, y es bajo Su mirada que aprendemos a caminar.

Es inevitable encontrarnos con pruebas que no siempre lograremos superar. Pero es en el combate de estas luchas donde nuestro espíritu se fortalece. Las frustraciones y decepciones, lejos de derribarnos, son forjadoras de nuestra resiliencia. Y es esa fortaleza interna, nacida del amor y la fe, la que nos impulsa a avanzar. A enfrentar desafíos aún mayores y a escalar montañas aún más altas. Porque en cada paso, en cada caída, en cada victoria, *Dios está presente*.

3

Ecos de peligro, sueños, alegrías y dolor.

El Señor es mi pastor: nada me falta; en verdes pastos Él me hace reposar. A las aguas de descanso me conduce,

Aunque pase por quebradas oscuras, no temo ningún mal, porque Tú estás conmigo con tu vara y tu bastón, y al verlas voy sin miedo.

Salmo 23, 1-2.4
(Biblia Latinoamericana, 2005)

La preparatoria nocturna.

Mis sueños de juventud se nutrían de la esperanza de un futuro brillante en mi carrera y la necesidad de un empleo para solventar ese futuro. La *Avena Número 1* me acogió como su empleada primeriza, pero el salario apenas rozaba la línea de subsistencia. La Preparatoria Nocturna, mi faro de educación, se alzaba en el horizonte como única opción para mí, pero el camino hacia ella estaba empedrado de sacrificio y esfuerzo.

Mis padres, dos almas entrelazadas por el amor, me brindaban seguridad. Sin embargo, esa misma seguridad a veces se convertía en una venda que ocultaba los peligros de las noches. Las calles, como bestias acechantes, me observaban mientras salía tarde de la escuela. Un auto persistente o una camioneta familiar que se repetía en mi ruta despertaban mi intuición. ¿Quiénes eran? ¿Qué deseaban? A pesar de la confianza que mis padres me infundían, sabía que debía ser cautelosa.

La preparatoria nocturna era mi refugio. Ahí, la brecha generacional se ensanchaba. Mis compañeros, adultos fatigados por el trabajo diario, apenas cruzaban palabras antes de retirarse a sus hogares, el día siguiente prometía ser igual de arduo y había que descansar. La soledad se volvía mi compañera en los pasillos desiertos.

Un día, cuando asistí a la preparatoria, tardé en salir del salón de clases y quedé sola en la entrada de la escuela. Enfrente, había una camioneta combi de carga, de esas que están completamente cerradas, pero en ese momento la puerta corrediza estaba abierta. El conductor, un extraño con ojos amables, me vio ahí sola esperando y se ofreció a llevarme a casa:

—¿Estás esperando a alguien? —me dijo.

—No, pues no —le contesté.

—Si quieres, yo te llevo —insistió.

Decidí subirme, pensando que simplemente quería ayudarme. Una vez dentro, giré la cabeza para ver el interior de la combi. No había nadie más; estaba completamente vacía.

Sin embargo, algo me inquietó: el piso de la camioneta estaba tapizado por una alfombra oscura, cuyas hebras largas y desgastadas parecían haber absorbido los rastros de eventos inquietantes. Esa visión me hizo sentir miedo, y mi cabeza comenzó a decirme: "Corre...". Me bajé de la camioneta y confiando en mi instinto, salí corriendo despavorida, mientras la noche me envolvía en su manto de misterio.

Con la ingenuidad como un velo ligero, caminaba por la vida sin sospechar las sombras que se escondían tras las esquinas. No comprendía del todo que el mundo podía ser un lugar peligroso, donde los hombres acechaban como lobos hambrientos.

Pero en esas ocasiones, cuando mi inocencia rozaba el abismo, algo invisible me protegía. ¿Era la mano de Dios, como mi madre solía decir? Ella, con su rosario entre los dedos y las oraciones en los labios, encomendaba nuestras vidas al cielo. Sus ruegos eran como hilos invisibles que nos sostenían en el abismo.

La preparatoria, un laberinto de pupitres y libros polvorientos, no era mi refugio ideal. Sin embargo, en ese mundo de aulas grises, encontré dos faros luminosos: Carmen y Judith. Juntas, tejimos risas y secretos en los pasillos desiertos. Ellas eran mis cómplices en la aventura de crecer.

Y luego estaba Julio. Julio, con su mirada seria y su compromiso inquebrantable. Trabajador incansable, responsable como un reloj suizo, se cruzó en mi camino. Años después, sería más que un compañero de aulas; se convertiría en mi cuñado. En su presencia, sentía la solidez de un cimiento bien construido, la certeza de que había alguien en quien confiar.

Los Loya.

Los Loya eran un grupo de amigos a quienes llamábamos así debido a su apellido. Eran primos y hermanos, y aunque Carlos era el más recordado, había tres hermanos más y el resto eran primos. Los conocimos porque uno de ellos trabajaba en una tienda de conveniencia de la Calle 46 y 20 de noviembre, cerca de nuestro domicilio. Además, había otro amigo cercano llamado Sergio, quien vivía a unas cuantas casas de distancia de la misma tienda.

Este grupo de amigos eran respetuosos y caballerosos, siempre dispuestos a acompañarnos a cualquier lugar. Les gustaba vestirse al estilo vaquero, con pantalones de mezclilla, camisas a cuadros y, en ocasiones, sombreros tradicionales. Eran animosos, entusiastas, alegres y amantes del baile.

Durante la época de la escuela preparatoria, cuando no tenía muchas amistades, los Loya se convirtieron en mis compañeros de la prepa. Disfruté de su amistad y de las reuniones agradables en las que siempre encontrábamos diversión. Asistir a bailes con ellos nos llenaba de felicidad. Éramos muchas mujeres y ellos muchos hombres, lo que facilitaba nuestra buena relación. Compartíamos el mismo lenguaje de alegría y diversión sana, pasando tardes maravillosas los fines de semana.

Cada semana esperábamos ansiosas la llegada del viernes. A través de Clara, quien era nuestro contacto, acordábamos a dónde iríamos. La primera opción solía ser algún baile de 15 años o una boda de la que tuviéramos noticias. Bailábamos hasta que la fiesta llegaba a su fin, ya que los Loya eran excelentes bailarines. Al final del evento, regresábamos a casa cansadas pero felices. En nuestra habitación, Clara y yo compartíamos en complicidad todos los pormenores de la fiesta.

La segunda opción era reunirnos en lugares como *Los Llorones* o *El Herradero*. Comprábamos cervezas (aunque yo rara vez bebía) y nos estacionábamos en algún lugar. La luz de la camioneta o una fogata iluminaba el centro de nuestra reunión. Allí, entre risas, compartíamos las mil aventuras y peripecias de la semana. La música norteña sonaba de fondo, y a veces improvisábamos bailes

a la luz de la luna. Pasábamos días encantadores charlando y bailando con ellos.

Aunque las insistencias para quedarnos más tiempo eran constantes, como cenicientas, a medianoche pedíamos que nos regresaran a casa. Teníamos claro que era prudente regresar a esa hora según los consejos y advertencias de nuestros padres.

Dispuesta a aprender.

En los pasillos de la vida, yo era una promotora en la *Avena Número 1*. Un trabajo que no sostenía mis sueños, un puente endeble hacia un futuro incierto. Así que, con la determinación de quien busca un tesoro escondido, emprendí la búsqueda de un nuevo empleo.

Mi hermana Ofelia, quien trabajaba en una empresa al sur de la ciudad, sabedora de mi búsqueda, me señaló un camino. Un día, bajo el cielo de la ciudad y mientras esperaba el transporte, escuchó que estaban solicitando una secretaria para el Gerente de Planta de una empresa gasera. Ella, con su formación en comercio y experiencia, podría haberlo solicitado sin titubear. Pero ella, como un ángel guardián, pensó en mí.

Al llegar a casa, me busco para aconsejarme:

—Ve, es un buen trabajo —me dijo.

Yo dudé, temerosa de mis propias limitaciones.

—¿Cómo puedo ser secretaria? —murmuré.

—Tú ve, diles que no sabes, pero que estás dispuesta a aprender — insistió con ímpetu.

Así que, con valentía, me aventuré a solicitar el empleo. Durante la entrevista con Daniel, el subgerente, me hizo algunas preguntas que no acertaba a contestar. Ante mis respuestas puso cara de curiosidad:

—¿Qué experiencia tienes? —me preguntó.

—No tengo experiencia, pero tengo muchas ganas de trabajar — respondí con total honestidad.

—¿Sabes redactar cartas o escribir taquigrafía? —volvió a preguntar.

—No, pero puedo aprender pronto —fue mi respuesta, ingenua pero sincera.

Como era de esperar, la entrevista no duró mucho, y me dijeron que se comunicarían conmigo posteriormente. Aparentemente, encontraron algo gracioso o genuino en mí, y merecí ser considerada para ocupar un puesto en la empresa gasera. Sin embargo, no era el puesto que había solicitado; en cambio, me ofrecieron atender las llamadas telefónicas.

Con el tiempo, Daniel se sinceró, confesándome que le causó mucha gracia que hubiera solicitado el empleo de secretaria del gerente, a pesar de mi falta de experiencia y desconocimiento de las tareas secretariales. Sin embargo, admiraba mi determinación al afirmar que podía aprender pronto. Esta anécdota se convirtió en tema recurrente en nuestras reuniones y nos sigue causando gracia a ambos hasta el día de hoy.

El *Gas*.

Así, entre las sombras de la rutina y los suspiros de los motores, mi historia comenzó en *Super Gas*, o como cariñosamente la llamábamos, *El Gas*. Cada mañana, el camión que tomaba a una

cuadra de mi casa me conducía hacia sus puertas, como rutina invariable. Ahí, en ese rincón urbano, se tejían conexiones sutiles que influirían en mi porvenir.

Super Gas, empresa de distribución que abastecía hogares y negocios de Gas LP, se alzaba en la carretera hacia la ciudad de Delicias. En el kilómetro uno, justo después de las vías del tren, su presencia se imponía.

Los patios, como un pulso constante, latían con los tanques y las mangueras. Más allá, las oficinas administrativas albergaban nuestros sueños y preocupaciones. A espaldas de aquel edificio, una loma se alzaba como un muro inquebrantable, un cerco perimetral que nos recordaba los límites de nuestro mundo.

La piedra sólida, testigo silencioso de los años, sostenía el edificio. Desde nuestras ventanas, observábamos el flujo incesante de la carretera. Autos, camiones, rostros anónimos que pasaban como ráfagas. ¿Qué historias ocultaban esos vehículos? ¿Qué secretos llevaban los conductores? Nosotros, atrapados entre las cuatro paredes, éramos espectadores de un teatro sin guion.

En ese microcosmos de gas y asfalto, podía apreciar que cada lugar tiene su propia música, sus propios personajes. *El Gas*, con su aroma a combustible y su rumor constante, se convirtió en mi escenario. Y yo, la secretaria de las llamadas telefónicas escuchaba las voces que llegaban desde el otro lado. A veces, en el silencio de la tarde, imaginaba que el viento traía historias de los viajeros que pasaban. Susurros de caminos lejanos, promesas rotas, sueños aplazados.

En los pasillos de la empresa, donde el murmullo de las voces masculinas se entrelazaba con el aroma a café recién hecho, encontré un rincón de complicidad. La mayoría absoluta del personal era masculino, desde jóvenes con sueños aún sin desplegar hasta adultos con arrugas de experiencia. Pero entre los engranajes de la rutina, las mujeres tejíamos nuestra propia historia.

Éramos las excepciones, las notas de color en un pentagrama de uniformes y ropa masculina. Las cajeras, las secretarias, las telefonistas: nuestro territorio estaba delineado, pero no limitado. A pesar de las etiquetas, los hombres nos recibían con sonrisas y respeto. En un par de ocasiones, me invitaron a ser madrina del equipo de béisbol de la empresa, como si quisieran que nuestra presencia bendijera sus victorias en el campo de juego.

Y así, en ese ambiente de números y llamadas, encontré a mis grandes amigas:

Minerva: Su piel morena evocaba los misterios de los faraones. Ojos grandes como puertas hacia otros mundos, rasgos finos que parecían tallados por los dioses. Su cabello oscuro caía en cascada sobre sus hombros, y aunque su estatura no desafiaba las nubes, su figura curvilínea atraía miradas. Minerva era risueña, soñadora, como si llevara un pedacito de sol en su corazón.

Josefina: La rubia de cabello lacio, alta y seria. Sus ojos pequeños y redondos escondían secretos detrás de las pestañas. Su cara ovalada como una luna creciente, Josefina era la voz de la razón en nuestro pequeño círculo. Responsable, inteligente, su risa no era frecuente, pero su honestidad siempre estaba presente.

Norma: El ángel del grupo. Baja de estatura, pero con piernas que atraían miradas. Su tez blanca parecía reflejar la luz de las lámparas fluorescentes. El cabello cortito enmarcaba su rostro, y sus ojos verdes destilaban picardía. Norma sabía arreglarse como nadie, y sus bromas nos hacían reír hasta que las lágrimas se confundían con el papel timbrado.

Paty: La blancura de su piel contrastaba con sus ojos grandes y coquetos. Su cabello lacio y oscuro caía en cascada sobre sus hombros. Su cara afinada y delgada parecía esculpida por un artista minucioso. Paty era la chispa, la que encendía las conversaciones y nos hacía olvidar, por un momento, que estábamos atrapadas entre paredes y extensiones telefónicas.

Minerva, Norma y Paty eran la melodía que alegraba los pasillos, mientras Josefina y yo éramos las notas más serias, las que daban

profundidad a nuestra pequeña sinfonía. Juntas, entre números y risas, tejimos lazos de amistad que resistirían el desgaste del tiempo.

Las soñadoras.

Las tardes nos encontraban, Minerva y yo, en la frontera entre la realidad y los anhelos. Salíamos del trabajo, dos soñadoras que se abrazaban al centro de la ciudad. La iglesia nos recibía con sus puertas abiertas, y ahí permanecíamos, como dos aves en un nido de silencio. La misa nos envolvía, aunque no siempre asistíamos a toda la ceremonia. Después, aventurábamos nuestros pasos por las calles adoquinadas, dejándonos llevar por la brisa y los destellos de escaparates.

Para nosotras, entrar en las zapaterías era como sumergirnos en un cuento de hadas. Los zapatos, dispuestos en filas como joyas en un cofre, nos llamaban con sus colores y formas. Soñábamos con calzar los más hermosos, los que nos harían danzar sobre las baldosas grises. Pedíamos a la empleada que nos los entregara, y ahí, muy coquetas, nos los probábamos. En los espejos, nuestros pies se transformaban en alas, y nos veíamos reflejadas como princesas de cuentos olvidados.

Pero la realidad nos susurraba al oído: no podíamos permitirnos comprarlos. Así que preguntábamos, con una sonrisa cómplice: "¿No tendrán un color así?" o "¿No tendrán tal número?". La respuesta era invariable: "No, en ese color no" o "En ese número no lo tenemos". Y así, con la excusa perfecta, salíamos de la zapatería, pero no sin antes haber experimentado la satisfacción de tener aquellos zapatos en nuestros pies, aunque fuera por unos minutos.

De manera similar, recorríamos los escaparates de las tiendas de vestidos. Cada una elegía el que más le gustaba, lo pedíamos y nos dirigíamos a los vestidores. Allí, frente a los espejos, nos dábamos vueltas y vueltas. Yo le decía a Minerva: "Qué bonito se te

ve, Mini", y ella me respondía: "Qué bonito se te ve, Rosita" (porque cuando Minerva estaba contenta, me llamaba Rosita). Salíamos de los vestidores satisfechas, y las empleadas nos preguntaban: "¿Se lo va a llevar?". Nuestra respuesta solía ser: "Híjole, es que me queda muy apretado" o "Me gustó, pero no es el color que estoy buscando".

Así, salíamos de la tienda, riendo y compartiendo la felicidad de habernos probado los zapatos y vestidos que más nos habían gustado. Eran nuestros tesoros efímeros, las joyas que solo existían en los espejos y en nuestros corazones.

Los zapatos escolares.

Como ya ganaba mi propio dinero, anhelaba contribuir al bienestar de mi familia. Mi papá, mis hermanas pequeñas y mi mamá ocupaban un lugar especial en mi corazón. Deseaba que mi sueldo abarcara todas sus necesidades, pero la realidad era implacable: apenas alcanzaba para cubrir lo básico.

Un día, mientras paseábamos por el centro, los escaparates se convirtieron en ventanas a otros mundos. Las ofertas en zapatos escolares titilaban como estrellas caídas. Uno de los pares me encantó. A mí, que apreciaba los uniformes con faldas y zapatos escolares, se me ocurrió que a mi hermana Susy también le robarían el aliento. En ese momento, ella necesitaba un par de zapatos.

Reuní el dinero que había visto que costaban esos zapatos y le dije a Susy: "Te llevaré a comprar unos zapatos muy bonitos que vi en el centro". Su rostro se iluminó de alegría al escucharlo. La llevé conmigo, y al llegar a las tiendas, Susy vio otros zapatos que también le gustaron mucho.

En mi mente, pensé: "Pobrecita Susy, pero estos son más caros que los que yo había visto". Reflexioné: "No tengo más dinero del

que había reunido para comprar los primeros". Sin embargo, le dije a Susy: "Estos son aún más bonitos" y la conduje hacia los que costaban exactamente lo que tenía.

"¡Mira!", exclamé, señalando los zapatos. Susy, con los ojos brillantes, miró otros pares y le insistí: "¡Pruébatelos!". Después de medírselos, Susy comentó: "Me quedan un poco apretados, quizás necesitaría un número más grande". Pero los zapatos en oferta eran únicos, y no podíamos pedir otro número distinto al que estaba en exhibición. Le aseguré: "Te quedan bien, se ven muy bien en ti". Así que Susy, resignada, aceptó y se quedó con ellos.

De regreso a casa, Susy iba un poco decepcionada porque los zapatos no le gustaban tanto y le quedaban pequeños. Por mi parte, me sentía satisfecha por haberle comprado los zapatos que tanto necesitaba. Eran nuestros zapatos de cristal, nuestros vestidos de sueños, y aunque no eran perfectos, llevaban la magia de la generosidad y el amor.

Ayuda inesperada.

Mi tiempo en las líneas telefónicas fue efímero, como un suspiro que se desvanece en el aire. La oportunidad de trabajar como cajera en la caja chica se presentó, y ahí, entre billetes y monedas, descubrí una habilidad insospechada: el arte de manejar el dinero, de custodiar los secretos que se deslizaban por las rendijas de la caja.

Era ingenua y soñadora, pero también entregada y responsable. El ambiente de la caja me envolvía como un abrazo cálido, y aunque no planeaba quedarme allí por mucho tiempo, sabía que cada centavo ahorrado era un paso hacia mis sueños. Quería estudiar, aprender más allá de los números y las transacciones. Anhelaba comprar algo que resonara en mi corazón, algo más valioso que cualquier billete.

El sueldo no era un imán, pero las personas sí lo eran. Me llevaba bien con mis compañeros, compartíamos risas y anécdotas en los pasillos estrechos. Sin embargo, dentro de mí, bullía la inquietud. Los costos universitarios se alzaban como montañas inalcanzables, y yo, como una alpinista sin cuerdas, debía encontrar la forma de escalarlas.

Y entonces, en un giro del destino, conocí a Alejandro. Alto, con ojos café claro que parecían guardar secretos del mundo, su voz resonaba como las ondas de una antigua radio. Era atractivo, sí, pero su trato fino y su inteligencia me atraparon aún más. Venía de una familia educada, y su trabajo como corresponsal en los medios noticiosos le confería un aire de misterio.

Alejandro me quería, y a su lado me sentía segura y protegida. Nos hicimos novios, cómplices en esta danza de sueños y realidades. Cuando nuestras palabras se entrelazaban, él me preguntaba: "¿Qué vas a estudiar?". Yo, con la sinceridad de quien no oculta sus anhelos, le respondía: "Quiero estudiar, pero la escuela tiene un precio". Juntos, trazamos un plan: buscar otro trabajo, abrir puertas hacia un futuro más luminoso.

Así, acompañada por Alejandro, empecé a llevar solicitudes a varias empresas. El eco de las cajas quedó atrás, y en su lugar, el susurro de oportunidades se alzaba como una melodía prometedora.

Los días se desdoblaban como abanicos de oportunidades, y yo, en el centro de ese torbellino, recibí noticias que me zarandearon. Tres lugares diferentes, tres puertas que se abrían al mismo tiempo, como si el destino jugara a las escondidas con mi futuro. Papelera de Chihuahua, la Secretaría de Hacienda y el corporativo de un grupo dedicado a losetas para piso llamado *CORTEC*. sus nombres resonaban en mi mente como versos de un poema incierto.

Alejandro, mi novio y consejero, se alegró por la noticia. Sus ojos brillaron con complicidad, y sus palabras se enredaron en el aire:

—¿Qué vas a hacer? —me preguntó, como si la respuesta estuviera escrita en las estrellas.

—Te tienes que decidir por una —insistió, como un guía en un laberinto de posibilidades.

—¿Y cuál te gusta más? —su voz se deslizó como un suspiro.

Hacienda, susurros de burocracia y secretos fiscales, me llamaba con su misterio.

—Me llamaba la atención Hacienda —le respondí

Y confiando en él le pregunté:

—Pero ¿tú qué opinas? —Alejandro, con la seguridad de quien conoce los hilos invisibles del mundo, me recomendó:

—Ve por la iniciativa privada, podría ser Papelera o mejor aún *CORTEC* —Me aconsejó finalmente.

Asentí, dejando de lado las otras dos opciones. *CORTEC*, un nombre que se grabó en mi piel como un tatuaje de oportunidad, se convirtió en mi elección.

La entrevista.

El gran día de la entrevista llegó, y me vestí con mis mejores galas. Mi reflejo en el espejo parecía que aprobaba mi elección. Y salí de mi recamara para recibir los consejos de mi padre: "Tú puedes, tienes todo para lograr lo que quieras", y continuó "Verás que te va a ir muy bien". Las palabras amorosas de mi padre resonaron en mi corazón, y salí de casa con la confianza de quien lleva sueños en los bolsillos, con la esperanza como brújula y la seguridad como escudo, enfrentaría la entrevista que decidiría mi futuro.

Subí al camión que me llevaría hasta el lugar de la entrevista. Mientras avanzaba por la esquina de la Avenida Universidad y calle

Escudero, mi corazón latía con una mezcla de nerviosismo y expectación. El domicilio que me habían dado se alzaba ante mí, imponente y misterioso. "¡Wow!, ¿Este es el edificio?" murmuré, asombrada. El edificio era muy grande, de dos pisos. Sus pilares pintados de blanco parecían fundirse con el cielo, y los grandes ventanales revelaban un interior que prometía secretos y oportunidades.

El número 1306 marcaba la gran puerta central. El estacionamiento circundante albergaba una colección de autos último modelo, como si cada vehículo fuera un símbolo de éxito. Las dos hojas de vidrio que conformaban la entrada principal se abrieron ante mí, revelando una escalera ancha con peldaños de cerámica.

Las paredes en el interior eran elegantes y blancas como la nieve. Cada paso que daba resonaba en mi pecho, como si el edificio mismo latiera en sintonía con mis emociones.

Antes de cruzar el umbral, me detuve. Cerré los ojos y susurré una plegaria: "En el nombre sea de Dios". Quería que esa entrevista fuera más que una oportunidad laboral; deseaba que fuera un destino. Con ese pensamiento, avancé hacia la recepción.

Allí estaba ella, la recepcionista que nunca olvidaré en mi vida: Olivia. Alta y esbelta, su melena abundante y oscura caía en cascada sobre sus hombros. Su rostro afilado parecía esculpido por un artista meticuloso, y sus ojos brillaban con una intensidad que me atrapó al instante. Desde el primer momento, su calidez me envolvió como una manta en invierno. "Bienvenida", dijo con una sonrisa cálida. "Estás en el lugar correcto".

Me anunciaron con Norma, la persona con quien tendría la entrevista, y me condujeron hasta su oficina. Al cruzar la puerta, quedé impactada por su presencia. Norma irradiaba belleza y personalidad. Era una mujer de piel muy clara, con ojos azules que parecían reflejar el cielo. Su estatura, aunque mediana, no le restaba un ápice de elegancia. Su rostro tenía una forma medio ovalada, y su cabello rizado caía en cascada, otorgándole un aire

de sofisticación y modernidad. Guapísima y hermosa, no había duda.

Norma se presentó con una sonrisa cálida y comenzó la entrevista. Lo que más me sorprendió fue su personalidad: grande y a la vez humilde. Me trató con tanta familiaridad y sencillez que me olvidé por un momento de su posición jerárquica. En ese instante, desconocía que ella era parte de los dueños de la empresa, lo que resaltaba aún más su calidad humana.

Las preguntas llegaron: "¿Cuánto tiempo tenías trabajando en tu empleo actual?, ¿A qué te dedicabas?, ¿Cuánto ganabas?". Norma escuchaba con amabilidad y paciencia, observando mis gestos y ademanes. A veces, sus ojos se abrían con sorpresa, especialmente cuando mencioné mi salario. "Te están explotando", comentó con firmeza. "Aquí ganarás mucho más de lo que estabas acostumbrada". Y luego añadió: "Tu desempeño y dedicación serán clave para tu éxito aquí". Finalizó con una promesa: "Aquí te apoyaremos en todo".

Sentí como si estuviera en un sueño; aquel lugar era la respuesta a todas mis oraciones y las de mi madre. Dios me había guiado hasta aquí sin lugar a duda.

Después de algunos ajustes, me quedé en *CORTEC* como secretaria del Sr. Navarro, el representante legal de Don Oscar. Mi nuevo puesto implicaba manejar múltiples cuentas bancarias, recibir visitantes y conciliar transacciones financieras. Cuando me informaron sobre estas responsabilidades, respondí con confianza: "He manejado dinero antes, y no tengo miedo de aprender lo que sea necesario". Las palabras de mi hermana Ofelia resonaban en mi mente: "Lo que no sé, lo puedo aprender".

Así comenzó un cambio de vida, una experiencia extraordinaria. Laboralmente, *CORTEC* se convirtió en el lugar más maravilloso donde trabajé durante muchos años. Económicamente, mis sueños estaban al alcance de mis manos. Además de cubrir los gastos de transporte, útiles y colegiaturas universitarias que tanto anhelaba, podría finalmente comprar los zapatos y vestidos que alguna vez

dejé en el mostrador de aquellos días de sueños compartidos con Mini.

El edificio de los sueños se materializaba ante mí, y cada paso que daba estaba guiado por la certeza de que Dios había dado respuesta a nuestras oraciones.

Con dolor en el corazón.

En medio de los vaivenes de la vida, entre risas y lágrimas, surgió un episodio que grabó cicatrices profundas en mi alma y en la de toda mi familia. No sé si fue un día soleado o una noche oscura, pero mi hermano llegó a casa con el corazón destrozado. La decepción amorosa lo envolvió en un abismo de desesperación, y allí se hundió sin encontrar razones para salir.

Sus noches se convirtieron en insomnios, y nosotros, impotentes, observábamos su sufrimiento. El alcohol se convirtió en su refugio, y mi madre compartía su dolor. Mi corazón se resquebrajaba al verlo así. La belleza de la vida se desvanecía ante sus ojos, y él, sin Dios en su corazón, se desviaba hacia la oscuridad.

Dios, omnipresente, se escondía en los pliegues del tiempo, pero en aquellos momentos, su luz no alcanzaba a tocar a Pablo. No se imponía a la fuerza; Pablo tenía todo lo necesario para recibirlo, pero su corazón ardía en ira y rebeldía por las circunstancias que lo habían asolado. En su interior, solo habitaban sentimientos oscuros: tristeza, ansiedad y desesperanza.

Mi madre, con la devoción de una vela encendida, llevaba a Pablo ante el padre Toño. Este último, un faro de compasión había extendido su mano hacia Pablo en más de una ocasión. Sin embargo, Pablo se resistía, como un náufrago que lucha contra la corriente, aunque su alma naufragara en la tormenta.

Las madrugadas lo encontraban tambaleándose, la misma canción en su grabadora, un eco melancólico que repetía su desamor. El tiempo pasó, años lamentables en los que él languideció en esa tristeza.

En las noches, cuando las estrellas tejían sus hilos de plata en el cielo, yo clamaba a Dios. Si Pablo no podía soportar el dolor, deseaba que me lo transfiriera a mí. Le supliqué: "Señor, que todo lo que Pablo siente se derrame sobre mí". Veía a Pablo tan indefenso, tan triste, que ni siquiera sabía que podía hablarle al Creador. Seguía diciendo: "Él está tan perdido en su dolor que no sabe, pero yo sí".

Y pareciera que Dios, en su misterio, me concedió lo que le pedía. Sentí que a mí se me pasó mucho de lo que Pablo sentía. El sueño se escapaba de mis párpados mientras esperaba a Pablo, y los ruidos del exterior se filtraban como susurros inquietantes. Las pesadillas me acechaban, y mi madre, con su fe inquebrantable, me llevó ante varios sacerdotes, y aunque esas visitas me calmaban, sentía que no era suficiente.

Entré en un proceso recurrente de depresión, como un viaje a través de un túnel oscuro. Salía de la depresión y me reestablecía, solo para que las pesadillas regresaran y me arrastraran nuevamente. El dolor compartido entre Pablo y yo se volvía una carga difícil de llevar, como un libro cuyas páginas se llenaban de lágrimas y susurros.

Dios lo hizo caer hasta tocar fondo, como si esculpiera su dolor para un propósito mayor. Mientras tanto, yo seguía clamando, aferrada a la esperanza de verlo sonreír de nuevo. Confiaba en que Dios intervendría en el momento adecuado, sanando su corazón herido y guiándolo hacia la luz.

Dios interviene de muchas maneras.

Dios está en todas partes, Él veía mis sueños, mis aspiraciones, sabía lo que yo necesitaba y de algún modo me lo proveía. Él me guardaba como aquella vez en la camioneta, cuando su aliento me impulsó a salir de allí. También era el artífice de la alegría que brotaba de las amistades en el trabajo y en cada rincón de mi existencia. Conocía mis sentimientos, mis emociones, mis inquietudes y hasta las noches en vela. Sin embargo, aún no lo conocía personalmente.

Al regresar a casa, sentía un vacío, como si algo esencial me faltara. La necesidad de encontrarlo se volvía urgente. ¿Cómo podría establecer un contacto con él? Mi madre, con su fe inquebrantable, rezaba y asistía a misa. Hasta ese punto, mi conocimiento de Dios se limitaba a esos rituales. Sabía que podía comunicarme con Él de esa manera, pero intuía que había más. Existía, sí, pero no tenía plena conciencia de que toda la alegría y paz que experimentaba provenían de su gracia.

La falta de trabajo de mi padre, los apuros por los pagos, la preocupación de mi madre al ver a mi padre sin empleo, todo se entrelazaba en una danza de incertidumbre. Buscábamos mil maneras de economizar para poner comida en la mesa. Mi padre salía temprano en busca de trabajo y regresaba tarde sin encontrarlo, y luego llegó lo de Pablo. Escuchaba a mi madre en las noches, sus palabras susurradas a Dios. Aunque creía que estaba dormida, yo también me aferraba a esas mismas palabras, suplicando como ella lo hacía.

Malena, mi hermana, ya casada y con hijos, nos visitaba. Ella me enseñó mi primera cita bíblica, las palabras del Salmo 23, "El Señor es mi pastor, nada me falta; en verdes pastos me hace reposar. A las aguas de descanso me conduce, y reconforta mi alma. Por el camino del bien me guía, por amor a su nombre. Aunque pase por quebradas oscuras, no temo ningún mal, porque tú estás conmigo con tu vara y tu bastón, y al verlas voy sin miedo".

Esos versículos quedaron tatuados en mi mente, como un faro en la tormenta para que me guiaran en los momentos difíciles. Al

pronunciar las palabras del Salmo, sentía que me envolvían en una tranquilidad divina. Había un Dios que me cuidaba, que me decía: "No temas, estoy contigo". La certeza de que esas palabras eran verdaderas se anidaba en mi corazón.

Con el tiempo, las situaciones se multiplicaron, y mi necesidad de conocer a Dios creció, ya no me bastaba lo que hasta ese momento había aprendido, tenía la necesidad de buscarlo y conocerlo más. Es como si alguien me hubiera traído agua para saciar mi sed y se hubiera ocultado de mí, esa agua ya se está acabando y debía buscar a aquel que había llenado mi vaso, para llenarlo de nuevo con ese vital líquido porque solo así podría saciar mi vida.

4

Facultad y trabajo, sueños cumplidos y plegarias escuchadas.

Pon tu alegría en el Señor, Él te
dará lo que ansió tu corazón.
Encomienda al Señor tu camino,
confía en Él que lo hará bien.
Salmo 37, 4-5
(Biblia Latinoamericana, 2005)

El amanecer en la facultad.

Mi trabajo en *CORTEC* me daba seguridad y un buen sueldo, pero mis sueños aún flotaban en el horizonte. Clara, mi hermana, también necesitaba trabajar y estudiar. Juntas, exploramos las opciones de universidades y tecnológicos privados, pero sus costos estaban fuera de nuestro alcance. Así que, con la determinación de dos aventureras, nos dirigimos a la *Universidad Autónoma de Chihuahua.*

¿Qué quería estudiar? Las posibilidades se abrían como un abanico en mi mente. Siempre me había gustado relacionarme con las personas, así que buscaba una carrera que me permitiera hacerlo.

Pero al llegar a la Universidad, la realidad me dio un codazo. La única escuela donde podía trabajar y estudiar en los horarios disponibles era la *Facultad de Contaduría y Administración.* Las opciones: *Contador Público* o *Administración de Empresas.* Olvidé momentáneamente mis gustos personales y me inscribí. Clara, con razones similares, también se apuntó. ¿Qué importaba si no era mi primera opción? Compartiríamos esta travesía juntas.

El día de asistir a la Facultad llegó con la urgencia de una alarma a las seis de la mañana. Nos arreglamos para asistir a la escuela, elegimos un atuendo más formal porque después de las clases matutinas nos esperaba el trabajo. Desayunamos a la velocidad de la luz y salimos corriendo hacia la parada de camiones.

Los autobuses iban repletos, y nos tocó ir paradas, agarradas al tubo superior del autobús, como si la vida dependiera de ello. Nuestra primera clase comenzaba a las 7 de la mañana, y apenas el camión se detuvo en la parada universitaria, salimos disparadas hacia la entrada de la facultad.

La *Facultad de Contaduría y Administración* se alzaba en el campus viejo de la *Universidad Autónoma de Chihuahua.* Era un edificio gigantesco, como si un arquitecto hubiera mezclado Tetris con un crucigrama. Desde arriba, parecía una letra E estilizada, con tres largas alas de salones unidas por pasillos del lado izquierdo de

la estructura. Estaba a tiro de piedra de la avenida Universidad, así que solo teníamos que cruzar unos cincuenta metros desde la parada del camión hasta la entrada.

En el trayecto a la facultad, respiramos el aire fresco del amanecer. Los pinos soltaban un rocío que nos acariciaba el rostro. El olor del pasto recién regado nos llenaba los pulmones. El sol y las nubes pintaban un cuadro rojizo en el cielo. Sentía que la naturaleza nos daba la bienvenida, como si supiera que éramos novatas en este juego.

Finalmente, entramos al vestíbulo de la facultad. Era un hervidero de gente, como si todos los estudiantes del mundo hubieran decidido congregarse allí. Las mujeres desfilaban con uniformes y vestidos deslumbrantes, maquillaje impecable y peinados que desafiaban la gravedad. Los hombres no se quedaban atrás, vestidos muy formales, a veces con finos trajes, y zapatos lustrosos. Parecía una pasarela de moda, y nosotros éramos las modelos improvisadas. ¿Quién dijo que la contabilidad no podía ser glamurosa?

Había de todo tipo de personas: pobres, ricos, altos, bajitos, delgados, robustos, serios, platicadores, inteligentes y otros no tanto. Maestros, alumnos, directores. Todo un mundo vibrante y diverso se mostraba ante mí. Sentí que había cruzado el umbral hacia el futuro que anhelaba; ya formaba parte de ese mundo en ese preciso instante.

Clara y yo, desde que entramos por la puerta del vestíbulo, fuimos embestidas por un bullicio casi ensordecedor. Conversaciones se entrelazaban como hilos de una telaraña gigante. Los tacones resonaban como tambores, a veces corriendo para llegar a clase, igual que nosotras. Nuestra primera misión: ubicarnos en ese mar de gente y descubrir dónde estaba nuestra aula para la primera clase.

Una vez localizado, nos lanzamos en busca de las escaleras que nos llevarían al tercer piso. Subimos, recorrimos pasillos y finalmente llegamos al aula. Sillas individuales nos esperaban, y nos acomodamos según la puntualidad con la que habíamos

llegado. Al final de la clase, salimos disparadas hacia la siguiente aula. Así era el ajetreo diario que llevaríamos a partir de ese momento.

Por las aulas desfilaban maestros de todo tipo. Algunos parecían sacados de una película de terror, mientras que otros brillaban como estrellas de rock. Había quienes nos dejaban con más dudas que respuestas, y otros que convertían cada lección en un espectáculo de fuegos artificiales. En ambos casos, no quedaba más opción que aplicarse y enfrentar las tareas con intensidad. Yo, atrapada entre trabajo y estudio, no era la alumna más aplicada, pero cumplía lo suficiente para mantenerme a flote.

Cuando teníamos un respiro, escapábamos al jardín. La tierra recién regada nos saludaba con su aroma embriagador. Los pájaros, como acróbatas en el aire, nos alegraban con sus variados cantos. En el frente de la facultad, el tráfico de carros se mezclaba con el sonido de los tacones. Las damas iban y venían, como equilibristas apuradas por llegar a sus trabajos o a sus clases.

No sabía qué giros tomaría la trama, pero confiaba en que cada día me acercaba a mis metas. Dios, como el director invisible, guiaba mis pasos. Y aunque no tenía un guion perfecto, sabía que todo sería mejor en mi vida. Así, entre clases, risas y desafíos, escribía mi propia historia en las aulas de la Facultad.

Los días en *CORTEC.*

CORTEC ocupaba la parte superior del edificio donde trabajaba. El piso inferior se dividía en dos: a la izquierda, un despacho de contadores, en aquel momento bajo el mando del señor Valles, a quien respetaba profundamente y de quién guardo lindos recuerdos. A la derecha, se encontraba *Abitat*, una constructora y despacho de arquitectos, cuyo dueño era el arquitecto Champion. Los empleados de las tres empresas formamos una comunidad unida.

En la parte correspondiente a *CORTEC*, se extendía un abanico de oficinas y departamentos. Desde el corporativo del grupo hasta las oficinas de los dueños y su representante legal, pasando por recepción, administración, contraloría, sistemas, finanzas y mercadotecnia. Cada departamento prestaba sus servicios exclusivamente a las empresas del grupo.

Los recuerdos de aquellos días son como gemas en mi memoria. Éramos jóvenes, algunos ya con carreras terminadas, otros aun en curso. Pero todos nos llevábamos bien. En *CORTEC*, hice grandes amigos a quienes les tomé cariño y con quienes forjé amistades duraderas.

Como secretaria del representante legal, mi espacio de trabajo estaba en la recepción, subiendo las escaleras a la derecha del edificio. Desde mi escritorio, a través del ventanal, observaba la calle. El tráfico de personas y vehículos me fascinaba. En los momentos de pausa, imaginaba historias cortas sobre quienes entraban y salían de los establecimientos cercanos.

Una familia comprando muebles para su casa nueva, un par de enamorados tomados de la mano, un joven musculoso ejercitándose para impresionar a su novia, una madre feliz paseando a sus hijos. Y las nubes en el cielo, ¡ah! Las nubes, con sus formas cambiantes. A veces, acompañada del guardia en turno, descubríamos elefantes, rostros, sombreros y figuras misteriosas. Nuestra imaginación volaba alto, como las nubes mismas.

En esa época, mi tez morena se había aclarado un poco. Mi cabello, castaño medio, formaba rizos rebeldes. Mis ojos, grandes como avellanas, observaban el mundo con curiosidad. Mi estatura bajita me imponía usar tacones altos, que adoraba. Era alegre y cálida, y mi recepción era un refugio para quienes entraban por esa puerta. Quería que todos se sintieran felices de estar allí, y me sentía segura, responsable y comprometida. Norma, especialmente, confió en mí, y no quería defraudarla jamás. Por ningún motivo.

Alejandro, mi novio, irradiaba alegría cuando supo que trabajaría en *CORTEC*. Era un hombre lindo y comprensivo, y me decía con cariño: "Rosy, estarás muy bien. Es una empresa excelente para trabajar, y los dueños son personas excepcionales". Sin embargo, la paradoja de la vida era que, a pesar de su entusiasmo, apenas tenía tiempo para verlo. Entre la escuela, las tareas y el trabajo, nuestras citas se volvieron efímeras.

Un recuerdo agradable me acompaña: Alejandro me invitó a la discoteca el *Penthouse*, ubicada en el piso superior del edificio *Presidente*. Fue allí donde escuché por primera vez la canción *Solo llamó para decirte que te amo* (*I Just Call to Say I Love You*). La velada fue hermosa, pero poco después, nuestro noviazgo llegó a su fin. Aunque sentía cariño por él, el tiempo se convirtió en un enemigo implacable. Alejandro era una buena persona, y la despedida me dolió, pero no tenía otra opción, así comenzó otra etapa en mi vida.

Mis compañeros de *CORTEC* se convirtieron en una familia. Jesús, el contador, fue mi cómplice más cercano. También recuerdo a Javier, Rubén, Lucy, Luly y Roberto; ellos fueron los primeros en cruzar mi camino. Luego, con la ampliación, llegaron muchos más: *Chito*, Aarón, Oscar y el Sr. Portillo, entre otros.

El ambiente se volvió excepcional, como el de hermanos. Nos veíamos tanto en la universidad como en el trabajo, y, aun así, parecía que el tiempo no nos alcanzaba para convivir lo suficiente. Organizábamos torneos internos de voleibol y básquetbol. Los fines de semana, nos divertíamos sanamente. El sudor, las risas y la camaradería creaban un lazo indestructible.

En esos momentos, *CORTEC* dejaba de ser solo una empresa; se convertía en un refugio donde el buen sueldo, el ambiente laboral y la oportunidad de estudiar una carrera universitaria se entrelazaban. ¿Qué más podría pedir una chica como yo?

El Sr. Navarro.

El Sr Navarro, mi jefe, era bastante alto, como de un metro y ochenta centímetros, de complexión robusta, de tez blanca y ojos grandes, le gustaba vestir con ropa en colores marrón. Era gran persona, un excelente papá, un buen esposo y amigo, y en mi caso también fue un gran jefe. Era una persona muy fina. Aprendí mucho de él, me dejó muchas lecciones y muy buenos consejos, siempre le estaré muy agradecida por su apoyo y su ayuda en el trabajo y porque llegó a ganarse mi cariño y respeto.

Algo de lo que aprendí de él es que cuando había un problema no señalaba, sino que preguntaba: "¿Qué nos pasó?", "¿Qué hicimos o que dejamos de hacer?", "¿Qué nos faltó?", las preguntas no me hacían sentir sola en el problema, sino que buscaba que juntos resolviéramos la situación. Esta enseñanza la he procurado aplicar en mi vida laboral y personal desde entonces, a mí me inspiraba y me daba mucha confianza porque sentía su respaldo y así quería hacerlo también yo.

Una vez que paso a buscarlo un licenciado con un asunto pendiente y no lo encontró. Nos pusimos a conversar un rato mientras lo esperaba y al final mejor se retiró y no tuve la precaución de pedirle su nombre. Cuando llegó el Sr. Navarro, le comenté que lo habían ido a buscar, pero no le pedí su nombre.

—Sería José Luis —me dijo.

—¿Cómo es él? —le pregunté.

—Pues es un Señor bajito, de tez blanca —me respondió.

—Entonces no era, porque el señor que vino era alto —le aseguré.

—Oiga Rosy, es que José Luis me dijo que había venido —me confirmó el Sr. Navarro.

—Pues le dije a usted y me dijo que era un señor bajito y pues no es bajito, es alto— le volví a decir.

Entonces soltó una carcajada porque él es muy alto yo chaparrita, y me dijo: "No, ya sé, lo que pasa es que usted los ve altos y yo los veo chaparros, así no nos vamos a entender". Y yo solté también la carcajada porque tenía razón, nunca nos podríamos poner de acuerdo ambos teníamos diferentes perspectivas de la altura.

Las estampas familiares.

A esta altura de la vida, mi madre se mostraba más delgada, sus canas eran como hilos plateados que tejían su cabello. En muchas ocasiones, su imagen estaba desalineada, pero no era por descuido, sino porque su tiempo se consumía en atendernos y limpiar la casa.

Ella preparaba desayunos, comidas y cenas para que fuéramos bien alimentadas. Luego todo el día se dedicaba a los mil quehaceres del hogar. Nosotras, entre trabajo y escuela, llegábamos a casa después de las diez de la noche. Las tareas y prepararnos para el siguiente día consumía nuestro tiempo de vigilia sin poder aportar la ayuda suficiente.

Pobrecita mi madre, siempre ocupada. Aun así, encontraba tiempo para darnos su bendición antes de salir de casa. Solo los fines de semana podíamos encargarnos adecuadamente de las tareas del hogar para darle un respiro. Los sábados y domingos, sin la carga abrumadora del trabajo, se arreglaba para lucir sus mejores galas y verse más bonita, su sonrisa iluminaba su rostro y ese era el mejor premio a nuestro esfuerzo de esos días.

Mi padre, en cambio, empezaba a mostrar los años. Había madurado mucho. Un incidente lo llevó al hospital, donde las costillas rotas oprimían sus pulmones. Pero gracias a ese percance, dejó de tomar y fumar para siempre. Sabio y seguro de sí mismo, mi padre nos daba consejos y nos infundía confianza.

Siempre estaba al día con las noticias y nos decía: "Ustedes tienen que aprender a estar al tanto de las noticias", y continuaba "Estén enteradas de lo que está pasando".

Cuando llegaba a casa, mientras mi madre hacía las tareas domésticas, mi padre me preguntaba "¿Cómo te fue? Platícame", le encantaba que le platicara todas las cosas que me habían pasado en el día, compartía conmigo con alegría las anécdotas más divertidas, me daba consejos para corregir los errores que hubiera tenido o clarificar las dudas que tuviera.

Pablo siguió el oficio de mi padre, aunque a veces trabajaba por su cuenta, la mayoría de las veces acompañaba a mi padre en sus trabajos, quería seguir aprendiendo a trabajar como él lo hacía.

Nosotras, las hermanas, llevábamos una vida agitada. Casi todas teníamos trabajo. La casa era un torbellino de actividad. Calzado de todos colores se amontonaban por doquier. Lucíamos hermosos zapatos de tacón, maquillaje a nuestro gusto y cabello rizado, siguiendo la moda.

Los broches adornaban nuestras cabelleras, y los cepillos de todas las formas se apilaban en el peinador de la recamara, mientras el aroma a aerosol llenaba las habitaciones. Habíamos pasado de la época del pelo hongo a la moda de las *Flans*, con faldas largas y ropa ancha y suelta.

Un evento familiar marcó la época: la boda de Lourdes. Ella había conocido a Julio, mi amigo de la preparatoria. Les presenté como a todos mis amigos, pero entre ellos nació un amor que culminó rápidamente en matrimonio. Julio pasó de ser mi amigo para convertirse en mi cuñado. Su unión fue hermosa y sólida, gracias a Dios.

Mis sueños habían evolucionado. Eran más grandes y bonitos, pero también más certeros. Ya no los veía con incertidumbre, sino con confianza y esperanza. Me imaginaba formando un matrimonio, una familia, teniendo hijos y construyendo un hogar feliz. Aunque esa parte estaba en espera, no me obsesionaba. Sabía que llegaría cuando fuera el tiempo oportuno.

Oportunidades de ahorro.

Mi hermana Isabel trabajaba en la fábrica textil *El Diamante*. Además de su empleo allí, vendía joyería y ropa, y manejaba una caja de ahorro. Me llamaba la atención su habilidad para administrar sus finanzas. Un día, le expresé mi deseo de llevar una caja de ahorro en mi trabajo. Isabel me brindó consejos y me enseñó todo lo necesario para manejarla. Así, decidí implementar una caja de ahorro en *CORTEC*.

Comencé invitando a amigos y compañeros del trabajo. Les expliqué que estaba iniciando una caja de ahorro externa a la empresa y que cualquiera que quisiera ahorrar era bienvenido. Algunos se unieron, y así nació nuestra caja de ahorro. Un día, mientras actualizaba la información, el doctor Rodríguez, quien trabajaba en *ICERAMICA*, me sorprendió:

—¿Qué estás haciendo, Rosy? —preguntó intrigado.

—Estoy actualizando información para una caja de ahorro externa —respondí con orgullo.

—¿Cómo funciona eso? —indagó con curiosidad.

—Cada quincena, usted puede ahorrar la cantidad que deseé —expliqué.

—Los montos acumulados se utilizan para otorgar préstamos con cierto interés —añadí.

—Al final del año, entregamos el dinero ahorrado y dividimos proporcionalmente los intereses generados —concluí.

—¡Está muy bien! ¿Puedo unirme? —preguntó con interés.

—Sí, ¡Claro que sí! —respondí animada por su interés.

El Doc. como cariñosamente le llamábamos, se unió a nuestra caja de ahorro y permaneció al menos un año. Luego, regresó con una nueva propuesta:

—Rosy, me gustaría manejar una caja de ahorro con empleados de *ICERAMICA*. ¿Es posible? —expresó entusiasmado.

—Claro, puede llevar la caja de ahorro externa allá sin problema —aseguré.

Le proporcioné instrucciones detalladas, y así el Doc. inició otra caja de ahorro externa, esta vez con empleados de *ICERAMICA*.

El automóvil de mis sueños.

Roberto, el esposo de una de mis primas, trabajaba en la aduana en Ciudad Juárez. Un día, estando todos reunidos en la sala escuché que le decía a mi padre:

—Tío, si alguna vez necesita ayuda para importar un auto, puedo ayudarle. Sé cómo funciona todo y estoy a su disposición — le ofreció.

Yo me emocioné con la idea de poder adquirir un automóvil propio.

—¿Cuánto cuesta aproximadamente un auto? —le pregunté con interés.

Roberto me dio una cifra que guardé en mi memoria. Pacientemente esperé hasta juntar la cifra que me había propuesto, para lograrlo, utilicé mis ahorros de la caja, parte de mi sueldo y hasta mi aguinaldo.

Una vez que tenía el dinero a mi disposición. Me acerqué a mi papá con determinación:

—Quiero que me ayude a comprar un carro —le dije entusiasmada.

—¿Cómo crees que te vas a poder comprar un auto? —respondió incrédulo.

—Si puedo, Porque acuérdese que cuando vino Roberto le dijo que le podía ayudar a conseguir un auto y traerlo a Chihuahua —insistí.

—Te puedes meter en problemas con un auto —advirtió.

—Papá, yo necesito un auto, lo quiero comprar y si es necesario entonces iré sola —afirmé con convicción.

—Está bien, ¡Vas!, pero yo iré contigo —sentenció mi padre.

—¡Perfecto! ¡Vamos! —concluí emocionada.

Así fue, él me acompañó a Cd. Juárez. Paty, una amiga muy querida que vivía allá nos acompañaría.

Paty era alta, de tez morena, ojos medio pequeños, rasgados y pizpiretos. Su voz era muy grave pero coqueta y su cabello oscuro como la noche. Era muy fuerte física y emocionalmente. Ella era una mujer preciosa, con un alma muy bondadosa, siempre podía olvidarse de todo por ayudar a los demás, no lo pensaba dos veces, siempre que la habíamos necesitado su ayuda estuvo presente, tenía mucha calidad humana. Era una persona muy linda que aún tiene un lugar muy especial en mi corazón, era muy generosa, bondadosa, noble y acogedora. De espíritu alegre y optimista.

Una vez en Cd. Juárez en compañía de Paty, nos dirigimos a un lote de autos en El Paso, Texas, con fama de tener vehículos de buena calidad. Y allí estaba, esperándome: un pequeño Chevy Monza de color café. Desde el primer vistazo, su estilo deportivo y su cuidado tanto por dentro como por fuera me cautivaron. Había sido de un solo dueño anteriormente, y parecía que el auto estaba destinado para mí. Además, su precio coincidía justo con lo que podía gastar para comprarlo.

Una vez que completamos el pago, buscamos a mi primo. Él cumplió su promesa de ayudarnos a pasar el auto. Nos asesoró en

todo el trámite y me acompañó hasta la ciudad de Chihuahua. Ese Chevy Monza se convirtió en mi primer auto, un sueño hecho realidad.

A pesar de tener mi propio auto, había un obstáculo: no sabía conducir. La transmisión manual era mi principal enemigo. Mi hermano Pablo intentó enseñarme, pero su paciencia flaqueó. Mis hermanas también hicieron su intento, pero los engranajes seguían siendo un misterio para mí.

Finalmente, un jovencito llamado Martín, amigo y vecino de la familia, se convirtió en mi maestro. Con pocas lecciones, me enseñó a manejar. Y así, por fin, pude conducir mi propio auto. La felicidad que sentí fue indescriptible.

La fuerza espiritual.

Habían pasado un par de años, y Pablo seguía buscando a Dios para llenar el vacío que sentía en su corazón. Nosotras también compartíamos su dolor y anhelábamos verlo tranquilo y en paz.

En la ciudad de Chihuahua, el Padre Toño era una figura de distinción y afecto. Como vecino nuestro, su historia se entrelazaba con la nuestra, conocido de mi madre desde hace años. Su don para amar y auxiliar era tan evidente como el sol del desierto.

Durante los momentos más significativos en la vida de mi hermano, el Padre Toño fue un pilar de fortaleza. Nos visitó en nuestro hogar, ofreciendo a Pablo un apoyo integral, tocando cada aspecto de su vida. Con generosidad, le propuso acompañarlo en un servicio eclesiástico, cuyos detalles se me escapan, pero que intuyo estaba lleno de la energía y esperanza juvenil.

La iglesia católica se erigió como un oasis para Pablo, un lugar de serenidad y consuelo. Aunque había recobrado su equilibrio emocional, aún quedaban hilos sueltos en el tejido de su corazón.

Su fe, que había flaqueado, encontró nuevos brotes de vida, pero aún anhelaba ese encuentro íntimo y transformador con Jesús, capaz de renovar su existencia por completo.

Por otro lado, yo aún luchaba contra las pesadillas nocturnas que me atormentaban. La falta de sueño había afectado mi salud física; había adelgazado considerablemente y me sentía somnolienta durante el día.

Chito, mi amigo del trabajo, se acercó a mí con respeto. Notó que algo no estaba bien:

—A ver, ¿qué te pasa? —preguntó.

—Tengo pesadillas que me aterran y no me dejan dormir —confesé.

—No debes tener miedo. Jesús siempre está contigo —afirmó con fe.

—Cuando sientas miedo, repite 'Jesús, Jesús', y verás cómo las pesadillas desaparecen —me aconsejó con convicción.

Guardé esas palabras en mi corazón. Desde entonces, cuando las pesadillas me asaltaban, repetía con firmeza: "Jesús, Jesús". Como si una fuerza sobrenatural las ahuyentara, los miedos se disipaban.

Aunque alivié las pesadillas, la falta de sueño me había debilitado. Tanto tiempo sin dormir habían mermado mis fuerzas, tanto física como espiritualmente. Ya no estaba asistiendo a misa con la regularidad que lo hacía antes. Sentía una gran necesidad de reanimar mi espíritu. Le decía a Dios "Señor, necesito estar contigo porque yo no puedo estar sola". Me quería acercar a Dios nuevamente, pero mi debilidad me impedía encontrar la manera adecuada.

Conversé nuevamente con *Chito*. Le expliqué que había seguido su consejo, pero aún me sentía frágil y necesitaba acercarme más

a Dios. Su respuesta fue contundente: "Lo mejor manera de comenzar es que vayas a confesarte para estar en gracia", afirmó.

De nuevo parecía que *Chito* tenía una sabiduría divina que daba todas las respuestas a mis desventuras. Decidida, busqué la oportunidad de confesarme. Pensé: "Voy a apurarme hoy en el trabajo", y seguí planeando lo que haría: "Pediré permiso de salir 15 minutos antes de la hora de salida para poder ir a confesarme", estaba decidida a hacer todo lo necesario para volver a sentirme fuerte espiritualmente. Pedí permiso en el trabajo y me dirigí al templo de la Sagrada Familia.

La fila de los que esperábamos a confesarnos seguía avanzando. Pero justo cuando llegó mi turno, el Padre se levantó y se fue a prepararse para dar la misa. Sentí como si Dios se hubiera opuesto a lo que yo quería. Había hecho el propósito y el esfuerzo de ir a confesarme y obtuve el rechazo a mis intenciones.

Triste y molesta, pensé en salirme del templo. Casi en la salida, un diálogo interno se reveló en mi mente. Parecía ser una conversación mental con Dios:

"¿Te ofendes?, Ahora que me necesitas, sí vienes aquí conmigo, ¿y te ofendes porque mi siervo no puede atenderte?", las palabras resonaban fuertemente en mis pensamientos. "No lo quise así, pero sería como una probadita de lo mismo que yo siento cuando tantas veces te he buscado y no encontraba respuesta en ti", fue mi reflexión de lo que diría Dios por mi actitud.

Me detuve en seco. ¿Qué estaba haciendo? Reconocí mi injusticia al juzgar la situación. Decidí que, en adelante, más que reprochar debía aplicarme en todo y no alejarme más. Regresé a la misa sin reproches en mi corazón. La confesión la hice en otra ocasión, y así comenzó el proceso que me llevó a recuperar mi estabilidad espiritual que tanto anhelaba.

El encuentro maravilloso.

Mi escritorio de trabajo se encontraba en la entrada derecha del piso superior. Como secretaria del Sr. Navarro, representante legal de Don Oscar, recibía a muchas personas con asuntos que él debía resolver.

Uno de tantos días, un señor de apellido Zuany llegó. Alto, moreno, apuesto, con ojos grandes y saltones, era formal pero también platicador, decente y fino en su aspecto y trato. Mientras esperaba a ser atendido por el Sr. Navarro, parecía disfrutar de conversar conmigo. Siempre hablaba de Dios, y sus palabras me encantaban, todo lo que me decía me dejaba mucha tranquilidad y paz. En mi interior pensaba: "¡Cómo me gustaría que Pablo escuchara también estas palabras!, estoy segura de que le darían mucha paz". Casi para terminar de platicar siempre me invitaba a que fuera a sus reuniones en un templo cristiano al cual él asistía, mi primer pensamiento siempre era que a Pablo le haría mucho bien que asistiera a ese templo.

Al retirarse, después de haber arreglado sus asuntos con el Sr. Navarro, el Sr. Zuany me dejaba tarjetitas con la dirección y teléfono del templo donde predicaban. Las imágenes de una puerta y una llave adornaban la tarjeta, junto con la leyenda: "Busca a Dios". Yo se las dejaba a Pablo, colocándolas en su camisa, chamarra o cerca de su buró. Mi intención era que le llamaran la atención y que él fuera a escuchar la palabra de Dios.

Mientras tanto, seguía con mi propia vida, pasaban los días igual que siempre hasta que uno de tantos días pude notar que Pablo empezó a cambiar. Se levantaba temprano, casi de madrugada, se arreglaba para salir y con una biblia bajo su brazo salía un par de horas para regresar más tarde durante la mañana. Fueron varios días, incluso semanas, en que esto se convirtió en una sana rutina para él. Al tiempo, comenzó a mostrar una actitud distinta: animoso, tranquilo y con mucha paz y alegría reflejada en su rostro.

Aunque imaginábamos que Pablo asistía a algún templo, él aún no nos lo confesaba. Sabíamos que algo muy bueno estaba pasando en su corazón y que Dios tenía un propósito para su vida.

Todos Intuíamos que eso que tantas veces le pedimos al Señor estaba a punto de convertirse en realidad.

Una mañana, mi madre anunció: "Pablo invitó a venir a unas personas del templo a donde va", y siguió diciendo "Quiero que se vengan temprano porque van a hacer una oración a las siete de la tarde y quiero que estén todas aquí". Muy felices tanto mis padres como nosotras estábamos convencidas de que Pablo por fin habría encontrado el rumbo en su camino.

Yo salía del trabajo a las siete de la tarde precisamente y entonces, ese día salí treinta minutos antes y me fui corriendo a la casa para llegar a tiempo y estar presente. Cuando llegué a la casa, la reunión preparada por mi madre estaba por comenzar, el grupo de personas que acompañaban a Pablo estaban formado principalmente por hombres, me sorprendí mucho ver entre ellos al Sr. Zuany, y pensé que al final, las tarjetitas que tantas veces me dejó habían cumplido su cometido.

Mis padres, contentos en sobremanera, señalando con el dedo sobre la boca, me advertían que debía permanecer en silencio y me invitaron a unirme al grupo. Todos juntos, invitados y familia, nos colocamos en círculo y comenzamos la oración.

Pablo siguió yendo a ese templo y poco a poco, recuperó totalmente la paz y la alegría, allí tuvo un encuentro maravilloso con Dios, Dios lo tomó con todo el peso de su presencia y mi hermano lo aceptó en su corazón y al hacerlo cambió la vida para siempre, fue una conversión maravillosa.

La madurez.

Viví momentos difíciles que me hicieron madurar. La felicidad y la alegría que antes llenaban mi vida se vieron desafiadas por la maldad y la necesidad de cuidarme a mí misma y a mis hermanas. Aprendí que debía ser cautelosa con mis sentimientos porque el

corazón podía ser destrozado si me enamoraba sin ser correspondida. Ya no era la chica ingenua que creía todo sin cuestionar. Mi corazón no podía comprometerse tan fácilmente.

También aprendí a ser muy agradecida porque Dios me había librado de muchos peligros y situaciones que yo no podía manejar. De igual modo, me había puesto en un lugar maravilloso para trabajar y poder cumplir mis metas de estudiar y ayudar a mis padres en lo que pudiera.

Dios está en todas partes, escuchó mis oraciones, así como las de mi mamá y mis hermanas. Fue la Providencia Divina la que actuó para que Pablo se acercara al templo, que yo consiguiera trabajo en *CORTEC*, que Clara y yo nos encontráramos juntas en la Facultad. La salud y las oportunidades se alinearon para toda mi familia.

Y, al final de todo, estaba aprendiendo a tener una relación más fuerte con Dios. Era el inicio de una nueva etapa en la que Él sería el centro de muchos de los acontecimientos que me deparaba su voluntad.

5

El amor de mi vida, un accidente y una nueva existencia.

Por eso dejará el hombre a su padre y a su madre para unirse con su esposa, y serán los dos una sola carne. De manera que ya no son dos, sino uno solo.

Marcos 10, 7-8
(Biblia Latinoamericana, 2005)

En los pasillos de *CORTEC*.

El tiempo se escurría como la luz al despuntar el alba. Un par de años habían transcurrido tejiendo sus historias entre los cubículos y las salas de reuniones, donde nuevos rostros se sumaban al escenario de la rutina diaria. Entre ellos, en el departamento de Sistemas, destacaban figuras como Maurilio, Jesús, Edmundo, Lety, Víctor, Silvia, Guillermo, Alejandra, Marisela y Rosalinda; seres de luz que con sus sonrisas iluminaban cada rincón oscuro de la rutina.

En el reino de los números, el departamento de Contabilidad, Maricruz, Isabel y Rocío construían con cifras la estructura de la empresa. Lucy, la guardiana de la Recepción, daba la bienvenida a cada alma que cruzaba el umbral, mientras que, en el santuario de la Auditoría, el Sr. Portillo, Óscar H., Jesús y Oscar R. custodiaban los secretos más íntimos de *CORTEC.*

Era una alquimia peculiar, la que nos unía. Una mezcla de alegría y juventud, de camaradería que trascendía los límites de nuestros departamentos. Nos congregábamos en eventos y actividades, donde la edad y el cargo eran meras anécdotas frente a la calidez humana.

Las celebraciones de cumpleaños nos llevaban a *Pizas del Rey*, un santuario de sabor en la avenida Universidad. Allí, entre mordiscos de queso y risas, el hielo se derretía y nacían amistades. La magia de la integración florecía, sin importar las diferencias, creando recuerdos que aún hoy, palpitan con fuerza en mi memoria.

Incluso fuera de la empresa, la vida nos entrelazaba. En la Facultad, compartía momentos con aquellos que aún perseguían sus sueños académicos. Recuerdo una tarde, llegando temprano, cuando el estacionamiento aún estaba semi vacío. Me detuve en un cajón solitario, apagué el motor y me quedé, presa de la fatiga, contemplando el volante.

Los pensamientos danzaban en mi mente cuando, de repente, un rostro se asomó a través del vidrio polarizado. Un grito de susto

escapó de mis labios, un eco que también sacudió al intruso. Para mi sorpresa el intruso era Aaron, compañero y amigo, quien, preocupado por mi inmovilidad, había venido a indagar. Entre la sorpresa y el alivio, nuestras risas se entrelazaron, rompiendo la tensión en una carcajada compartida.

Un deseo al viento.

Mis días se deslizaban entre los muros de la Facultad y los pasillos de *CORTEC*, cada uno lleno de promesas y alegría inesperadas. Una mañana, llevé el auto al mecánico para mantenimiento de rutina, confié mi auto a las manos expertas de Antonio, el mecánico, quien prometió devolverlo al final del día. Con esa promesa en el aire, me embarqué en el viaje cotidiano hacia mi lugar de trabajo, esta vez en el autobús, sumergida en el bullicio de la ciudad.

Llegué a mi lugar de trabajo sin ninguna novedad, la mañana se desplegó con la tranquilidad de un lago en calma, sin ondas ni sobresaltos que perturbaran su superficie. Como es mi costumbre, al llegar la hora de la comida, me dirigí a mi hogar, donde los sabores familiares y el amor cocinado en cada plato me esperaban. Tras una comida que deleitó cada sentido, emprendí nuevamente el viaje de regreso al trabajo.

Después de bajar del autobús, el sol del mediodía marcaba el ritmo de mi regreso al trabajo, caminaba de norte a sur por la calle Universidad que era un río de historias fluyendo en todas direcciones, y yo, un pez más nadando contra la corriente. En el cruce de Escudero, el semáforo rojo me detuvo por un instante.

Al cambiar la luz, comencé a cruzar por las líneas peatonales de color blanco, bastante gente caminaba en ambos sentidos absortos en sus propios pensamientos, de pronto, fue allí donde lo vi.

Era un joven muy apuesto, con una tez pálida y cabello oscuro que caía en cascada sobre una frente pensativa. Sus ojos, dos pozos de café, estaban enmarcados por cejas densas que se inclinaban en un arco dramático. Vestía con la precisión de un reloj suizo, su camisa blanca y pantalón negro eran el lienzo perfecto para su porte distinguido, Sus facciones y su porte varonil lo hacían verse muy atractivo. Él iba en su propio mundo, ni siquiera me miró, no se dio cuenta de que mis ojos lo habían observado en ese breve tiempo.

Aunque él no notó mi presencia, yo no pude evitar pensar, "Cómo desearía que alguien así entrara en mi vida". Fue un deseo silencioso, una secreta petición a Dios para que así fuera, después de un suspiro al viento, seguí mi camino. Este incidente transcurrió solo por un breve instante, pero se quedó marcado en mi memoria para siempre.

El reencuentro en el trabajo.

Días más tarde, el destino tejió su tela de ironía cuando lo vi de nuevo, esta vez dentro de los muros de *CORTEC*. Su nombre era Adrián, el nuevo rostro entre nosotros. Su saludo fue frío, distante, y sentí una punzada de decepción. No era el príncipe que había imaginado en aquel cruce de calles.

Sin embargo, el tiempo tiene una forma peculiar de suavizar las aristas. Las reuniones y celebraciones del trabajo se convirtieron en nuestro terreno común, y poco a poco, Adrián comenzó a derribar el muro que había construido a su alrededor. Se sentaba junto a mí, iniciando conversaciones triviales que, sin embargo, tejían un hilo invisible entre nosotros.

A medida que lo conocía, descubría que detrás de su fachada de seriedad y formalidad, yacía un hombre puntual, responsable y sorprendentemente atento. Su respeto y caballerosidad eran como un bálsamo, y me encontré cada vez más cautivada por su

presencia. Empecé a albergar la esperanza de que, tal vez, aquella secreta petición al cielo en el cruce de calles podría, después de todo, tener un futuro.

En el transcurso del tiempo, algo mágico y silencioso comenzó a florecer en nuestros corazones. Adrián, cuyo nombre resonaba en mi mente día y noche, aún no era mi novio, pero cada momento compartido tejía la ilusión de un futuro juntos.

Una invitación crucial.

La oportunidad de acercarnos llegó disfrazada de una invitación: una boda. Solo los pilotos de la empresa y yo estábamos en la lista de invitados. Recuerdo que la boda sería un viernes, el veintidós de abril, decidí invitar a Adrián para ser mi acompañante. Su respuesta fue un entusiasta "Sí", pude ver en sus ojos la euforia que le causaba la invitación. De Inmediato propuso pasar por mí a las nueve de la noche.

Con mis mejores galas, me preparé para impresionarlo. Aún daba los últimos toques a mi atuendo cuando él llegó. Mi madre, al abrir la puerta, le dio paso. Al verme, sus ojos brillaron con un gesto de aprobación por mi apariencia. Conducida por su caballerosidad, nos acercamos hasta donde me abrió la puerta del automóvil, me acomodé en el asiento y cerró la puerta, se subió al auto para conducir y juntos partimos hacia la celebración. En el trayecto pude ver en su mirada y su actitud un cierto aire de satisfacción y orgullo por acompañarme al festejo.

La fiesta nos envolvió en un torbellino de danzas y conversaciones. Estábamos solos, sin otros empleados de *CORTEC* a la vista, lo que nos permitió disfrutar de una intimidad inesperada. Al finalizar la noche, mientras nos dirigíamos al automóvil, Adrián tomó mi mano y, con una mirada profunda, me preguntó:

—Rosy, ¿aceptarías ser mi novia? —sus ojos se enfocaron en mí con una mirada con mezcla de ilusión y súplica que me cautivaba.

Aunque mi corazón latía con fuerza, pidiéndome que aceptara, una duda me asaltaba.

—¿Si sabes que en nuestro trabajo las relaciones entre empleados están prohibidas? —le pregunte sin esperar respuesta.

—Convertirnos en novios podría significar la renuncia de uno de nosotros —le expresé mis temores por ambos si nos hacíamos novios.

Adrián, con la audacia de quien desafía al destino, sugirió:

—Podemos mantener nuestro noviazgo en secreto, al menos en el trabajo —Dijo con convicción, como quien está dispuesto a luchar por lo que quería.

No necesité más argumentos. Las palabras de Adrián derrumbaron cualquier barrera que pudiera haber entre nosotros. Con un "Sí" lleno de emoción, acepté ser su novia, sellando un compromiso que, desde ese instante, comenzaría a vivir en la sombra.

Nuestro amor en la sombra.

En la penumbra de la oficina, nuestros corazones latían al unísono, ocultos tras la fachada de la profesionalidad. Éramos novios, sí, pero el amor debía permanecer en las sombras, prohibido por los estrictos códigos de conducta laboral. Nuestros encuentros eran fugaces, nuestras conversaciones, meros susurros entre la multitud de compañeros y amigos que ignoraban la verdad. Solo en la intimidad de la soledad o en el cálido abrazo de nuestras familias, nos permitíamos ser nosotros mismos, dos almas entrelazadas en un baile secreto de afecto y complicidad.

La tradición de las rosas.

Y los días seguían su curso, hasta el que marcó nuestro primer mes juntos, un mensajero irrumpió en la monotonía de mi trabajo. Con una rosa perfectamente arreglada en sus manos, extendió hacia mí una tarjeta que decía: "Una rosa con amor, por un mes maravilloso a tu lado". Sin firma, sin nombre, pero su origen no era un misterio para mí. Era Adrián, siempre él, tejiendo hilos invisibles de ternura a través de gestos silenciosos. Aquella noche, lejos de las miradas ajenas, le ofrecí mi gratitud, mi corazón rebosante de amor.

Con cada mes que pasaba, una rosa adicional se sumaba al ramillete, un recuento floral de nuestro tiempo compartido. Los mensajeros de la empresa y los colegas comenzaron a notar el patrón, susurros de emoción y curiosidad llenaban los pasillos cada veintidós del mes. A pesar de mi alegría, el misterio de mi admirador debía permanecer intacto.

La fiesta de los disfraces.

Cada día que pasaba, mi afinidad por Adrián se intensificaba, y las reuniones de *CORTEC* se convertían en escenarios clandestinos de nuestro amor. En una velada especial en casa de Evaristo, conocido cariñosamente como *Chito*, se nos pidió asistir disfrazados, y Adrián acordó pasar por mí.

Al caer la tarde, él apareció en mi umbral, una figura sacada de un cuento gótico. Su disfraz de Drácula era impecable: pantalón negro, camisa blanca, una capa oscura que ondeaba con cada movimiento, y un maquillaje pálido que contrastaba con sus colmillos postizos. Su cabello, peinado hacia atrás, completaba la ilusión del conde nocturno.

Yo, por mi parte, había optado por la inocencia cómica de un payaso. El traje, holgado y colorido, me obligó a improvisar rellenos

con almohadas, dándome una apariencia regordeta y jovial. La peluca multicolor y el maquillaje característico me transformaron en la alegría personificada.

Clara, mi hermana, nos acompañó, encarnando a una anciana de otro tiempo, su disfraz completado con una máscara arrugada y un bastón de madera.

Juntos, partimos hacia la fiesta. A pesar de la oscuridad, el calor era abrumador. Al llegar, encontramos a nuestros compañeros ya inmersos en la celebración. Luly O. se había metamorfoseado en Maléfica, *Chito* en un hombre de piedra, y Aarón en una momia, entre otros disfraces igualmente creativos.

Pero la noche tenía otros planes para mí. El calor y el peso de las almohadas comenzaron a hacer mella, y mi presión cayó peligrosamente. Sin perder un segundo, Adrián y Clara me llevaron a la Cruz Roja. Allí, entre la sala de espera y el cuidado de los médicos, mi presión se estabilizó.

Una vez recuperada, no pudimos contener la risa al imaginar la escena que presentábamos en la sala de aquel hospital: una payasita triste y desinflada, una viejita no tan anciana, y un vampiro visiblemente preocupado.

Regresamos a la reunión, liberados de las almohadas y listos para disfrutar. La música, las conversaciones, las risas compartidas; todo contribuía a la magia de esas reuniones, tan queridas y esperadas por todos.

Decidiendo el futuro.

Adrián, con la impaciencia de un corazón enamorado, parecía tener prisa por sellar nuestro destino. Era junio, y el calor del verano se entrelazaba con la calidez de sus ojos cuando, tras apenas un par de meses de noviazgo, me presentó un cuadro. En él, los escudos de armas de nuestras familias se unían bajo nuestros apellidos, como si ya fuéramos marido y mujer. Aquella imagen, tan precipitada como abrumadora, me dejó sin aliento.

—¿Estás loco? ¿Qué significa esto? —exclamé, entre la sorpresa y el desasosiego.

—Rosy, sé que es poco tiempo, pero en ti he encontrado a la mujer con la que deseo compartir la vida —respondió Adrián, su voz un bálsamo de calma.

—Es muy pronto para eso —insistí, mi corazón latiendo al ritmo de la incertidumbre.

—Lo sé, y puedo esperar a que estés lista —afirmó con una serenidad que desarmaba.

—Nunca sentí nada igual por nadie. Por eso sé que eres la indicada para mí —declaró, y su sinceridad era un espejo del alma.

El rechazo inicial que había brotado en mi interior se desvaneció ante la certeza de que no buscaba apresurar un matrimonio para el cual aún no estábamos preparados. Estaba confiada en que Adrián sabría esperar el momento adecuado.

En agosto, Olivia, la amiga que me había acogido en *CORTEC* y que seguía siendo un pilar en mi vida a pesar de haber dejado aquel lugar de trabajo, me invitó a unas vacaciones en Mazatlán. Acepté con entusiasmo, anhelando tanto la compañía de mi amiga como el descanso en la playa. Mi hermana Clara, al enterarse, decidió unirse a la aventura. Con un gesto de cortesía, le comenté a Adrián acerca de mis planes de vacaciones y él, sin desconfianza ni temor, se alegró mucho por mí y me animó a disfrutar del viaje.

El viaje fue un remolino de risas y alegría, pero en la distancia, un sentimiento nuevo y desconcertante comenzó a anidar en mi pecho: la añoranza de Adrián. Su ausencia se convirtió en una sombra que acompañaba mis pensamientos, y en la brisa marina, escuchaba su voz y escribía en la arena su nombre. Fue entonces cuando comprendí que mi vida sin él ya no tendría el mismo color.

Al regresar, con la intención oculta de verlo, le llamé para coordinar nuestro encuentro. Como esperaba, se ofreció a recogernos. Al verlo, la necesidad de abrazarlo y besarlo brotó desde lo más profundo de mi ser. Quería que supiera en ese beso cuánto lo había extrañado.

Los días en Mazatlán habían derribado las últimas barreras de mi corazón. Decidimos mantener nuestro noviazgo en secreto hasta el momento adecuado. Mientras tanto, comenzaríamos a comprar los muebles que algún día adornarían nuestro hogar.

La cena de compromiso.

Siete meses después de la primera, el misterio de las rosas que llegaban a mi oficina cada mes seguía intacto. Todos en *CORTEC* seguían intrigados acerca de quién era mi novio o admirador secreto, no sabían que el misterio pronto sería develado. El día en que Adrián pediría mi mano estaba cerca.

Era el 3 de diciembre, cumpleaños de Adrián, y esa noche, acompañado de su mamá Graciela, su padrino *Chonito* y su tía Elodia, llegaron a nuestra casa.

Después de la suculenta cena que celebraba el compromiso, nos reunimos en la sala. Nuestros familiares comentaban nuestras cualidades y expresaban sus mejores deseos para nosotros, entonces, Adrián con una sonrisa que iluminaba la estancia, me entregó el anillo de compromiso. Establecimos como fecha para la

boda el veintidós de Abril del siguiente año, fecha significativa que coincidiría con nuestro primer aniversario de novios.

En un acto de destino o divina coincidencia, un vecino músico se unió a nosotros y, conmovido por la ocasión, nos dedicó *Toda una vida* de Osvaldo Farrés. Aquella melodía selló una noche inolvidable, una noche de alegría, emociones y, sobre todo, de amor.

El amor secreto sale a la luz.

Bajo la tenue luz de las estrellas, me encontraba en la encrucijada de mi vida. La cena había concluido, y con ella, la petición formal de mi mano. La noticia de nuestro compromiso pronto sería el murmullo de la empresa, plasmada en las páginas del diario local. Consciente de las políticas del lugar de trabajo y del revuelo que causaría nuestra decisión, sabía que era el momento de enfrentar las consecuencias de haber ocultado el noviazgo.

Al día siguiente, acordamos que solo Adrián iría a presentar la situación, con la determinación marcada en su semblante, se presentó en la oficina de Sylvia A, su jefa. La conversación que se avecinaba era crucial, y lo sabíamos.

Unas horas después, con el corazón rebosante de gratitud, Adrián corrió a compartir la noticia conmigo, "Sylvia y Norma nos han dado permiso de seguir trabajando juntos en la empresa", exclamó con alegría. Ambos estábamos felices por la gran oportunidad que nos habían dado. Nuestra relación se convertiría en la primera permitida en *CORTEC*, allanando el camino para futuras parejas en la empresa.

La noticia de nuestro compromiso se esparció como un reguero de pólvora entre nuestros compañeros y amigos. Las felicitaciones no se hicieron esperar, todos llenos de alegría y entusiasmo nos exclamaban su sorpresa.

—¡Qué sorpresa!, que calladito se lo tenían, realmente hacen una pareja maravillosa —comentaban con una convicción que trascendía las palabras,

—les deseamos toda la felicidad del mundo en esta nueva etapa juntos —nos deseaban con convicción.

Era evidente que nuestro amor había sido recibido con beneplácito por aquellos que nos rodeaban. La calidez de sus palabras y la sinceridad de sus deseos eran el mejor augurio para nuestro futuro. Nos sentíamos afortunados, no solo por encontrarnos el uno al otro sino también por tener el apoyo de personas que valoraban nuestro amor y celebraban nuestra unión.

Realmente en esa ápoca se fraguaron grandes amistades, el aprecio, la alegría y el cariño que sentíamos unos por otros se ha mantenido hasta la actualidad con muchos de ellos.

Un nuevo hogar y preparativos nupciales.

Los días que siguieron fueron un torbellino de emociones y preparativos. Adrián y yo encontramos un acogedor departamento en el corazón de la ciudad, propiedad de la inmobiliaria del grupo. Poco a poco, fuimos llenándolo con los muebles que habíamos adquirido, cada pieza un símbolo de nuestra vida compartida.

Los planes para la boda tomaron forma: la elección de la iglesia, el salón para la celebración, la lista de invitados, el diseño de las invitaciones, el vestido de novia, las despedidas de soltera, la sesión fotográfica... Cada detalle era un paso más hacia nuestra unión.

Siguiendo el consejo de amigos y familiares, decidimos solicitar un crédito hipotecario conyugal al Instituto Nacional para el Fondo de Ahorro para la Vivienda de los Trabajadores, llamado *INFONAVIT por su acrónimo*. El único requisito era presentar el

acta de matrimonio, lo que los llevó a adelantar la ceremonia, al menos por lo civil.

El viernes treinta de diciembre del mismo año, rodeados de nuestros testigos y seres queridos, Adrián y yo dimos el "Sí" legalmente. La decisión de casarnos ese día fue espontánea, y no teníamos planes para celebrar, pero nuestros amigos de *CORTEC* tenían otros planes.

Una pequeña fiesta sorpresa en mi casa se convirtió en una noche inolvidable. Entre risas y bailes, Adrián y yo nos sentimos bendecidos por el amor que compartíamos, por nuestras familias y por los amigos que eran mucho más que simples compañeros de trabajo.

Los preparativos para nuestra boda avanzaban sin contratiempos. El templo y la misa estaban ya reservados, las invitaciones habían encontrado su camino a los buzones de nuestros seres queridos, y las despedidas de soltera habían dejado ecos de risas y buenos deseos. En nuestro nido de amor, solo faltaba el tanque de gas para que la estufa y el calentador de agua completaran el cuadro de un hogar listo para ser habitado.

Era jueves, el penúltimo día antes de nuestro enlace matrimonial, cuando los compañeros de *CORTEC* nos obsequiaron con regalos que destilaban significado y afecto. Tras agradecer cada gesto y concluir la última jornada laboral antes de la boda, nos dirigimos a casa, donde los presentes aguardaban ser descubiertos. Mis hermanas, impacientes, me convencieron de iniciar la ceremonia de desempaque.

Mientras tanto, Adrián tenía asuntos pendientes en el departamento. Con el deseo de liberar el viernes para cualquier eventualidad, decidió partir a terminar lo que quedaba pendiente. Mi padre, siempre dispuesto a ayudar, se ofreció a acompañarlo. Juntos, partieron a comprar el gas, el último eslabón para completar nuestro hogar.

La noticia inesperada.

La noche desplegaba su manto cuando la voz de Pablo, mi hermano, trajo consigo un eco de desasosiego: mi padre y Adrián, unidos por el infortunio de un accidente. La noticia cayó sobre mí como una losa, pesada y fría. Mi padre se encontraba ileso, pero Adrián... Adrián había sido llevado al hospital, me preocupé mucho por no saber con certeza su estado de salud.

Con el corazón en un puño, me precipité hacia aquel hospital donde Adrián estaba internado, de momento no pude verlo porque estaba en proceso de curación. Cuando al fin pude contemplar su figura, el dolor ajeno se hizo mío. Las heridas en sus manos, su rostro, sus brazos... cada marca, un relato de su agonía. Por primera vez desde que lo conocí, en silencio rogué mucho a Dios para que lo cuidara, que lo protegiera y que a mí me enseñara como cuidarlo.

Oscar R., el contador de *CORTEC*, emergió como un ángel de la providencia, su ayuda un bálsamo en tiempos de tribulación. Con su guía, Adrián fue trasladado a la *Clínica del Centro*, buscando en otro hospital la promesa de una pronta y mejor recuperación.

El viernes, preludio de nupcias, se tiñó de la calidez de aquellos que nos rodeaban. La posibilidad de aplazar la boda se cernía sobre nosotros, más Adrián, con la luz de la gratitud en sus ojos, rechazaba tal pensamiento. Decía a los que le preguntaban: "Pude haber muerto", continuaba con cierta gratitud: "El hecho de estar vivo es como si Dios me hubiera dado una nueva oportunidad en la vida", concluía con una rotunda alegría: "Más que triste, estoy sumamente feliz y por ningún motivo pospondría la boda".

El médico que lo atendía, cómplice de su esperanza, convino en dar instrucciones al personal médico para que le dieran sedantes para el dolor y que debían cubrir sus heridas con vendas para evitar alguna infección. Sin embargo, a más tardar a las 12 de la noche tendríamos que regresar al recinto hospitalario para evitar que el dolor de las quemaduras se hiciera insoportable.

Con la decisión de Adrián de proseguir con los planes de boda, busqué consejo en el templo de San Francisco. Allí, en comunión con lo divino, un sacerdote me ofreció una perspectiva celestial: "Todo lo que Dios permite tiene un propósito de mayor bien. Con el tiempo, podrás ver la razón de este accidente. Ahora, tu sagrada tarea es orar y cuidar de él". Con el alma aligerada por sus palabras, partí del templo, abrazando esa sagrada encomienda para el resto de mi vida.

El amanecer de un compromiso.

El veintidós de abril, era un sábado marcado por el destino, en que dos almas se unirían bajo el sagrado juramento del matrimonio. La luz del amanecer apenas se filtraba a través de las cortinas del hospital cuando Adrián, siguiendo al pie de la letra las prescripciones médicas, abandonó la esterilidad de la sala blanca para dirigirse a la casa de sus padres. Allí, en el santuario de su infancia, se prepararía para el rito de unión.

Su traje, meticulosamente ajustado para acomodar los vendajes que envolvían sus brazos, era un testimonio silencioso de su reciente tribulación. Un toque de rímel servía para ocultar las huellas del fuego en su cabello, sus cejas y su barba, mientras que su espíritu indomable se preparaba para el encuentro en el altar.

Mientras tanto, en la intimidad de mi hogar, me sumergía en el ritual de transformación. Vestir el traje nupcial era un acto cargado de emociones encontradas: alegría y felicidad por el sueño que estaba a punto de cumplirse, prisa y nerviosismo por la inminencia de la ceremonia, y una preocupación latente por el bienestar de Adrián.

Chonito, el tío y padrino de Adrián llegó puntual en su vehículo engalanado con flores, anunciando que la novia estaba en camino. Al llegar al *Templo del Sagrado Corazón de Jesús*, descendí del

coche, escoltada por mi padre, y nos detuvimos ante la imponente entrada, esperando la señal para avanzar.

Con los primeros acordes de la marcha nupcial, iniciamos la procesión por el pasillo central, culminando al pie del altar donde Adrián me esperaba estoicamente, sus ojos se iluminaron al verme vestida de novia ante él y su rostro irradiaba una felicidad que trascendía cualquier adversidad.

Una promesa eterna.

Mi padre me entregó a Adrián, y juntos nos presentamos ante el altar. El padre Mata, conmovido por nuestra fortaleza y determinación, nos dirigió palabras que resonarían en nuestros corazones para siempre. El intercambio de anillos fue un acto de ternura y simbolismo, con Adrián extendiendo su único dedo descubierto para recibir la argolla, un momento que nos conmovió hasta lo más profundo.

Al llegar al momento de los votos - "Yo te recibo a ti Adrián, como mi esposo y te prometo ser fiel en la salud y en la enfermedad, en lo próspero y en lo adverso, amarte y respetarte por todos los días de mi vida" fue un momento culminante, porque sabía que esa promesa era un compromiso de amor para toda nuestra vida.

La celebración continuó en el salón *Sunión* del *Hotel Mirador*, un oasis de alegría frente a *CORTEC*. Cada momento fue precioso y efímero, sabiendo que el hospital nos esperaba antes de la medianoche. Bailamos nuestro vals, compartimos el pastel, brindamos por el futuro, y escuchamos las palabras proféticas de Carlos, el tío de Adrián, que resonarían como un eco a través del tiempo: "Brindemos porque su matrimonio sea un eterno noviazgo".

Aunque la maravillosa fiesta continuó en nuestra ausencia, nosotros regresamos al hospital, donde las enfermeras nos

recibieron con admiración y cariño. Nos dejaron solos, y en la quietud de la noche, Adrián en su cama de hospital y yo en un sofá cercano, nos prometimos ser el refugio eterno el uno para el otro.

Su presencia divina.

Dios me mostró de nuevo que está en todas partes. Fue en un instante de claridad celestial cuando comprendí que Dios se manifiesta en cada fragmento de nuestra realidad. En la alegría desbordante que experimenté al lado de mis compañeros y amigos, las tantas reuniones que tuvimos en este tiempo. En la convicción inquebrantable de que mis súplicas fueron escuchadas por él aquella tarde en que mis ojos se posaron en Adrián por vez primera.

Dios también estaba en nuestro romance que floreció como una rosa en el jardín del Edén, un testimonio de amor puro que desafiaba el paso del tiempo.

Incluso en la sombra de la tragedia, cuando una explosión amenazó con arrebatar lo más preciado, la mano protectora de Dios se extendió sobre Adrián y mi padre. El edificio que una vez fue hogar, ahora reducido a escombros, se convirtió en un monumento a la misericordia divina.

En un acto de providencia, fui retenida lejos del peligro, si hubiera acompañado a Adrián como era nuestra costumbre de estar siempre juntos, yo habría tenido que estar dentro y hubiera sido mortal para mí, fue un recordatorio de que los designios celestiales son inescrutables.

Me fue encomendada una misión sagrada: velar por mi esposo y mi familia a través de la oración, un llamado que resonó con fuerza en mi alma. Adrián, por su parte, descubrió una fe nueva, un faro de luz que emergió de las cenizas del infortunio.

No hay duda, en cada suspiro del viento, en cada susurro del mar, en cada amanecer y en cada anochecer, la obra de Dios se revela. Así lo comprendimos, y así quedó sellado en nuestros corazones, un pacto eterno con lo divino.

6

El amanecer de una nueva vida, mi doble maternidad.

Así será bendito el hombre que teme al Señor. ¡Que el Señor te bendiga desde Sión: puedas ver la dicha de Jerusalén durante todos los días de tu vida! ¡Que veas a los hijos de tus hijos y en Israel, la paz!

Salmo 128, 4-5
(Biblia Latinoamericana, 2005)

Noches de vino y música.

En el corazón de la ciudad, donde las calles bullen con la vida incesante y los edificios cuentan historias de mil vidas pasadas, Adrián y yo encontramos nuestro refugio. Tras su recuperación, decidimos anidar en el mismo edificio que fue testigo de su accidente, un rascacielos que se alzaba orgulloso frente al hotel *Excelaris*, en la confluencia de la calle Independencia y la avenida Niños Héroes.

Desde nuestra atalaya urbana, el piso superior, la algarabía de la gente y el tráfico incesante eran el telón de fondo de nuestras noches, un espectáculo de luces y sombras que danzaban hasta el amanecer.

El departamento era un vasto lienzo en blanco, cada habitación decorada con esmero, cada espacio imbuido de un propósito noble. Era más que un hogar; era una extensión de nosotros mismos. Mi rincón favorito era aquella esquina adornada con ventanas panorámicas, desde donde las luces de la ciudad parpadeaban como estrellas terrenales, promesas de sueños aún por cumplir.

La música era el alma de nuestro hogar, y algunas noches se transformaba en el preludio de cenas exquisitas, donde el vino fluía y las conversaciones se tejían con hilos de mil colores. Nos dejábamos llevar por el ritmo, bailando en un abrazo que nos unía al compás de melodías eternas. Aquel departamento era nuestro pequeño gran hotel, un oasis de romance y escapismo, un pedazo de eternidad en medio del caos citadino.

Los primeros meses.

Recuerdo una noche en particular, cuando Marisela, compañera de trabajo, me acompañaba al departamento. El pasillo, usualmente bañado en luz, yacía sumido en sombras. La oscuridad sugería la ausencia de Adrián, pero mi corazón no conocía el temor. Con paso firme, avanzamos hacia la puerta hasta que, en un

destello repentino, la luz se encendió, desatando un instante de pánico que nos hizo retroceder. La risa de Adrián resonó desde la entrada, preguntándonos el motivo de nuestro sobresalto. Aquella noche, el miedo se disipó en un suspiro de alivio.

Los meses en aquel departamento se contaron en recuerdos atesorados, pero el destino nos tenía preparado un nuevo camino. La demolición del edificio nos llamaba, un eco de la fragilidad de nuestra morada temporal. Con pesar, dejamos atrás las paredes que habían sido testigos de nuestra felicidad.

El *Fraccionamiento Cerro Grande* nos recibió con brazos abiertos, una casa de renta pequeña pero radiante de posibilidades nos acogió para seguir disfrutando de nuestro matrimonio. Aunque más modesta, su frescura y cuidado nos invitaban a soñar de nuevo. Eran solo dos recamaras, pero suficientes para nosotros en ese momento.

El fraccionamiento era de clase media con casas de uno y dos pisos, con estilo moderno que hacía que se respirara un agradable ambiente. El lugar se ubicada a solo diez minutos del centro, y muy cerca del panteón municipal de la ciudad. Con permiso concedido, pintamos cada pared de la casa con los colores de nuestra vida, cada pincelada un voto de esperanza y renovación.

La compañía no me faltaba porque cerca de nuestra casa vivía mi hermana Lourdes y su familia quienes nos visitaban diariamente y también una prima llamada Rosario y mis tíos Julio y Tita. Era un lugar donde sentimos que la casa era nuestra por la calidez de los vecinos y el amor con el que la habíamos decorado.

La revelación.

Al principio, la incertidumbre se cernía sobre mí como una neblina densa. Los cambios sutiles en mi cuerpo me desconcertaban, me llevaron en busca de respuestas a la consulta del médico, donde las preguntas danzaban alrededor de mi estado. La revelación cayó como una hoja en otoño: estaba embarazada. El silencio se apoderó de mí, un vacío lleno de sorpresa y maravilla.

Pero cuando la noticia se asentó, la alegría brotó incontenible, un sueño de infancia floreciendo en la realidad.

La urgencia de compartir la noticia con Adrián era un río desbordante en mi interior. En el primer respiro que nos concedió la rutina laboral, le revelé el milagro: iba a ser padre. Su abrazo fue un mar de felicidad, un lazo que nos unía aún más fuertemente. Su mano tocando mi vientre fue un saludo silencioso y amoroso al ser que apenas despuntaba en el horizonte de la vida.

La familia se convirtió en un coro de felicitaciones, una sinfonía de buenos deseos para la nueva vida que se gestaba. Chela, la madre de Adrián, con la promesa de su primer nieto, brillaba con un gozo especial.

Una nueva vida creciendo dentro de mí.

El embarazo se desplegó ante mí como un tapiz de tranquilidad y belleza. Consejos llovían como pétalos de mis hermanas, mi madre y Chela cada uno un talismán para proteger y nutrir la vida que crecía dentro de mí. Las predicciones sobre el sexo del bebé eran un juego de adivinanzas para todos, cada cual más seguro que el otro en su certeza de porque sería niño o porque sería niña.

Los meses traían consigo una transformación; mi figura se desvanecía para dar paso a la maternidad, el sueño me envolvía con su manto más temprano cada noche, los achaques se fueron haciendo más frecuentes, y los antojos hicieron su aparición convirtiéndose en aventuras que desafiaron a Adrián en más de una ocasión.

Pero lo más sublime de todo, era la presencia palpable de ese ser que comenzaba a crecer y hacerse sentir en mi vientre, estaba admirada de la forma en que Dios nos prepara para dar vida.

Adrián fue mi faro en la tempestad de emociones y necesidades. Su presencia era constante, un guardián atento a cada suspiro, cada deseo. Las noches eran testigo de su devoción, saliendo a las calles en busca de alivio para mis achaques o satisfacción para mis

caprichos. En cada gesto, en cada paso, su amor se reafirmaba, un compañero inquebrantable en el viaje hacia la paternidad.

La expectativa del nuevo ser que crecía en mi vientre estaba envuelta en un velo de misterio. Las visitas al ginecólogo se sucedían, pero la decisión estaba tomada: no deseábamos conocer el sexo de nuestro bebé. Habíamos oído historias de pronósticos equivocados y preferíamos la sorpresa a la desilusión. No importaba si fuese niña o niño; nuestro amor estaba listo para acogerlo sin condiciones.

Los nombres resonaban en nuestros corazones, esperando al dueño que los llevaría. Adrián eligió 'María', en caso de niña, y 'Jesús', en caso de niño, nombres sagrados que evocaban la pureza de la virgen y la redención de nuestro Señor Jesucristo. Yo, por mi parte, deseaba compartir con nuestro hijo o hija el nombre de su padre, un legado de amor y fuerza.

El nacimiento de Adriana María.

Después de la espera acostumbrada, por fin llegó el momento del nacimiento, fuimos al hospital porque iban a practicar una cesárea programada, me acompañaban Adrián, mi mamá, Chela y algunas de mis hermanas.

Era un martes veintiuno de noviembre a las cinco de la tarde, rodeada de amor y esperanza, me encontraba en el quirófano, consciente y expectante. El llanto de un bebé rompió el silencio, y en ese instante, la vi: mi hermosa Adrianita. La emoción inundó mi ser, un torrente de amor y asombro, era algo indescriptible, no podía creer que esa radiante bebita tan pequeñita e indefensa ya estaba en mis brazos después de tan larga espera.

Cuando la tuve en mis manos fue una experiencia extraordinaria, ver a nuestra bebé de carne y hueso, ver y oír su respiración, sentir su aliento en mi cara, sentir el calor de su pequeño cuerpo, percibir su aroma y ver su carita redonda fue, en ese instante, una visión de belleza divina, una maravilla de Dios. Estaba admirada de lo que Él había hecho a través de mí y de mi esposo.

Desde el primer momento me llamó mucho la atención su pelito, mucho pelito, muy oscuro y rizadito. A pesar de que tenía sus ojitos cerrados, se veía una rayita muy larga y deduje que iba tener los ojos grandes, en los cuanto abrió, me di cuenta de que había heredado rasgos distintivos de Adrián.

Los médicos avisaron a Adrián y acompañantes que todo había salido bien y que podían ver a la niña en los cuneros, a mí me pasarían al cuarto de hospital un poco más tarde esperando que me recuperaba totalmente de la anestesia. En esos momentos todos pudieron ver a esa bebita tan hermosa, no paraban de llenarla de elogios y buenos deseos para su vida.

Anunciamos la decisión de que se llamaría Adriana María. La noticia resonó como un himno de alegría en el seno de nuestra familia, un eco de amor que se extendía más allá de las paredes de nuestra casa. Todos compartían nuestra dicha, pero era en nosotros, en Adrián y en mí, donde la felicidad encontraba su cúspide, un pico de emoción inigualable que nos unía aún más si cabe.

Adrianita era la personificación de la tranquilidad, dormía toda la noche y aún durante el día, me preocupaba que durmiera tanto. Su sueño prolongado me llevó a buscar la sabiduría de la pediatra preguntándole: "Doctora, Adrianita duerme mucho, ¿está bien?", la pediatra me aseguró: "Quiere decir que está tranquila, no se asuste hay niños que son tranquilos como su niña", esas palabras serenas disiparon mis temores. Mi hija siempre ha sido así, un refugio de paz, un oasis de ternura y amor que fluye incesante.

Primeros días de maternidad.

Diciembre trajo consigo el espíritu festivo y la posada de navidad de *CORTEC*, un evento marcado por la promesa de varios regalos, entre ellos uno muy codiciado: una televisión de grandes dimensiones. A pesar de mi reciente maternidad y la cesárea que aún me mantenía en reposo, la intuición me susurraba que debía asistir.

Confié a Adrianita al cuidado amoroso de mis padres y, junto a Adrián, nos sumergimos en la celebración. Y así, como si el destino se alineara con mi presentimiento, la televisión se convirtió en nuestro trofeo inesperado.

Los días fluían suavemente mientras me dedicaba a mi bebé, cuya habitación se vestía de rosa y su cuna albergaba un carrusel que capturaba su mirada inocente. Alimentarla, vestirla con las prendas obsequiadas por amigos y familiares, bañarla, perfumarla con aceites y colonias infantiles, cada momento era un ritual sagrado. La llevaba en brazos, impregnando cada rincón de la casa con su esencia, una experiencia que marcaba mi alma de manera indeleble.

El fin de mi incapacidad por maternidad se acercaba con la inevitabilidad del ocaso, y con él, la necesidad de retomar mis responsabilidades laborales. Dejar a Adrianita, aunque fuera en las manos protectoras de mi madre, era un desgarro en mi corazón, me dolía separarme de ella. Pero la seguridad de saberla en el mejor de los cuidados aliviaba la pena de la separación.

La bendición papal.

Era el diez de mayo, una fecha marcada en el calendario con la tinta indeleble del amor filial. El Día de las Madres resonaba con una nueva melodía en mi vida; era la primera vez que el título de 'madre' reposaba sobre mis hombros, un manto de honor y responsabilidad que abrazaba con todo mi ser.

Ese día, el destino tejió una coincidencia divina: la visita del Papa Juan Pablo II, un pastor amado cuya presencia traía consigo un mensaje de esperanza y unidad. Su llegada no era solo una bendición para la multitud congregada; era un eco personal que resonaba en las cámaras de mi corazón.

Un millón de personas recibieron al Papa en los campos Limas, de las inmediaciones de la antigua fundición de Ávalos, al sur de la ciudad de Chihuahua, una visita que generó amplias expectativas

de fieles y sectores diversos porque era la primera vez que un papa venía a la ciudad

Su visita a Chihuahua fue un acontecimiento histórico. Todos se congregaron para recibir su bendición, un evento que yo anhelaba presenciar, sin embargo, la prudencia dictaba que Adrianita, aun no cumpliendo su primer año, debía permanecer lejos de las multitudes. A pesar de ello, sentíamos que la cercanía de nuestra casa al recorrido papal era una bendición en sí misma, un lazo invisible que nos conectaba con aquel momento trascendental.

Recupero algunas de las palabras de Juan Pablo II en su homilía:

《La grandeza y la responsabilidad de la familia está en ser la primera comunidad de vida y amor; el primer ambiente donde el hombre puede aprender a amar y a sentirse amado, no sólo por otras personas, sino también y ante todo por Dios. Por ello, a los padres cristianos os toca formar y mantener un hogar en el que germine y madure la profunda identidad cristiana de vuestros hijos: el ser hijos de Dios. Pero vuestro amor de padres podrá hablar de Dios a vuestros hijos sólo si antes vuestro amor de esposos es vivido, en la santidad y en la apertura a la fecundidad de la unión matrimonial.

Al hablar hoy a las familias católicas de Chihuahua y de México, en este Día de las Madres, deseo rendir homenaje a la madre, a las mujeres mexicanas y a las de toda América Latina. Con razón se ha dicho que la mujer ha desempeñado un papel providencial en la conservación de la fe de este querido continente.

La experiencia diaria nos muestra que a una esposa cristiana corresponde de ordinario una familia en la que permanece vivo el amor a Dios, la práctica de la vida sacramental y del amor del prójimo. Así mismo la armonía, serenidad y alegría de la vida de familia dependen en gran medida de la mujer, esposa y madre quien, con su intuición, su tacto, su afecto, su paciencia, su generosidad, suaviza asperezas y tensiones. Ella levanta los ánimos decaídos y ofrece un puerto acogedor en el cual refugiarse cuando afloran los problemas en cualquier edad de la vida》.

El mensaje sobre el amor materno, pronunciado por aquel líder espiritual, se entrelazó con mi propia celebración interna. Era un reconocimiento celestial del vínculo sagrado entre madres e hijos,

una afirmación del amor incondicional que nutre y sostiene la vida misma.

Una obra de Dios.

Adrián y yo habíamos soñado con tener dos hijos, en mi experiencia familiar le sugerí que fueran casi de la misma edad, para que crecieran juntos. Pero tras el parto de Adrianita, el ginecólogo recomendó esperar un año antes de intentar otro embarazo. Así que esperamos mi recuperación, con paciencia y amor.

Adrianita cumplió su primer año, y en la fiesta de cumpleaños, una celebración que reunió a toda la familia en nuestra casa, sentí la presencia de lo divino. Ese día, antes de que los invitados llegaran, Adrianita parecía una princesa salida de un cuento de hadas. Su vestido, delicado y elegante, se movía con gracia mientras sus botitas resonaban con cada paso firme que daba. Su lugar preferido era sobre el mueble de la televisión, junto a una palma en una maceta que decoraba nuestra sala con su verdor.

Desde ese trono improvisado, Adrianita observaba todo el panorama, desde la sala hasta el comedor, con la curiosidad y la alegría propias de su edad. Recuerdo claramente cómo, en esos momentos, le decía: "¿Quién se viene conmigo?". Sin dudarlo, sus pasitos se dejaban escuchar, acercándose a mí con rapidez para refugiarse en mis brazos.

Eran momentos mágicos, instantes de conexión profunda entre madre e hija que atesoro en mi corazón. La calidez de su abrazo, la seguridad de su presencia, y la pureza de su amor son recuerdos imborrables que siempre llevaré conmigo.

Más tarde, la casa estaba impregnada de risas, abrazos y el aroma de la tarta de chocolate que había preparado con esmero. En ese instante, mientras sostenía a mi pequeña en brazos, comprendí que Dios es extraordinariamente maravilloso.

Habíamos sido bendecidos con una niña que llevaba las facciones de mi esposo y su temperamento, pero también parte de mí. Era sangre de nuestra sangre y huesos de nuestros huesos. Comprendí que ella era producto de un diseño divino, nadie más que Dios podría haberla hecho tan perfecta. En su mirada, veía el amor de Dios materializado, un anhelo de mi infancia cumplido.

Sin embargo, cuidar de Adrianita se volvió un desafío. Mi madre ya no podía encargarse de ella, y las distancias y horarios no permitían que mis hermanas o Chela la cuidaran. Así que tomé una decisión: dejaría de trabajar para estar en casa con mi pequeña. No era un sacrificio; era una elección consciente. Quería brindarle toda mi atención, ser su guía y compañera en este mundo.

La dulce espera.

Unos meses más tarde con el fin de ahorrar lo suficiente para el enganche de una casa le hicimos una propuesta a mi hermana Isabel. Ella vivía con mis padres y tenía su casa desocupada en la colonia El Mármol, por lo que le pedimos el favor de que nos la prestara por un tiempo, y nosotros pagaríamos el importe de su descuento de *INFONAVIT*. Ella accedió y una vez de acuerdo nos cambiamos a la casa que generosamente nos prestó.

Allí, en la colonia El Mármol, comenzamos a construir un nuevo hogar. Esta vez tuvimos que conformarnos con usar solo una recamara de la casa porque la otra era usada para almacenar los muebles de mi hermana. El ambiente se sentía bastante apretado pero la idea de poder ahorrar para nuestra casa valía la pena, a pesar de las contrariedades de espacio que enfrentamos.

Esa época en que nuestro objetivo era ahorrar para comprar una casa propia significó privarnos de muchas cosas en lo económico, además estaba bastante retirada de mis amigas y de nuestra familia, eso me hizo sentir momentos de frustración y soledad porque sentía que algo de mi alegría se estaba apagando en medio de aquella lejanía.

Cuando supe que estaba embarazada nuevamente, el entusiasmo y la alegría llenaron mi corazón. Adrián, al saber las felices noticias, compartió mi entusiasmo. Estábamos felices, juntos habíamos vivido el primer embarazo, y este sería igual de especial. La noticia se esparció por la familia como un reguero de pólvora. Todos nos felicitaron y nos desearon lo mejor.

Mi cuerpo, experimentado por el primer embarazo, se transformó nuevamente. Los antojos y los achaques eran compañeros fieles. Adrián, siempre atento, se convirtió en el proveedor de mis antojos, y Adrianita, cómplice, compartía sus travesuras con el bebé en mi vientre.

El quinto mes llegó, y mi vientre creció de manera diferente. Con Adrianita, había perdido mi figura, mi vientre había crecido como si fuera una pelota inflada, pero esta vez, el bebé parecía crecer hacia adelante, dejando mi cintura casi intacta.

Igual que el embarazo anterior, decidimos no preguntar el sexo del pequeño que venía en camino, no era importante saberlo; solo deseábamos que naciera sano y sin complicaciones, igual lo amaríamos con todo nuestro corazón.

Este bebé, inquieto desde el vientre, nos sorprendía con sus pataditas., o más bien, patadotas. Se movía muchísimo en mi vientre, con asombro veíamos sus piececitos cuando se movía. Adrián, Adrianita y yo le hablábamos, transmitiéndole nuestro cariño, que sintiera que allí estábamos, que reconociera nuestras voces y para transmitirle el mucho amor que sentíamos por él.

Un mes antes del nacimiento, Malena, mi hermana, tenía unas amigas que tenían dones del Espíritu Santo, las reunió en mi casa para orar por que todo saliera bien en el parto. Una de ellas, Bertita, con dones espirituales, vio al bebé en una visión, estaba en perfecto estado y todo saldría muy bien, Dios estaba en control de la situación.

Al terminar, con esa curiosidad de madre, me quedé con una duda, si lo había visto, tal vez podría describirme un poco su visión, decirme como era. Bertita dijo que solo había visto lo que Dios le permitió y lo único que me podía decir era que tenía mis mismos ojos, eso me llenó de alegría y orgullo al pensar que al menos en sus ojos se parecerá a mí. Así, con la certeza de un diseño divino,

esperamos el día en que nuestros ojos se encontrarían con los suyos, y el amor nos envolvería una vez más.

El nacimiento de Jesús Adrián.

Por segunda vez, el quirófano se convirtió en el escenario de un milagro más. El miércoles veintitrés de octubre, coincidiendo con el Día del Médico, estaba programada mi segunda cesárea. Adrián me acompañó al hospital la noche anterior porque la cirugía sería muy temprano y tenía que sujetarme a las medidas preoperatorias correspondientes.

Allí pasé la noche y al siguiente día me llevaron al quirófano lista para la cirugía, la ansiedad se mezclaba con la emoción y yo esperaba con el corazón en un puño. Sin embargo, para nuestra sorpresa, la clínica estaba en pleno festejo. Mariachis llenaban los pasillos con sus notas alegres, homenajeando a los médicos en medio de una gran algarabía.

Estaba desesperada porque naciera mi hijo, sin embargo, había pocos médicos, algunos estaban en los festejos y las emergencias no paraban de llegar, anticipándose a mi cirugía programada, y yo, lista para la operación, sentía que el tiempo se estiraba como un hilo de esperanza.

Finalmente, llegó el momento. Serían las cinco de la tarde cuando el doctor anunció que venía grande. Y a los pocos minutos, ahí estaba él, mi hijo, blanco como la luna, sus piececitos en manos expertas. La nalgadita resonó, y su llanto, vigoroso y desafiante, llenó la sala. Sus pulmones eran fuertes, su piel se encendía en rojo. Me dijeron que era un hombrecito, cuatro kilos y cien gramos de vida. Para mí, bajita de estatura, era un gigante.

Mis brazos lo acogieron con amor y gratitud, la dulce espera había llegado a su fin. Lloré, sintiendo su calidez, su fragilidad. Estaba sano y era lo más importante en ese momento. Después de la cirugía me separaron de él, llevándome a la cama donde debía de recuperarme. A nuestro pequeño bebé lo llevaron a los cuneros,

allí, quienes habían compartido esos momentos especiales con nosotros pudieron verlo y admirar su perfección.

Adrián, con ojos brillantes, contempló al pequeñito. Habíamos tenido un hijo más, que se unía a nuestra amada Adrianita. Se alegró mucho porque ambos hubiésemos salido bien. La clínica se volvió un umbral, y él ansiaba llevarnos a casa. Quería cargarlo y presentarlo a su hermanita.

Jesús Adrián. El nombre resonaba en nuestros corazones desde antes de que naciera. Como un pacto sagrado, habíamos decidido que así se llamaría. Un nombre que unía lo divino y lo humano, como un hilo invisible que nos conectaba.

Sus ojos, azules al principio, cambiaron de tono. Gris a las pocas semanas, luego café claro como avellanas. Recordé a Bertita y la visión en la que había visto a mi hijo dentro de mi vientre. Sus palabras me decían que sus ojos eran como los míos, y no se equivocó, ciertamente tuvo una visión profética.

Adriancito, fue un bebé muy deseado, esperado con mucho amor, sentía una emoción muy grata de verlo con su piel blanca y cabello rubio, era un regalo para nosotros. Chela, la madre de Adrián, incrédula ante su parecido con la familia Alcalá, preguntó si no lo habrían cambiado. Sonreí. No, no lo habían cambiado. Era nuestro hijo, un pedacito de cielo en nuestros brazos. Así, con los ojos de Dios y el amor de una familia, Adriancito comenzó su camino en este mundo. Y yo, agradecida, supe que su mirada llevaría la huella de lo divino y la ternura de los nuestros.

La casa se llenó de risas y abrazos. Todos en la familia acudieron para visitar al recién nacido, entusiasmados de que hubiera llegado sano y salvo. Compartían nuestra felicidad, expresando sus mejores deseos para nuestra pequeña familia. Y ese bebé, Adriancito, era el centro de todas las miradas. Mi familia, especialmente, se mostraba alegre y contenta. Después de que Adrianita se había parecido tanto a Adrián, ver a Jesús con nuestros rasgos nos llenaba de orgullo.

Crecimiento de nuestros hijos.

Pero la vida no siempre es un camino sin obstáculos. Mi bebito tenía apenas dos meses cuando la bronquitis lo atacó. Lo hospitalizamos, confiando en el seguro de gastos médicos que Adrián tenía gracias a su trabajo. Ver a mi pequeño con la manguera del suero atravesando su bracito y luchando por respirar fue desgarrador. Aunque sabía que cualquier niño podía enfrentar esto, me culpé. ¿Había sido un descuido mío? El corazón me dolía.

Entonces, me aferré a la fe. Dios estaba a nuestro lado, pero no bastaba con saberlo. Oré sin descanso, encomendando a mi esposo y a mis hijos. Adriancito, frágil pero valiente, se recuperó. La buena atención del hospital y la intervención divina lo llevaron adelante. Un bronquitis no es cosa fácil de superar a esa edad, pero él lo hizo.

Al salir del hospital, de regreso a casa, estaba muy feliz, casi como si fuese un segundo nacimiento de mi bebito, agradecía a Dios por poder tenerlo de nuevo en los brazos, con la promesa de cuidarlo mucho para que nunca volviera a pasar por una situación tan peligrosa como la que pasó.

Su desarrollo fue diferente. Adrianita, la hermana mayor, lo cuidaba y mimaba. En la hora del baño, ella se acercaba a hacerle cariños y darle besos. Adriancito creció acompañado, siguiendo el ejemplo de su hermana. Aprendió con rapidez a comer, a hablar, a caminar y correr con su modelo a su lado.

El amanecer del cumpleaños de Adriancito nos encontró despiertos y llenos de entusiasmo. Nos levantamos temprano, con la luz dorada del sol apenas asomando por el horizonte, para preparar a los niños. Primero fue Adrianita, cuya risa burbujeante llenaba el baño mientras el agua tibia la envolvía. Luego, el turno del festejado, Adriancito, cuyo rostro se iluminaba con una sonrisa contagiosa.

Adriancito, con su corazón tierno y afectuoso, buscaba constantemente a su hermana para abrazarla, su manera especial de mostrarle su amor fraternal. Era un gesto que hablaba de un vínculo profundo, una conexión que se fortalecía con cada abrazo.

Una vez listos, emprendimos el camino hacia la casa de Chela, la madre de Adrián, el lugar elegido para la celebración. En el trayecto, hicimos una parada en un parque de juegos para niños, un oasis de diversión donde los pequeños podían correr, trepar y deslizarse por los toboganes. Adriancito, aunque pequeño, ya dominaba el arte de caminar y seguía a Adrianita como un fiel escudero, su mirada llena de admiración y alegría.

Bajo la atenta supervisión de Adrián, los niños exploraron cada rincón del parque, sus risas resonando como campanas en el aire fresco de la mañana. Era un preludio perfecto para el día de celebración que nos esperaba, un recordatorio de la inocencia y la felicidad que los niños traen a nuestras vidas.

Más tarde, en la reunión familiar preparada para celebrar su primer año de vida, nosotros, nuestros padres y suegros, hermanas, primos: todos compartimos la alegría del acontecimiento. Las felicitaciones y los regalos no cesaron., Adriancito con la cara de asombro y alegría veía desfilar todos los juguetes que habían traído para él.

La hora de la comida.

En uno de esos días cotidianos, me dispuse a alimentar a mis hijos, enfrentando la habitual batalla para que Adriancito comiera. Con paciencia y creatividad, me inventaba mil juegos para motivarlo. Después de que Adrianita ya había comido, tenía a Adriancito en mis brazos, intentando que comiera jugando a que la cuchara con comida era un avioncito que volaba de un lado a otro, capturando su atención.

"¡Quién quiere comer algo rico?, Mmm…", le decía, acercando la cuchara a su boca. Al principio, Adriancito comía emocionado, sus ojitos brillando con cada bocado. Pero, como suele suceder con los niños, el juego pronto perdió su encanto y él ya no quería comer más.

En ese momento, al preguntar quién quería comer, escuché la dulce voz de mi niña hermosa, Adrianita: "¡Yo sí quiero, mami!". Reí

con sorpresa, pues ella acababa de comer, pero aun así le di un par de cucharadas más, disfrutando de su entusiasmo y de esos momentos inolvidables de madre que atesoro en mi corazón.

El latido de mi vida.

Muchos cambios hubo en mi vida, desde mi boda hasta el crecimiento de mis hijos, la vida se desplegó ante mí con una intensidad que nunca antes había experimentado. Me sumergí en un torbellino de emociones: alegría, lágrimas, sufrimiento y desesperación. La maternidad, como un río caudaloso, me arrastró hacia lo desconocido, revelándome secretos que solo las mujeres pueden comprender en toda su plenitud.

El cuerpo femenino, ese templo sagrado, se transformó para dar origen a una nueva vida. Descubrí cómo alimentarlo, cómo darle calor y protección. Pero más allá de lo físico, la maternidad me enseñó lecciones intensivas de amor, no me alcanzan las palabras para explicar la intuición que nos pone en alerta a las necesidades del bebé. ¿Cómo saber si tiene sueño o hambre? ¿De dónde surge la fortaleza para aguantar horas de desvelo cuando el bebé se enferma? ¿Cómo brota la ternura y el amor con los que abrazamos y hablamos para que no se sienta solo?

La conexión vital entre madre e hijo es un misterio. Una mirada maternal basta para que el miedo se disipe y la alegría y seguridad se contagien. En esos momentos, descubrí que tenía una capacidad latente, una fuerza que afloraba para proteger, amar y hacer que mi bebé se sintiera seguro.

Una vez que he sido madre, el amor incondicional no desaparece. No importa la edad, mis hijos siempre serán mi razón de ser. En mi pequeñez, vislumbré el amor de nuestro Padre Dios para cada uno de nosotros.

A pesar de sentirme realizada como esposa y madre, la parte personal como mujer se desvanecía. El cuidado de los niños y el hogar, aunque maravilloso, pesaba sobre mis hombros. Las tareas de la casa, como un enjambre de abejas, zumbaban sin descanso.

Un trabajo agotador, a menudo invisible, que no merecía ovaciones ni aplausos.

Lejos del bullicio laboral, me privé de mis amistades de siempre. El tiempo se escapaba entre pañales y platos sucios. No había espacio para descansar, ni para arreglarme con esmero y lucir bonita. Me miraba al espejo y me veía como una señora, a pesar de mi juventud. ¿Dónde quedaban mis sueños, mis anhelos? ¿Dónde estaba yo en esta vorágine de maternidad y deberes?

El silencio de los delantales me envolvía. Las risas de mis amigas, los cafés compartidos, todo se desvanecía. Pero en ese silencio, en la rutina de la casa, encontré mi voz. Aprendí a escuchar los suspiros de las sábanas al tenderlas, a encontrar poesía en el aroma del pan recién horneado. Las manos, ágiles y cansadas, tejían historias invisibles.

A veces, en la quietud de la noche, me asomaba a la ventana. Las estrellas, como faros lejanos, me recordaban que aún estaba viva. Y en ese rincón de sombras y luz, decidí rescatar mi esencia. Aunque el mundo no aplaudiera mis logros domésticos, yo sabía que cada plato limpio, cada abrazo a mis hijos, era un acto de amor.

La rutina, como un abrazo demasiado apretado, me asfixiaba en casa. La soledad, como un eco silencioso, se filtraba en los rincones. Mis anhelos e ilusiones personales se desvanecían, relegados al fondo de mi corazón. Necesitaba equilibrio, una cuerda floja entre el deber y el deseo, algo que me ayudara a salir del desánimo que me hacía sentir cansada y apagada.

Y entonces, Adriancito ya caminaba. Los dos comían y dormían bien. Eran niños que no causaban muchos problemas para cuidarlos. La maternidad, con sus sombras y luces, me había transformado. Pero más que nunca, sentí el deseo de seguir mis sueños y anhelos. Quería hacer algo que me apasionara, algo que me recordara quién era más allá de los pañales y las tareas domésticas.

Tenía mis hijos, mi esposo, lo tenía todo. Pero necesitaba reconectarme conmigo misma. Salir a comer, arreglarme desde muy temprano para lucir bonita, acudir al trabajo y compartir con todos mis compañeros. Las relaciones sociales, el ambiente

laboral, eran mi oxígeno. Necesitaba reintegrarme a la mayor brevedad.

Aunque económicamente estábamos apretados, admiraba la capacidad de trabajo y ahorro de mi esposo. Vivíamos lejos de los amigos, pero él siempre procuraba solucionar nuestras necesidades. Nunca nos faltó nada. Adrián, como padre proveedor, me daba seguridad. Y así, en ese latido de la vida, encontré mi camino.

La Gracia inquebrantable.

Dios está en todas partes, omnipresente y eterno, no se aleja cuando nosotros lo hacemos. Aunque mis pasos se desviaron de la misa y los sacramentos, su presencia persistió, inquebrantable. En los momentos cruciales, su mano invisible guio nuestra vida.

Recuerdo la providencia que nos permitió tener un seguro médico para nuestro hijo. En la hora más oscura, cuando la enfermedad amenazaba, Dios estaba allí. Y cuando juntábamos el importe necesario para el enganche de nuestra casa propia, su mano sostenía cada moneda, cada sueño.

Dos veces me concedió la capacidad de dar vida. A través de un proceso asombroso y complejo, mi cuerpo gestó y nutrió a esos pequeños milagros. Cada uno, una maravilla de sus dedos, tejidos con amor divino.

Bertita, en su oración, tuvo una visión de mi hijo. Dios habló a través de ella, recordándonos que no debíamos vivir aislados. La congregación, la comunidad, era vital. En esos consejos, encontré la sabiduría que necesitaba. La oración y la alabanza, armas poderosas, me sostendrían en cualquier situación.

Aunque en aquel momento me resistía, hoy reconozco la verdad. No puedo hacer nada sin Dios. Él es mi refugio, mi guía, mi fuerza. Todo lo que soy y hago es por su gracia inquebrantable.

7

Ve y dile a tus hermanos que los amo.

Y les dijo: 'Vayan por todo el mundo y anuncien la Buena Nueva a toda la creación.

Marcos 16, 15
(Biblia Latinoamericana, 2005)

La herencia de mi madre.

Las palabras humanas, tan vastas como el mar, a menudo se quedan cortas, incapaces de abarcar la intensidad de un encuentro divino, apenas rozan la superficie de su magnitud. A pesar de ello, me siento impulsada a compartir el testimonio de la experiencia que marcó el compás de mi existencia, una historia que se remonta a años atrás, a una época en la que aún no había pronunciado mis votos matrimoniales, a unos sucesos que anticiparían lo que estaba por venir.

Para comenzar debo decir que yo mamé de la espiritualidad de mi madre como quien bebe de un manantial sagrado. Sus recuerdos son una colección de imágenes que se grabaron en mi corazón. La veía, con su Rosario entre las manos, rezando con fervor y entregada a su fe católica.

Su espiritualidad era tan profunda que cada hijo era una ofrenda a Dios. Recuerdo que mi madre me contaba cómo peregrinaba al Templo de Santo Niño de Atocha, llevando en brazos a cada nuevo ser, y de rodillas, avanzaba hacia el altar en una ceremonia de gratitud y entrega, ofreciendo la vida de sus hijos a la voluntad celestial.

En los momentos difíciles de la vida, mi madre era un rayo de luz, una guía luminosa que disipaba las sombras de la duda y el miedo. Era la mano firme que nos levantaba, la voz que nos incitaba a permanecer despiertos y atentos ante los designios del destino. Cuando la tristeza se cernía sobre nosotros, su aliento era el viento que dispersaba las nubes, revelando de nuevo el azul del cielo.

Ella era la fortaleza en los momentos de angustia, el consuelo en el dolor, la esperanza en la tristeza. Con cada palabra, con cada gesto, nos recordaba que, a pesar de las dificultades, siempre habría un mañana prometedor, un futuro tejido por las manos de Dios, con los hilos de la fe y la promesa divina.

Esas imágenes de mi madre, de su religiosidad y devoción, de su fe inquebrantable, son un tesoro que guardo en lo más profundo de mi ser, me enamoré de su ejemplo y de su amor incondicional hacia todos los que la rodeábamos. Ella, sin palabras, sin imposiciones, me legó esa espiritualidad que emanaba de su ser,

esa misma espiritualidad sigue siendo mi guía y modelo de vida, y todos los días le agradezco haber despertado en mí esa chispa divina.

El silencio de mi padre.

Era una noche como cualquier otra en la casa de mis padres. La oscuridad ya se había asentado sobre la ciudad, y las estrellas comenzaban a titilar en el firmamento. Dentro de nuestro hogar, la risa y la charla llenaban cada rincón, un coro familiar que resonaba con el calor de los días compartidos. Pero entonces, un grito desgarró la tranquilidad de la noche.

—¡Pablo! ¿Qué tienes? ¡Habla, por favor! —El grito de mi madre retumbó en las paredes, y todas corrimos hacia la fuente de su angustia.

En la sala, encontramos a mi padre en un estado que desafiaba la comprensión. Su cuerpo, rígido e inmóvil, parecía una estatua de carne y hueso, y solo las lágrimas que surcaban su mejilla revelaban la tormenta interna que lo asolaba.

Mi hermana Mary, con su formación en enfermería, tomó las riendas de la situación. Con instrucciones claras y movimientos precisos, intentó comunicarse con nuestro padre, quien era incapaz de articular palabra. La urgencia nos llevó a un consultorio de la Cruz Roja, donde el médico de guardia nos tranquilizó al decir que lo peor había pasado. Sin embargo, la incertidumbre de lo ocurrido aún pesaba sobre nosotros.

Al día siguiente, acudimos al doctor del servicio médico de Mary, el galeno empezó a revisarlo nuevamente de todo, y nos dijo que era muy probable que mi padre haya tenido una embolia cerebral, de cualquier forma, le mandó hacer los estudios correspondientes. Una vez realizadas las pruebas, el doctor las revisó y confirmó sus sospechas: un coagulo se fue a su cerebro, tapo la irrigación de sangre temporalmente y había causado la parálisis de su cuerpo.

El médico le aseguró a mi padre que afortunadamente su actividad en el trabajo de ese día había sido su salvación, una bendición disfrazada que le permitió enfrentar el accidente, sin dudarlo, el doctor le comentó a mi padre: "Dele gracias a Dios que no lo agarró dormido porque de lo contrario, habría sido fatal".

La sombra de la sospecha.

El accidente había dejado su huella en la elocuencia de mi padre, paralizando parcialmente su lengua y robándole la agilidad de sus pasos. En aquellos días, él parecía ser un hombre que se sentía disminuido, convencido de que las palabras y los movimientos ya no fluirían con la facilidad de antaño. Su cuerpo, parcialmente inmovilizado, era un reflejo de su vulnerabilidad recién descubierta.

El médico, un faro de esperanza en nuestra tempestad, lo envió a terapias diseñadas para devolverle la movilidad perdida. Con el tiempo, mi padre recuperó la fuerza en sus piernas, aunque su caminar se tornó cauteloso, un eco de su antigua gracia. Su voz, eventualmente, encontró su camino de regreso a la claridad, pero las cicatrices invisibles del accidente persistieron, grabadas en su cuerpo y su mente.

Seis años pasaron, y con ellos, la edad marcó más profundamente a mis padres. Mi padre, en particular, enfrentaba una batalla constante contra las secuelas de su accidente y los cambios implacables de la edad. Se resistía a aceptar su nueva realidad, y ese rechazo le infligía dolor, aversión y una tristeza profunda, a pesar del amor y la alegría que siempre lo habían definido. Su corazón se convirtió en un santuario de emociones encontradas.

Mi padre había sido siempre un hombre de paz, de nobleza innata, pero la adversidad había alterado su carácter, especialmente hacia mi madre. Celos infundados y una irritabilidad desconocida se apoderaron de él, y su vigilancia sobre los movimientos de mi madre se volvió asfixiante.

Intentaba ocultar su tormento para no perturbar la armonía familiar, pero nosotros éramos dolorosamente conscientes de la tensión. Mi madre, inocente y silenciosa, soportaba las acusaciones injustas de mi padre. Ella era la única víctima de una situación que solo existía en la mente atormentada de mi padre.

A pesar de que la realidad decía lo contrario, para él, las sospechas eran tan tangibles como el aire que respirábamos. Yo me preguntaba "Qué le está pasando a mi padre, algo le está pasando porque él no es así", él sufría, y en más de una ocasión, fui testigo de cómo las lágrimas traicionaban su fachada de fortaleza. En mis oraciones, suplicaba por la intervención divina, para que liberara a mi padre de las cadenas de una paranoia que solo él podía ver.

La llamada del Redentor.

En los momentos más oscuros, cuando la confusión nublaba nuestro entendimiento, fue a Dios a quien busqué. "Señor, ayúdanos", clamé con un corazón cargado de incertidumbre. "No comprendo lo que sucede. Mi madre, pilar de fidelidad, y mi padre, bastión de compromiso, parecen perdidos en una tormenta que no podemos ver. Necesitamos tu luz en esta oscuridad". Y así, cada día, elevaba mis plegarias por mis padres y nuestras familias, buscando consuelo en la fe.

Pablo, mi hermano, compartía esta devoción, ofreciendo sus oraciones diarias por el bienestar de todos, con especial énfasis en nuestros progenitores. Fue entonces cuando *El Redentor*, el templo cristiano pentecostal al que asistía, anunció una campaña de adoración y sanación. Serían tres días desde el viernes hasta el domingo para orar incesantemente a Dios por nuestras dificultades y necesidades. La invitación resonó en mí como un eco divino, una señal anhelada en respuesta a nuestras súplicas.

Con el corazón lleno de esperanza, me dirigí a Adrián, mi compañero de vida, y le propuse llevar a nuestros padres al templo. Mi deseo era pedir por la salud de mi padre y la paz para mi madre,

cuyo corazón, aunque no enfermo, ansiaba serenidad. Adrián, fiel en su apoyo como siempre, accedió a acompañarme en esta jornada de fe.

"Vamos a ir", le aseguré a Pablo con una convicción que resonaba más allá de las palabras. "Vamos al *Redentor*, donde encuentras refugio y paz, estaremos presentes en la campaña bendita que tanto anhelamos". La decisión estaba tomada, un pacto silencioso entre mi alma y la esperanza.

A la primera luz del día siguiente, Pablo y yo nos reunimos con nuestros padres. Con la serenidad de quien comparte una buena nueva, les hablamos de la campaña de adoración, de cómo Adrián y yo deseábamos acompañarlos en este viaje espiritual. No hubo necesidad de persuadir; los corazones de mis padres ya estaban dispuestos. "Sí, iremos contigo", respondieron, sus voces teñidas de un entusiasmo sereno.

Y así, con la promesa sellada, aguardamos la llegada de esos días sagrados, como quien espera el amanecer después de una larga noche. La expectativa crecía dentro de nosotros, un jardín floreciendo en la promesa de renovación y gracia.

El despertar de la fe.

El alba rompió el velo de la noche, y con ella, la campaña de fe tocó nuestras puertas. Adrián y yo, en un acto de peregrinación familiar, fuimos a buscar a mis padres en aquel vehículo que, con sus años y recuerdos, había sido testigo de mi independencia. La casa materna nos recibió con sus puertas abiertas, y mis padres, ya preparados para el día sagrado, nos esperaban con una paciencia tejida de anticipación.

El viaje al templo El Redentor fue un camino de reflexión. Al llegar, dejamos el auto como quien deja atrás lo mundano, y caminamos hacia el santuario. Adrián, en un gesto de apoyo, acompañaba a mi madre, mientras yo ofrecía mi hombro a mi padre, cuyo orgullo le impedía aceptar el bastón como compañero.

Las puertas del templo se abrieron ante nosotros, dos guardianes de madera que daban paso a un mundo de espiritualidad. Los miembros de la iglesia nos recibieron con sonrisas cálidas y cariñosas que eran como abrazos del alma, una bienvenida que calentaba el corazón.

El salón se extendía ante nosotros, vasto como el cielo, con tres pasillos escalonados para conducir a los asientos, uno al centro y los otros dos a cada lado. Las innumerables sillas, dispuestas en filas ordenadas, invitaban a los fieles a tomar asiento y prepararse para la comunión con lo divino.

La arquitectura del lugar había sido diseñada con un propósito celestial: cada fila de sillas descendía suavemente hacia el frente, permitiendo que cada alma presente se sintiera más cerca del altar, como si el mismo cielo se inclinara para escuchar nuestras oraciones.

El escenario era un mosaico de espiritualidad. A la derecha, el coro ocupaba su santuario de melodías, sus voces ya entonando himnos que eran como puentes entre lo terrenal y lo eterno. Sus cánticos elevaban el espíritu de los recién llegados, envolviéndolos en un abrazo sonoro que presagiaba el inicio de la ceremonia.

El altar se erguía en el corazón del escenario. Era el punto focal de todas las miradas, el lugar donde el pastor compartiría su mensaje, donde el culto del día se convertiría en un encuentro con lo sublime.

Y a la izquierda, un espacio de humilde servicio, donde los colaboradores ascendían como ángeles guardianes, listos para asistir en los actos de fe y comunión. Era un recordatorio de que, en esta casa de adoración, cada gesto, cada ayuda, cada servicio, era parte del tejido de la gracia.

Mis padres, Adrián y yo, nos acomodamos al lado izquierdo del templo, más o menos a la mitad de las filas, en un espacio que nos permitía ser espectadores y participantes de la ceremonia. Pablo, al vernos, nos regaló una lejana sonrisa que era un reflejo de su contento.

Pablo se vestía con la formalidad que la ocasión merecía, cada pliegue de su traje era un tributo al respeto que sentía por el

sagrado acto de adoración. Para él, asistir al culto era una celebración, una oportunidad para sumergirse en la palabra y la predicación de su pastor, un festín espiritual que nutría su alma.

Heredero de la complexión delgada de mi madre, Pablo portaba ojos de un verde esmeralda, luminosos y profundos, ventanas a un espíritu jubiloso. Su mirada era un reflejo de lo divino, un espejo de la alegría que brotaba de saberse acompañado por una presencia más grande que la vida misma. No había día en que no proclamara esta verdad, no había momento en que no la manifestara con cada fibra de su ser.

Con el paso del tiempo, Pablo había madurado en su fe, creciendo como el árbol que echa raíces en tierra fértil. Su cercanía con mis padres era un testimonio de amor, una etapa de la vida donde el cariño se desbordaba en cada gesto, en cada palabra, en cada silencio compartido. No dejaba pasar una oportunidad para honrarlos, para agradecerles con acciones que eran más elocuentes que cualquier discurso.

En Dios, Pablo había encontrado todas las respuestas. Su confianza en el poder divino de sanar y salvar era inquebrantable, una sabiduría que descendía directamente del cielo. Con la certeza de un profeta, sabía que la campaña de fe traería bendiciones inimaginables para nuestra familia. Su felicidad al vernos, su gratitud hacia Dios por permitirnos compartir ese espacio sagrado era un reflejo de su espíritu agradecido y esperanzado.

A pesar de las responsabilidades que le habían sido asignadas, Pablo encontró un momento para acercarse a nosotros. Su rostro no podía disimular la alegría que le producía nuestra presencia; era un reflejo de la fraternidad que nos unía. Tras un apretón de manos que sellaba nuestro reencuentro, se dirigió a su lugar designado, un poco más adelante y al centro de donde nos encontrábamos, preparándose para el inicio del culto.

Ya instalados en nuestros asientos, el mundo exterior comenzó a desvanecerse, dando paso a la atmósfera sagrada que nos rodeaba. Las notas del coro llenaban cada rincón del templo, una sinfonía celestial que nos invitaba a unir nuestras voces en alabanza.

La letra, proyectada en la pared frontal, nos guiaba en un canto colectivo, una oración hecha melodía que ascendía hacia los cielos. Una de las melodías invitaba a la alabanza y a la invocación del Espíritu Santo. "Lléname de tu presencia", cantaban, y el templo parecía vibrar con cada nota, llenando mi corazón con una presencia divina que era tan real como el aire que respirábamos.

La voz del Pastor.

Las alabanzas se desvanecieron en un susurro celestial, y el silencio que siguió fue el lienzo sobre el cual el Pastor Gilberto Cordero pintaría con palabras. Se alzó, una figura imponente de fe viva, su estatura no solo física sino también espiritual, elevándose sobre la congregación. Su complexión robusta era un reflejo de la fortaleza de su espíritu, y su cabello negro, lacio y ordenado, enmarcaba un rostro de convicción serena. Las cejas pobladas, apenas visibles tras los cristales de sus anteojos, eran el preludio de una mirada penetrante y llena de compasión.

Vestido con una sencillez que contrastaba con la profundidad de su mensaje, comenzó a hablar. Su voz, grave y resonante, era el eco de una sabiduría antigua, un llamado que resonaba en el alma de cada oyente. Habló del amor de Dios, un amor tan vasto y profundo que las palabras apenas podían contenerlo. Y, sin embargo, cada frase, cada pausa, cada inflexión de su discurso, cautivaba y envolvía a todos en una manta de revelación divina.

Cuando su sermón llegó a su fin, el coro retomó su canto, las voces se elevaron en una armonía que parecía nacer del mismo corazón del universo. "Aquellos con peticiones, acérquense al altar", instó el Pastor Cordero. "Dejen que la misericordia de Dios envuelva sus súplicas".

Aunque no me animé a pasar, muchos se movieron como olas hacia el frente, llevando consigo esperanzas y anhelos. Junto al pastor, otro siervo de la fe se unió en oración, sus palabras se entrelazaban con el don de lenguas, un misterio que trascendía la comprensión. Al concluir, la congregación regresó a sus asientos,

algunos con la luz de la sanación en sus ojos, otros con la paz de haber sido escuchados.

La jornada de oración y sanidad concluyó, pero la presencia de lo divino permanecía palpable en el aire. Nos retiramos, mi familia y yo, con el corazón henchido de gozo y lleno de paz, sabiendo que aquel primer día de campaña habíamos iniciado con un espíritu renovado.

Un nuevo día de campaña.

Al amanecer del siguiente día, la rutina se desplegó como un río que vuelve a su cauce. Con el corazón aún vibrante por las oraciones del día anterior, fuimos a buscar a mis padres, cuyas almas también parecían danzar al ritmo de una alegría recién descubierta.

Nos acomodamos en los mismos lugares que habíamos ocupado el día anterior, como si esos asientos ya fueran parte de nuestra historia. Pablo y sus compañeros del templo nos recibieron con sonrisas que brillaban como estrellas en la mañana, su alegría era un espejo de la nuestra, reflejando la decisión de volver a ese lugar sagrado.

Los cantos resonaron nuevamente, maravillosos en su armonía, llevados en las alas de jóvenes músicos cuyos instrumentos eran pinceles pintando el aire con melodías divinas. El sonido llenaba el recinto, cada nota una caricia para el alma, cada acorde un hilo en el tapiz de la celebración.

El culto comenzó, y esta vez, la palabra de Jesús y su amor incondicional fue el faro que iluminó nuestros corazones. La predicación nos envolvió, haciéndonos sentir amados, valorados, y eternamente abrazados por su gracia.

Al finalizar, el pastor extendió la invitación para acercarse al altar, pero una vez más, permanecimos en nuestros asientos, inmersos en la contemplación y el asombro. Las lenguas se manifestaron, las sanaciones se hicieron presentes, y las caras de

felicidad de aquellos que pasaron al frente eran como luces en la oscuridad, testimonios de un amor que trascendía.

El segundo día tocaba a su fin, y con la campaña acercándose a su conclusión, una determinación creció dentro de mí. "No puedo partir sin haber entregado a mi padre en las manos de Dios", pensé. "Deseo llevarme una parte de esta bendición, y solo lo lograré si me atrevo a dar el paso al frente".

Con esa reflexión, la jornada del sábado llegó a su cierre. Nos dirigimos hacia el auto, dejamos a mis padres en su hogar, y nos retiramos a descansar, mientras la expectativa del último día de campaña se anidaba en nuestros espíritus, prometiendo un final que sería, en sí mismo, un nuevo comienzo.

El llamado y la sanación.

Era domingo, el día señalado para el cierre de la campaña de oración y sanidad. Como si fuera un ritual ya conocido, recogimos a mis padres, pilares de una fe inquebrantable, y juntos nos dirigimos al templo El Redentor. El edificio se erguía, un faro de esperanza en la rutina de la ciudad.

Al llegar, nos acomodamos en los asientos que habíamos escogido desde el inicio, aquellos que ya parecían esperarnos. Los hermanos de la congregación, conocedores de nuestras caras y nuestras historias, nos recibieron con un calor que trascendía el simple saludo; era un reconocimiento de familia, de unidad en la fe.

Las alabanzas comenzaron, jóvenes voces que se elevaban como palomas al cielo, llevando consigo mis pensamientos y preparando mi espíritu para recibir la palabra divina. El Pastor Cordero, con la sabiduría de su nombre, nos habló del sacrificio supremo, de la cruz que se alza como puente entre lo humano y lo divino.

Su voz, grave y potente, resonó en el silencio que siguió a su sermón, invitándonos a bajar al altar, a entablar ese diálogo íntimo

con Dios. "Pongan en sus manos poderosas todas las peticiones que traen en su corazón", nos instó.

Y así, muchos se levantaron, como olas que acuden al llamado de la luna. Esta vez, decidida a no dejar pasar la oportunidad, tomé la mano de Adrián, mi compañero de vida, y juntos descendimos al altar. Nos rodeaban almas en súplica, cada una con su propia carga, cada una con su propia esperanza.

El coro retomó sus cánticos, y en ese mar de voces, mi oración se hizo más profunda, más personal. Cerré los ojos, elevé mis manos y mi corazón al cielo, y me sumergí en un diálogo sin palabras con el Creador.

Las alabanzas se intensificaron, y en ese crescendo, también lo hizo mi fe. Alguien hablaba en lenguas, un murmullo sagrado que se entrelazaba con la voz del pastor, que proclamaba: "¡Alabanza, alabanza, alabanza, gloria, gloria, gloria a Dios, el Rey de Reyes, ¡Señor de Señores! Él está presente, alábenlo, pídanle".

Sentí la fuerza de su invitación, un llamado a pedir con todo el corazón. Y así, con mis brazos alzados, rogué por mis padres, especialmente por mi padre, para que la sanación divina aliviara el dolor que sus ojos habían presenciado. Mi súplica era intensa, un ruego ferviente a Dios.

Revelación: el encuentro divino.

El coro y la alabanza aún resonaban en el aire cuando una energía abrumadora me invadió. Era como si unas manos colosales se acercaran a las mías, sus dedos gigantescos rozando los míos, y de sus yemas brotara un torrente de energía que fluía hacia mi ser. De repente, el mundo se silenció. Los cantos y las voces se apagaron, dejándome a solas con una visión celestial.

Mis ojos estaban cerrados, pero ante mí se desplegaba una cascada infinita, una cortina de agua que caía de un origen desconocido, mi corazón había acelerado sus latidos intensamente por la emoción de magnitud de lo que alcanzaba a ver, al mismo

tiempo, el sonido del agua corriendo me llenaba de una paz inmensurable. A través de la bruma acuática, una luz brillaba, intensa pero no cegadora, como el sol velado por las nubes.

En ese instante de quietud y claridad, una voz dulce y reconfortante pronunció mi nombre, "Rosy". Me sentí envuelta en un abrazo invisible, un consuelo para mi alma atribulada. Con fervor, supliqué: "Sana a mi padre, sánalo, Señor, te lo imploro con todo mi corazón y toda mi alma". La voz respondió, "¡Ay, Rosy!, tu papá va a estar bien, ve y dile a tus hermanos que yo vivo y los amo".

Las lágrimas brotaron de mis ojos al reconocer que era Dios quien me hablaba. Aunque siempre creí que residía en los cielos, en ese momento su presencia era palpable en mi mente, en mi conciencia. La revelación de su realidad me inundó de un gozo indescriptible; Él conocía mi nombre, Rosalía, pues lo lleva escrito con letras de oro en la palma de su mano, y al llamarme 'Rosy', demostraba su cercanía y amor.

Cuando su voz se apagó, el mundo retomó su curso. Los sonidos del templo volvieron a mí, y desperté del trance, bañada en lágrimas y tendida en el suelo. Con asombro descubrí que, con lazos de amor, Dios me había llevado a su presencia, había estado bajo su Gloria, gigante y sagrada, en esa enormidad mi corazón y mi mente habían quedado absortos en él. Me quedé sin palabras, en ese momento solo experimentaba una alegría inexplicable y una sensación de paz interior. Es como si todas las preocupaciones y ansiedades se disiparan momentáneamente.

Adrián y Pablo, mi hermano, me rodeaban con miradas de preocupación y asombro. Con torpeza, me incorporé, consciente de las miradas curiosas de los presentes. El pastor me observaba con expectación, esperando a que emergiera de mi éxtasis. Acompañada por Adrián y mi hermano, regresé a nuestro asiento junto a mis padres.

Al verlos, compartí mi experiencia con un llanto incontenible: "Cristo vive y los ama". Esas palabras, como un mantra sagrado, se repetían una y otra vez en mis labios.

El retorno al mundo.

La ceremonia había concluido, y con ella, la campaña que nos había unido en oración y esperanza. Nos dispersamos como hojas llevadas por el viento, cada uno a su hogar, llevando consigo el eco de una experiencia compartida. En el camino, las preguntas de Adrián y Pablo caían como gotas de lluvia, curiosas y persistentes, pero yo solo podía responder con la verdad que resonaba en mi corazón: "Cristo vive y los ama".

Al llegar a la casa de mis padres, fue Mary quien nos recibió, su pregunta flotando en el aire: "¿Cómo les fue?" Las palabras brotaron de mí como un manantial: "Cristo vive y te ama". Y con ellas, las lágrimas, incontenibles, testimoniando la profundidad de mi encuentro. "¿Pero por qué lloras?", preguntó Mary, su escepticismo tejiendo una barrera entre nosotros. "Porque me habló", le dije, "y me pidió que te dijera que te ama". Mis lágrimas eran de felicidad, de una certeza inquebrantable que solo la fe puede conocer.

Mary guardó silencio, incapaz de comprender, y no era la única. Chela, la madre de Adrián compartió su incredulidad cuando le revelé mi experiencia. "¿Por qué lloras?", me preguntaba, y yo solo podía afirmar mi verdad: "Cristo me habló y me dijo que la ama", ante la incredulidad de los demás yo tenía la certeza de la experiencia vivida esa tarde de domingo.

Durante un mes, viví en un mundo transformado, donde cada criatura, cada árbol, cada nube y cada rayo de sol eran manifestaciones de la presencia divina. Todo lo creado resonaba con la realidad espiritual que había tocado mi alma. Pero, como todas las cosas terrenales, ese estado de gracia se desvaneció poco a poco, devolviéndome a la normalidad de la vida cotidiana.

Adrián me contó lo que sucedió en el exterior: en medio de la oración, me desplomé sin previo aviso, sin sentir el impacto de la caída. Más tarde comprendí que era una manifestación del Espíritu Santo, una entrega total donde Dios tomaba posesión de mi mente. Mi cuerpo cayó porque mi atención estaba en Él, y solo en Él.

Cuando su presencia me liberó, regresé a mí misma, recuperando el control y la conciencia de mi entorno.

La sanación del espíritu.

Los días se sucedieron, uno tras otro, como cuentas de un rosario, marcando el tiempo desde aquella experiencia divina. Observé a mi padre, y aunque su cuerpo seguía marcado por las huellas de su embolia, algo en él había cambiado.

No era una transformación visible a los ojos, sino una metamorfosis del alma. Su corazón, antes atormentado por celos y reproches, ahora latía al ritmo de la aceptación y la paz. La enfermedad del espíritu, esa que tanto dolor había causado, se disipó como la niebla al amanecer. Dios le había sanado, dejándole un legado de amor y serenidad para con su esposa y su familia.

En cuanto a mí, la presencia divina me había dejado en un estado de gracia, arrobada y agradecida. Aunque siempre había creído en Dios, lo imaginaba distante, en los confines celestiales, no aquí, en la inmediatez de mi realidad. Pero su voz me había hablado, y en su mensaje encontré la confirmación de su existencia, de su cercanía.

Me había mostrado su amor de la manera más palpable, sanando a mi padre en respuesta a mis súplicas. "Te escucho, te respondo y te amo", me había dicho, y esas palabras se grabaron en mi corazón como un sello eterno.

Mi fe, heredada de mi madre y fortalecida por mi propia convicción, no me había cegado a la omnipresencia de Dios. Lo había sentido en cada etapa de mi vida, y ahora, en el templo cristiano El Redentor, su presencia se había manifestado con una claridad abrumadora. No había confusión en mi espíritu, solo un horizonte de certezas. *Dios está en todas partes*.

Esta experiencia me había enseñado una lección divina para compartir: Dios me había pedido que llevara su mensaje de amor y existencia a todos mis hermanos y hermanas. Se revelaba como un testimonio viviente, una prueba irrefutable de que para Él no existen

fronteras ni confines. De modos insondables a mi comprensión, se manifiesta omnipresente, habitando cada rincón donde la fe se despliega, en todas las formas que Él elige manifestarse.

La marca de Dios quedó impresa en mi ser, un tatuaje espiritual que me recordaba constantemente la realidad de lo vivido. Era como una cicatriz que, al contemplarla, me instaba a testificar la verdad de su amor y presencia.

Al principio, cumplí con el mandato divino de decirles a mis hermanos de sangre que Jesús vive y los ama. Sin embargo, con el tiempo, comprendí que el encargo era más amplio: cada persona a mi lado era mi hermano o hermana, y a ellos debía llevarles la buena nueva. Así descubrí una misión mayor, una vocación que me llevaría a proclamar su palabra en su Nombre.

8

Un angustioso sueño.

> Busqué al Señor y me dio una respuesta y me libró de todos mis temores.
>
> Este pobre gritó y el Señor lo escuchó, y lo salvó de todas sus angustias.
>
> *Salmo 34, 5.7*
> *(Biblia Latinoamericana, 2005)*

El sueño de la casa propia.

Transcurría el año 1993, después de ahorrar con esmero para el enganche de una casa, emprendimos una búsqueda exhaustiva por fraccionamientos en toda la ciudad. Finalmente, nuestros pasos nos llevaron a un lugar prometedor, cerca de la calle Juan Escutia, a la altura de la Cruz Roja.

Era un proyecto privado, un pequeño enclave de diez casas en un terreno que albergaba viviendas de dos recámaras, con la posibilidad de ampliar a una tercera. El costo se ajustaba a nuestras posibilidades. Con ilusión, firmamos el contrato de preventa y entregamos el enganche estipulado, con la promesa de que en seis meses la construcción estaría terminada.

La curiosidad nos impulsaba a visitar frecuentemente el lugar, ansiosos por ver el progreso de las obras. Sin embargo, con el paso de las semanas, la decepción y la preocupación comenzaron a nublar nuestra esperanza al ver que no había ningún avance. El terreno baldío parecía burlarse de nuestras ilusiones. ¿Dónde estaban los cimientos que soñábamos? ¿Por qué el silencio de las grúas y el abandono de los ladrillos?

Fue entonces cuando decidimos enfrentar al enigma en su guarida. La oficina de la constructora, un refugio de papeles amarillentos y promesas rotas nos recibió con su frío abrazo. El Sr. Galindo, un hombre de mirada profunda y manos curtidas por la lucha, nos aguardaba tras su escritorio. Queríamos respuestas, ansiábamos comprender qué hilos invisibles detenían el telar de nuestro sueño.

Queríamos saber de una vez por todas por qué no habían iniciado las obras y, en caso necesario, recuperar nuestro dinero para buscar una nueva opción. Era doloroso pensar que nuestro sueño podría no cumplirse. El Sr. Galindo nos explicó que había un problema de escrituración del terreno. No podían darnos una fecha de inicio, lo que aumentaba nuestra desilusión. Nuestros planes y oraciones para nuestra nueva casa parecían haber fracasado.

Pero Dios tenía la última palabra. A veces, cuando parece que nuestros planes no son como esperábamos, es porque algo mejor está preparado para nosotros. El Sr. Galindo, consciente de nuestra situación, nos ofreció una tabla de salvación. "Hay una casa", dijo, "una joya oculta entre las demás. Los dueños no la venden, pero podríamos persuadirlos. ¿Quieren verla?". Aceptamos con curiosidad e incertidumbre.

Nos llevó a la Colonia Granjas, en la calle García Salinas. Al llegar, vimos que no era un fraccionamiento, sino una casa construida en medio de un barrio ya establecido. Al detenerse el auto frente a la casa, me llené de un sentimiento muy agradable, algo que no había sentido en el fraccionamiento frustrado.

Cuando el Sr. Galindo nos dijo: "¡Miren, esta es la casa!", me gustó mucho, No necesité cruzar el umbral para sentir su luz, como si los rayos del sol hubieran tejido su resplandor en cada pared de manera especial, como en los sueños que había tenido. Era la casa que siempre había anhelado.

Nos bajamos del auto y nos aventuramos adentro. El Sr. Galindo, como un guía de secretos, nos mostró los rincones de la vivienda. "Esta es la sala", dijo, y las paredes parecieron susurrar historias de risas y confidencias. "Esta es la cocina", continuó, y los aromas de futuras cenas danzaron en el aire. "¡Wow!", me decía para mí misma, mi entusiasmo crecía con cada paso, veníamos de vivir en una casa muy pequeña y esta me parecía tan grande y sus ventanas permitían la entrada de mucha luz que, era como si la casa misma me abrazara con sus espacios amplios y ventanas generosas.

Pero fue en el patio donde mi asombro alcanzó su cima. "¡Wow!", repetí, como si las palabras fueran mariposas alzando vuelo. El patio, vasto como un lienzo sin límites, se extendía casi al mismo tamaño que la construcción. Allí, bajo el cielo abierto, sentí que mis sueños habían encontrado su santuario. Estaba maravillada. Volteé a ver a Adrián y con los ojos le dije: "Sí, sí me gusta". Él, con su mirada emocionada, parecía estar diciendo lo mismo.

El precio de aquella casa se alzaba como un desafío. Más elevado que nuestra opción inicial, sus cifras danzaban en el aire como hojas doradas. La diferencia, aunque grande, valía cada centavo. Después de una conversación íntima y reflexiva, Adrián y yo decidimos que esta era la casa que queríamos. Con determinación, le hicimos saber al Sr. Galindo nuestro interés y le pedimos que iniciara los trámites para adquirirla mediante un crédito hipotecario del Banco Nacional de México.

El proceso avanzó con la fluidez de un río que encuentra su cauce, y finalmente, el veintiocho de agosto de 1993, en la notaría, nuestras firmas se entrelazaron con el destino. La casa de nuestros sueños dejó de ser una visión lejana y se convirtió en una realidad tangible. Podíamos, por fin, mudarnos a nuestro nuevo hogar, un lugar donde cada rincón prometía ser testigo de nuestras futuras alegrías y desafíos. Las paredes, como pergaminos en blanco, esperaban nuestras historias.

Construyendo nuestro hogar.

Adrián y yo nos sumergimos en la danza de la creación. Antes de mudarnos a nuestro nuevo hogar, él tomó unos días de vacaciones para realizar tareas pendientes de la casa, éramos como un par de alquimistas que preparan su laboratorio. Juntos, tejimos los hilos invisibles que conectarían nuestra vida con las paredes y los techos. Aseguramos contratos de energía eléctrica y agua, disponer de los servicios básicos necesarios serían las notas iniciales de una sinfonía que resonaría en cada rincón.

Luego, nos sumergimos en el arte de embellecer la casa: limpiamos los pisos y los baños, como si puliéramos gemas preciosas. Las paredes, antes desnudas, se vistieron con los colores de nuestros sueños. Colocamos madera en los zócalos limitando y embelleciendo las paredes, instalamos abanicos que, como alas de mariposas, refrescarían las habitaciones.

Contratamos a alguien para poner rejas en las ventanas y la puerta de servicio, como si tejieran un velo protector contra el mundo exterior. El patio, un lienzo en blanco, se convirtió en nuestro jardín secreto. Arrancamos la hierba que había crecido, como si despejáramos senderos hacia nuestras propias historias. Cada tarea realizada era un encanto, un paso más cerca de la magia para nuestra morada.

Una vez concluidos los trabajos, estábamos listos para mudarnos a nuestra tan anhelada casa. Había sido un gran esfuerzo, pero había valido la pena. Desde entonces, hasta el día de hoy, juntos, Adrián y yo, hemos colaborado en todos los cambios de nuestra vivienda. Cada mueble colocado, cada cuadro en la pared, era una nota en nuestra partitura compartida.

El día de la mudanza llegó como un capítulo final. Colocamos los muebles en sus respectivas habitaciones, como si encajáramos piezas de un rompecabezas ancestral. Colocamos los adornos sobre los muebles y colgamos la ropa en los armarios. Las paredes, ahora adornadas con cuadros, respiraban calidez y memoria. Los trastos de la cocina encontraron su lugar, como si los utensilios fueran cómplices de nuestros secretos culinarios. Y, por fin, habíamos terminado.

Podíamos ver con orgullo nuestra casa, con los muebles que habíamos elegido y comprado, algunos de ellos desde antes de nuestra boda, y decorada totalmente a nuestro gusto. La casa ya estaba lista, pero para convertirla en nuestro hogar, necesitábamos llenar las paredes y todas las habitaciones de amor. Ese amor que nos profesábamos como pareja y como padres de unos hijos maravillosos. Cada risa, cada abrazo, era un ladrillo invisible que fortalecía los cimientos.

Unas semanas después de mudarnos, la casa era un mundo por descubrir. Tres recámaras, como estrellas en nuestra constelación familiar. La cocina que prometía aromas y risas era el epicentro de nuestras recetas familiares. La sala comedor, donde compartiríamos historias y cenas, se llenaba de ecos y promesas.

Las ventanas de la sala, sabiamente orientadas hacia el oeste, nos regalarían atardeceres dorados, como si el sol nos guiara hacia la belleza. Imaginábamos un jardín en el frente, con un árbol grande que diera sombra en verano, un lugar donde los niños jugarían y los adultos se relajarían.

Pero lo que más me emocionaba era el patio. Inmenso y lleno de posibilidades, como un bosque encantado. ¿Por qué no construir una extensión?, ¿Por qué no darle vida con árboles frondosos? Al menos unos cuantos, para dar sombra y frescura.

Poco a poco todos esos planes se fueron convirtiendo en una maravillosa realidad. La casa, más que ladrillos y cemento, sería nuestro refugio, nuestro rincón de sueños cumplidos. La calidez de un hogar se forja en el amor mutuo de unos por otros, y podríamos decir con certeza que lo habíamos logrado.

Los días pasaban y se tejían con hilos de risas y travesuras, nuestros hijos crecieron como flores en un jardín compartido. Allí, en la casa que se alzaba como un refugio de sueños, Adrianita y Analí eran compañeras inseparables, como dos notas en una melodía secreta. Adriancito y Omar, como dos cometas en el cielo, compartían risas y aventuras que dejaban huellas en la tierra.

Cada tarde, cuando el sol se rendía ante la luna, yo esperaba a Adrián con historias en los ojos. Un día, Adrianita corrió por el pasillo, como un viento travieso, desparramando la basura que había recogido. Jesús, su sombra juguetona, la perseguía como un cómplice.

Le llamé la atención a Adrianita, como si las palabras fueran caricias y advertencias a la vez: "Estás pase y pase por aquí y me estás desparramando la basura, a la otra te voy a dar un coscorrón". Y luego, miré a Adriancito, su risa como un río en primavera, y le dije: "Y eso es para ti también". Él, como un rayo de sol, corrió hacia Adrianita y le dijo: "¡Ándale, Adrianita, que me des!". Al escucharlo, no pude evitar reír ante su ocurrencia, como si el mundo entero se uniera en complicidad.

Esos días, esa etapa de la vida, fueron maravillosos. Sus risas, como campanillas al viento, resonaban en cada rincón. Sus travesuras, como hojas danzantes, llenaban la casa de secretos y alegría: todo lo guardaba celosamente en mi memoria. Verlos crecer y acompañarlos en su niñez es un recuerdo que atesoro muy especialmente en mi corazón, me siento muy orgullosa de ello.

Nuestros hijos crecieron felizmente en esa casa, como raíces que se aferran a la tierra. Adriancito llegó con menos de dos años, su risa como un eco de estrellas. Adrianita, con casi cuatro, sus ojos como luceros curiosos. Disfrutábamos enormemente de estar juntos en una casa tan grande, como si el espacio mismo se expandiera para acoger nuestros sueños.

Con amor y alegría, comenzamos a arreglar el patio, plantando lilas que parecían sombrillas, enormes y florecientes en poco tiempo. Adrián, con sus manos dedicadas, construyó un columpio metálico para que los niños se elevaran hacia el cielo en risueñas piruetas.

Así mismo, en la parte posterior del patio, al centro de la barda, mandó hacer un asador dividido en tres partes: la central para el carbón y la parrilla de la tradicional carne asada, la izquierda como mesa para los ingredientes, y la derecha diseñada como hielera para mantener frías las bebidas. Esta última se convirtió en el lugar favorito de los niños, quienes en los días de verano descubrieron que la podían usar como mini alberca para refrescarse. El patio, como un escenario de posibilidades, se llenó de risas y aromas de carne asada.

En esa casa, hicimos realidad nuestros sueños, ya no solo como pareja, sino como padres de dos niños: una hermosísima Adrianita y un alegre y platicador Adriancito. Ellos iluminaban nuestro hogar, dándole vida a cada rincón.

Los problemas financieros.

Los días se desgarraban como hojas secas, el año 1994 dejó su huella en nuestra historia. A finales de ese año, como un presagio oscuro, ocurrió el conocido "error de diciembre", un lamento que resonaría en los corazones de millones. Los nuevos funcionarios, como titiriteros inadvertidos, desencadenaron una profunda devaluación del peso y un incremento en las tasas de interés bancarias. El país, como un barco a la deriva, se sumió en una crisis financiera que tardaría años en cicatrizar.

Los efectos, como un vendaval implacable, se abatieron sobre nosotros. A partir de enero de 1995, las mensualidades de la casa se alzaron como muros infranqueables, dificultando su pago. Mi esposo tenía un buen trabajo, pero, aun así, enfrentábamos la embestida de la incertidumbre.

La inflación, como un monstruo insaciable, devoraba los salarios, y los precios, como espinas afiladas, se alzaban casi a diario. Adrián, con su temple de acero, pudo evitar llegar a la encrucijada de elegir entre el techo que nos cobijaba o los servicios básicos, la alimentación y las necesidades del hogar.

En esos momentos, mis pensamientos se entrelazaban con los recuerdos de mis padres, como hilos de esperanza. Ellos también habían enfrentado juntos las tormentas y las vencieron. La única certeza que nos sostenía también era la de enfrentar juntos, Adrián y yo, todo lo que estuviera por venir. Éramos dos almas en un naufragio, aferrándonos a la promesa de un puerto seguro.

Y entonces, como un faro en la oscuridad, llegó un ofrecimiento que alivió un poco nuestra carga. El Sr. Navarro, mi exjefe en *CORTEC*, tenía una dificultad. La secretaria que me había reemplazado se había embarazado y necesitaba tomar su incapacidad por maternidad. Me ofrecieron mi antiguo trabajo, al menos por el tiempo de la maternidad y las vacaciones pendientes de la actual secretaria.

Acepté encantada. Trabajar en *CORTEC*, como un regreso a los pasillos familiares, era algo que seguía rondando en mi mente. El

ingreso extra, como un bálsamo para nuestras finanzas maltrechas, nos permitiría respirar un poco más aliviados.

Pero en abril de 1996, después de un corto tiempo trabajando, llegó la hora de dejar el trabajo nuevamente. Fue un golpe duro, como un puñetazo en el alma, pero lo soporté con la imagen de mis hijos felices de tenerme en casa. Aunque aún pesaba sobre nosotros la incertidumbre de perder la casa, seguía buscando soluciones para que eso no ocurriera. Nuestro hogar, como un castillo de naipes en medio de la tormenta, resistía, y yo, como una guardiana incansable, no cejaría en mi lucha.

La rutina se hace presente.

A pesar de las complicaciones económicas, mi vida transcurría con la serenidad habitual de una madre y ama de casa. Habían pasado poco más de cuatro años desde mi extraordinaria experiencia en el templo *El Redentor*, donde las estrellas parecían más cercanas y los suspiros se entrelazaban con los rezos.

Toda mi familia conocía ya mi vivencia, como un secreto compartido entre almas afines. Les había hecho saber que Jesús vive y los ama, como un faro en la noche de nuestras dudas. Pero el fuego, como una llama vacilante, parecía haberse apagado. La situación económica y el cuidado de mis hijos se habían convertido en mi prioridad, como si la vida misma nos exigiera un tributo de sacrificio.

Casi había abandonado mis compromisos religiosos, asistiendo a misa solo ocasionalmente y, muchas veces, sola, pues Adrián no quería acompañarme. La verdad es que Adrián creía en Dios, eso no estaba a discusión, sobre todo después de su accidente previo a nuestra boda, quedo convencido que Dios lo había librado de la muerte aquella noche.

Sin embargo, él no tuvo una herencia espiritual como la mía, no tenía una religión que hubiera abrazado en el pasado y no se había comprometido con ninguna por lo que ir o no ir a misa para él no era importante, como si su alma flotara en un limbo de incertidumbre.

Cerca de nuestra casa se alzaban dos templos. El más cercano era la *Parroquia de la Asunción de María*, donde en ese entonces se celebraba la misa en el rito Maronita. Un poco más lejos, se encontraba la *Parroquia de San Antonio de Padua*, a la que siempre asistía porque comprendíamos mejor la liturgia.

Recuerdo que, en dos o tres ocasiones, desde la Asunción de María, vinieron a tocar las puertas de mi casa para invitarnos a evangelizarnos, a pertenecer a la iglesia que nos correspondía. Yo les respondía que no podía, que no tenía tiempo para eso. Sentía que era muy joven para comprometerme de forma permanente con algo de la iglesia. Pero en mi corazón, como un eco lejano, resonaba la promesa de un regreso, como si las puertas no estuvieran cerradas, sino entreabiertas hacia un misterio que aún no había desvelado.

Mientras tanto, la rutina se apoderaba de mi vida, cada amanecer, como un eco del anterior, me encontraba en el umbral de las responsabilidades. Me levantaba, como un mago de la cotidianidad, y preparaba el desayuno para todos. Despedía a mi esposo, su figura se perdía en la bruma de la mañana, mientras el mundo despertaba a su alrededor.

Luego, como un ritual familiar, alistaba a los niños para la escuela. Sus risas, cual campanillas en el aire, llenaban la casa antes de que partieran hacia su destino. Los llevaba caminando hasta su puerta, como si los acompañara en un viaje secreto hacia el conocimiento.

Al regresar a casa, al igual que una tejedora de instantes, recogía las recámaras, la sala, lavaba los trastos y ordenaba la cocina. La casa, era un refugio de susurros, que se alzaban en torno a mí. Lavaba un poco de ropa, sabiendo que cada prenda guardaba

historias invisibles. Regaba el jardín, como si las flores fueran confidencias que solo yo entendía.

Apenas tenía tiempo para ir a recoger a los niños. El reloj, cual testigo silente, marcaba los compases de mi día. Llegábamos de la escuela, y yo, como una guardiana de alegrías, preparaba la comida. Adrián, se asemejaba a un cometa en su órbita, llegaba justo a tiempo para compartir por un momento la comida y las palabras con nosotros antes de regresar al trabajo.

Yo me quedaba con los niños, pendiente de sus tareas, y luego salíamos al patio, como exploradores de un mundo secreto. Procuraba que sus amiguitos los acompañaran, deseando que las manos invisibles de la amistad los unieran en un juego eterno. Más tarde, Adrián llegaba; a veces se unía a nosotros, cual cómplice de la infancia, otras veces se enfrascaba en la televisión, ignorando lo que hacíamos.

Al anochecer, preparaba la cena, o en ocasiones salíamos en familia a cenar unos hot dogs o hamburguesas. Finalmente, regresábamos a casa como náufragos en busca de refugio. Nos preparábamos para dormir, esperando que el sueño fuera un bálsamo para el alma cansada. Acostaba a los niños y, ya dormidos, agotada, me iba a mi cama a recuperar fuerzas para el siguiente día.

Solo los fines de semana ocasionalmente encontrábamos alguna reunión familiar o salíamos a llevar a los niños a algunos juegos en Plaza del Sol, Plaza Galerías o algún establecimiento donde pudiéramos comer y que los niños jugaran.

Aunque la rutina parecía extenuante, el saber que estaba forjando el futuro de mis hijos hacía que todo pareciera que valía la pena, me alegraba y me hacía sentir orgullosa de que pudiera contribuir de ese modo en su formación.

El sueño de la angustia.

Así transcurrían mis días y mis noches, en una rutina que se deslizaba suavemente hasta que una noche se tornó diferente a todas. Los niños dormían plácidamente y yo, agotada por las labores del día, me dejé caer en la cama, sumida en un sueño profundo casi de inmediato. Cerca del amanecer, un sueño peculiar me envolvió.

Era un sueño sin colores, como si estuviera atrapada en una película en blanco y negro o en sepia. Vi a muchos hombres, todos acostados en el suelo, ninguno de pie o sentado. Por alguna razón inexplicable, debía pasar entre ellos, abriéndome camino.

La visión de esos hombres en tal estado me llenaba de inquietud. Mientras avanzaba, ellos me miraban y levantaban sus manos en un gesto mudo de súplica. No había voces, solo gestos que clamaban por ayuda. Me preguntaba, sin hallar respuesta: "¿Cómo puedo ayudarlos? ¿Qué puedo hacer por ellos?"

Sus rostros reflejaban un sufrimiento y una angustia profundos, como si llevaran consigo el peso de un mundo quebrantado. Pero yo me sentía impotente, atrapada en un laberinto de impiedad. En un instante, mi mirada se elevó y vi un edificio enorme a sus espaldas. Pensé que era un hospital, aunque no distinguía ventanas ni puertas. Me pregunté: "¿Por qué no se dirigen al edificio? ¿Por qué no buscan ayuda allí?" Sentía que no tenía manera de socorrerlos.

Regresé sobre mis pasos, impactada al ver que los hombres seguían allí, pero ya no levantaban las manos. Parecían muertos, aunque no podía distinguir su condición cabalmente, solo sabía que ya no había movimiento en ellos, lo que me llenaba de una tristeza profunda. Pensaba que tal vez podría haber hecho algo por ellos y no lo hice. Seguía caminando, viendo sus rostros con los ojos cerrados, como si sus almas hubieran abandonado sus cuerpos en busca de un refugio inalcanzable.

De pronto alcance a ver que uno de ellos tenía los ojos abiertos. Su mirada se cruzó con la mía, y vi lágrimas a punto de caer,

reflejando un dolor y sufrimiento inmensos. También había en su mirada un reproche silencioso por lo que no hice. Esa mirada me dejó sobrecogida, transmitiéndome un dolor profundo, sin necesidad de palabras. Al final, solo pude derramar lágrimas de dolor, impotente ante la tragedia que se desplegaba ante mí.

Desperté al alba, con el corazón oprimido por tanto dolor. Más que un sueño, parecía una pesadilla incomprensible. No había temor sino tristeza y angustia en ella, como si hubiera tocado los límites de la compasión humana y encontrado mi propia impotencia. No se lo comenté a Adrián, pensando que, como cualquier otra pesadilla, pronto la olvidaría.

Los efectos del sueño.

Sin embargo, ese sueño me dejó inquieta, esa mirada, la del hombre con los ojos abiertos, seguía grabada en mi mente como una herida que nunca sanaría, poco a poco me fue robando la tranquilidad, como si me la hubiera arrebatado paulatinamente hasta que mi corazón se quedó angustiado, con tristeza y dolor. Aún no sabía que eso que me pasaba había sido por aquella visión onírica que había tenido.

A los pocos días mi corazón seguía en un estado de zozobra. Hasta entonces pude darme cuenta de que todo comenzó a raíz de ese día al despertar. El sueño termino aquella mañana, pero los sentimientos que experimenté vívidamente en él se convirtieron en una realidad palpable al despertar. Me habían dejado una marca indeleble en el corazón.

Entonces me preguntaba: "¿Qué habrá querido decir ese sueño?", "¿Tendrá algo de especial?". A lo que me respondía: "A lo mejor no, solo fue un sueño, nada más eso", el sueño obstinadamente era lo único que ocupaba mis pensamientos. Continuaba reflexionando: "¿Habrá algún significado que Dios quiere decirme?".

Pensando en la persona que clavó su mirada en mí me preguntaba: "¿Me habrán pedido ayuda y no la di?, a lo mejor esa era la razón y por eso tengo esa pesadilla". Eso era lo que pensaba continuamente, y cada vez me sumía en una tristeza más profunda.

Los días pasaron y pensaba que Malena, mi hermana, podría ayudarme. En aquel tiempo, ya tenía hijos casados y era abuela de varios nietos. Desde muy joven, había decidido ponerse al servicio de Dios. A través del catecismo católico, formó a todos sus hijos y a algunas de nosotras para la primera comunión.

Había sido ministra de la palabra y participaba en algunos grupos para rezar el rosario y hacer oración. Siempre había sido una verdadera servidora de Dios, animosa, entregada y comprometida.

Me animé a romper el silencio. No lo dudé entonces y me decidí a hablarle. Mi voz, un eco tembloroso, se alzó hacia ella como un río que busca su cauce.

—Me siento muy mal —le confesé, y a través de su voz en el teléfono encontré un abismo de interrogantes.

—¿Por qué? —me preguntó.

Le platiqué detenidamente el sueño que había tenido y porqué se había convertido en una pesadilla para mí.

—Debes rezar mucho —sus palabras flotaron en el aire, como hojas doradas en un otoño eterno.

—Asistir a misa y a la eucaristía, confesarte y encomendarte mucho a Dios —fue su consejo final.

Procuré hacer lo que me había aconsejado, sin embargo, no dio resultado. Los días seguían pasando, hacía casi un mes del sueño aquel que me arrebató la calma. El dolor y la tristeza seguían presentes, es como si hubiera caído en un estado de profunda depresión. Me sentía confundida porque no sabía de dónde venía

esa oscuridad que me envolvía, que me afectaba físicamente en forma de depresión.

Una visita milagrosa.

Mi condición seguía igual o peor que antes, un día Malena con su voz de fuego y su corazón de oración, me llamó para decirme que iría a la casa a hacer oración por mi salud, también me dijo que la acompañaría Rosy.

Me agradó mucho la idea de que fueran juntas. Rosy era más que una amiga para Malena; era como otra hermana para ella. Siempre habían estado juntas en muchas cosas, especialmente en las cuestiones espirituales. Fue Dios quien las unió, y así siguen, inseparables.

Rosy, de piel bronceada como el sol al atardecer, tenía ojos pequeños pero una mirada profunda y transparente como el mar. Su rostro más bien afilado. Su estatura física mediana, contrastaba con su inmensa altura espiritual. Mantenía una relación personal muy fuerte con Dios y había dedicado su vida al servicio de los demás.

Dios le otorgó dones que fueron confirmados por el Padre Antonio Ramírez, conocido como Padre Toño, y ella los había puesto al servicio de Dios y de sus hermanos, actuando como instrumento y mensajera divina, era una persona con una paz espiritual inigualable a quien aún quiero y admiro profundamente.

En la penumbra de aquel día, cuando las sombras se alargaban como suspiros en el viento, Malena y Rosy tocaron a la puerta. Adrián, con su mirada de bienvenida, les abrió el acceso, y ellas entraron, como aves que cruzan el umbral de lo inesperado.

Pero mi sorpresa fue mayor cuando vi que venían acompañadas de mi sobrino Pablo Fernando. La Madre Teresa de Calcuta, en su

sabiduría, había dicho: «No te preocupes si tus hijos no te hacen caso; ellos van a terminar haciendo lo que te ven que haces». Seguramente, también habría pronunciado esas palabras pensando en Pablo y Malena, quienes eran un vivo ejemplo de esa verdad.

Pablo, siempre a la sombra de su madre, había presenciado de cerca las maravillas de Dios y la importancia de ser su instrumento cuando la vida lo requería. Era un joven muy entregado y su servicio era alabar a Dios con su hermoso canto. Su voz, un don divino, resonaba en los coros de la iglesia, alabando al Creador con cada nota. Aprendió de Dios observando a su madre, como si las estrellas le hubieran susurrado secretos en la noche.

Cuando entraron, los vi desde la sala. Yo, recostada en el sillón, me sentía muy débil físicamente, como un trapo desgastado por el tiempo y la tristeza. Rosy se sentó a mi lado y comenzó a hablar sobre otras cosas para romper un poco el hielo, después comenzó el interrogatorio, como una detective de lo espiritual. Necesitaba saber de algún modo cómo podría ayudarme.

—Oye hija, platícame, ¿porque estás así? —me preguntaba con preocupación.

—Tuve un sueño y paso esto... —le respondía como un susurro. Y cuando platicaba nuevamente mi sueño me causaba tanto llanto que dure unos minutos de nuevo para recomponerme.

—Oye hija, habrá alguien que te pidió ayuda y tú no se la diste —me preguntaba.

—¿O será que hayas tenido un problema con alguien? —continuaba con su interrogatorio. Quería descubrir cual era la fuente del sueño y porqué causaba tanto efecto en mí.

—Sí lo he pensado, y he buscado en mis recuerdos para ver si encuentro a alguien a quien pudiera haber afectado o dejado de ayudar, pero no lo encuentro —le respondí a Rosy.

Así, en ese diálogo de almas, compartimos nuestras inquietudes y miedos. Luego Rosy, Malena y Pablo hicieron una profunda oración, Rosy y Malena me impusieron las manos y el mensaje llegó como un suspiro del Espíritu a través de Rosy: "Todo estará bien, todo será revelado en su momento" Cuando la oración terminó, me sentí mejor, como si un gran peso me hubiese sido quitado de encima, aunque ya creía en los dones del Espíritu Santo, una vez más confirmaba que existen, que son reales y que son efectivos para dar paz y ánimo a nuestros corazones.

Tengo la certeza de que, a través de Rosy y Malena, Dios me regresó la paz que tanto ansiaba. Me sentí tranquila y fui recuperando mi estabilidad emocional. No fue de inmediato como si fuera algo mágico, sino poco a poco. Por ello, yo estoy segura de que fue a través de ellas, de su imposición de manos, que comencé a sentir esa paz tan anhelada.

Una nueva invitación rechazada.

Cuando concluyó la oración, la mirada de Rosy se posó sobre mí, rebosante de ternura. Su voz de madre, suave como el susurro del viento me alcanzó:

—Oye hija, ¿están evangelizados? —preguntó.

Mi respuesta, tímida y cargada de vergüenza, escapó de mis labios:

—No, aún no lo estamos —confesé.

—Es crucial que lo hagan. Imagina la belleza de congregarnos en la iglesia, de ser parte de la comunidad —Insistió Rosy, con cariño y paciencia.

—Va a haber una evangelización en *Fátima*, allá en Robinson. Son muy bonitas —continuó diciendo.

Me hablaba de lo que encontraríamos en la evangelización y al congregarnos, sus palabras fluyeron como un río de esperanza y sus ojos brillaban al describirlo, intentando convencerme para que asistiera.

A pesar de todo lo vivido en esos días, mi resistencia persistía. Las responsabilidades con los niños, como cadenas invisibles, me ataban. Rosy, sin embargo, no cedió. No hubo reproches, solo una sonrisa comprensiva.

—¿Por qué no puedes? —insistió, su voz como un suspiro de hojas en otoño.

—Es que no puedo porque siempre estoy ocupada con los niños —le decía a Rosy, justificándome con las mismas excusas que había usado otras veces cuando me invitaban a la Asunción de María.

Rosy no insistió más y se despidieron, no sin antes haber dejado un nuevo ambiente en nuestra casa. La depresión había pasado y me sentía más viva que nunca.

La lucha por nuestro hogar.

En los meses que siguieron, nuestra economía se convirtió en un complicado laberinto de números y preocupaciones. Los gastos, como sombras alargadas, se multiplicaron con la implacable inflación. Adrianita, con su mochila llena de sueños, estaba a punto de cruzar el umbral de la escuela primaria, mientras que Adriancito, con sus ojos curiosos, se preparaba para dar sus primeros pasos en el kínder. Estos nuevos gastos se sumaban a nuestro ya reducido presupuesto, como piedras en una balanza desequilibrada.

Pero el golpe más devastador para mi ánimo no vino de los números fríos o las facturas acumuladas. Fue la voz de Adrián,

grave y cargada de resignación, la que resonó en nuestra pequeña casa:

—Debemos dejar de pagar la casa —sentenció, como si pronunciara un veredicto irrevocable.

Sus palabras cayeron sobre mí como lápidas, aplastando mis sueños.

—Es necesario hacernos a la idea de que la vamos a perder, no podemos seguir pagándola —Sentenció finalmente.

No podía resignarme a perder esa casa donde habíamos comenzado a construir nuestro propio hogar, donde había pasado tantos momentos felices con Adrián y los niños, había tantos recuerdos en ella que renunciar no tenía cabida en mi pensamiento.

Derramé muchas lágrimas silenciosas, como gotas de rocío en la madrugada. Mi espíritu, terco como un roble, se negaba a rendirse. Debía luchar, no importaba cuán empinada fuera la cuesta. La casa no era solo ladrillos y tejas; era nuestro hogar, el nido donde habíamos anidado nuestros sueños.

Decidida a encontrar una solución, me aventuré por caminos inexplorados. Vendí ropa a plazos, trayéndola desde El Paso, Texas, y luego desde Guadalajara. Experimenté con productos de *Mary Kay* y otras empresas, buscando un respiro financiero. Pero, aunque el dinero entraba y estaba bien, no era suficiente, solo era como un arroyo intermitente en un desierto sediento.

Entonces, como un faro en la tormenta, vislumbré una posibilidad. Un crédito de *INFONAVIT* podría ser la tabla de salvación. Pero había un obstáculo: la solicitud que ingresó Adrián desde que nos casamos, había sido rechazada debido a su ingreso, demasiado alto para los estándares del instituto. La esperanza reposaba en mis manos. Debía cotizar en *INFONAVIT* durante al menos un año para abrir esa puerta, para mantener nuestra casa en pie, como un faro que guía a los navegantes en la oscuridad.

Entonces, como un hilo de luz que se despliega desde lo alto, la Providencia Divina se hizo presente una vez más. En *CORTEC* necesitaban una secretaria, las puertas se abrieron con un susurro, y me ofrecieron nuevamente cubrir el puesto. Acepté sin titubear. Otra vez, la formalidad de un trabajo se extendía ante mí, como un sendero de posibilidades dentro de un ambiente que me resultaba agradable.

Pero, quizás, lo que más entusiasmaba a mi corazón era poder convivir y socializar con muchos compañeros. Las relaciones con las personas siempre me habían gustado, era una habilidad heredada por mis padres y confirmada en mi diario convivir con todas mis hermanas, cualquier actividad o trabajo donde pudiera poner en práctica esa habilidad, me hacía inmensamente feliz.

Y había más. Los beneficios se alzaban como estrellas en el firmamento: un salario más generoso, como un manantial que saciaba la sed, y la posibilidad de aspirar a un crédito que, como un faro en la tormenta, podría dar solución definitiva al riesgo de perder nuestra casa.

Dios se manifestaba nuevamente en las oportunidades que me daba para seguir adelante, aunque en lo profundo de mi corazón sabía que no había sido totalmente abierta a lo que Él quería de mí. Había rechazado varias veces la oportunidad de evangelizarme y congregarme para dedicarle más tiempo a estar con Él, actué con ingratitud ante tanto amor que me había manifestado todos los días de mi vida.

Me sentí arrepentida, pero esta vez quería actuar y no dejarme intimidar por mis temores y comodidades que me impedían entregarme enteramente a Él. Nació en mí un deseo ardiente, como una llama que consume la oscuridad: mostrarle a Dios que, a partir de ese momento, Él ocuparía el primer lugar en mi vida. No mañana, no después, sino ahora. Y así, con la urgencia de un corazón que despierta, supe que debía actuar, lo más pronto que pudiera.

Nuestra evangelización.

Unas semanas más tarde, como si Rosy estuviera sincronizada con mis secretas intenciones, me llamó por teléfono para invitarme a la evangelización para matrimonios que se avecinaba. Sentí que no había más que hacer; la necesidad de evangelizarnos era imperiosa, y no era momento de posponerlo. Lo había prometido en gratitud a Dios, sabiendo que no había mejor destino al cual podría ir que a su lado.

Le confié a Adrián mi deseo de que asistiéramos. Sería una semana completa, de siete a nueve de la noche. Adrián titubeó unos instantes, no quería comprometerse con la iglesia de algún modo, pero sorpresivamente, al final accedió a acompañarme. Fuimos Adrián y yo solos, dejando a nuestros hijos al cuidado amoroso de mi madre para concentrarnos en los temas que nos aguardaban.

Llegamos con puntualidad inglesa al *Templo de Fátima*, que nos acogió con su sencillez majestuosa. A nuestro alrededor, un parque pintoresco se extendía con sus banquetas de cemento, bancas de hierro y madera a ambos lados. Los árboles majestuosos, como antiguos guardianes, ofrecían generosa sombra. En una sección, los juegos para niños; en otra, una canasta de basquetbol que también servía para futbolito o voleibol. Pero lo más llamativo era el quiosco en el centro del parque, un faro de encuentro para todos.

Dentro del templo, la sencillez reinaba. Las paredes altas, pintadas de blanco, dos hileras de bancas recorrían el espacio desde el altar hasta la salida. Nos sentamos en las bancas, como peregrinos en busca de respuestas, mientras el coro entonaba alabanzas que ascendían como incienso al cielo.

El Kerigma, como un río de palabras sagradas, fluyó hacia nosotros. El primer día escuchamos absortos y maravillados sobre el amor de Dios. Él es nuestro Padre, de cada uno de nosotros, y nos ama como a hijos únicos y predilectos, no por nuestros méritos, sino solo por ser una obra de sus dedos.

Después del tema, nos asignaron unos números y, por una combinación aleatoria, formamos un grupo de matrimonios coordinados por Hugo y Blanca, un matrimonio anfitrión. Nos convocaron a participar, preguntándonos sobre nuestras opiniones acerca del tema, y después de compartir lo que habíamos comprendido, regresamos a nuestros lugares para terminar el día con grandes alabanzas, acompañados por un hermoso coro formado por matrimonios de la comunidad.

Dos cantos se grabaron en mi memoria como estrellas en el firmamento de aquel encuentro. "Hazme un instrumento de tu paz", un himno que abría las puertas del alma al inicio de cada jornada. Y "Gloria" de Martín Valverde, que resonaba en la parte más fuerte de la oración.

Así transcurrieron todos los días. Nos gustó mucho la experiencia de toda la semana de evangelización. Cuando llegó el último día, después de terminar los temas, todos nos mostrábamos muy felices y contentos.

Petra, a quien cariñosamente llamábamos *Petris*, tenía el don de dirigir a todas esas pequeñas comunidades con sabiduría y autoridad, siempre estaba dispuesta a dar más para evangelizar, nos predicaba con el ejemplo la manera de pastorear a los matrimonios. *Marcolo*, su esposo, siempre a su lado, sostenía la antorcha de la fidelidad y el compromiso. Juntos, coordinaban el movimiento esparciendo semillas de amor y comprensión. Dios los bendijo para que a su vez también fueran una bendición para todos los matrimonios.

Petris y *Marcolo*, junto con Rosy y otros matrimonios participantes, nos invitaron a unirnos al movimiento llamado *Revisión de Vida Matrimonial*. Nos dijeron que quienes quisieran integrarse pasaran al altar. Muchos aceptaron de inmediato y acudieron con entusiasmo.

Me puse de pie, llena de entusiasmo, pero el tirón suave de Adrián me detuvo. Me indicó que me sentara. Me senté, pero me sentí triste y le dije: "¿Por qué? Si yo sí quiero". Adrián me contestó: "Este templo está muy lejos. Si lo que quieres es congregarte,

hagámoslo en *San Antonio"*. Entendía que vivíamos muy lejos y sería complicado venir hasta aquí, pero a mí no me importaba.

Sentía muy fuerte la negatividad de Adrián, tal vez por su nula herencia católica, no sentía un compromiso de congregarse. No tuve más remedio que sentarme de nuevo, aunque con un semblante de tristeza en mi rostro. Lo vi quedarse callado y pensativo.

Tomó la iniciativa de preguntar a una pareja que había coordinado otro grupo, tenía dudas del inconveniente que representa la lejanía de nuestra casa en la colonia Granjas. Cuál fue nuestra sorpresa cuando ellos rieron con cierta complicidad, nos dijeron que vivían más allá del Saucito, y, sin embargo, allí estaban también. Fue como una señal divina que derribó todas las dudas de Adrián, y los dos, con mucha alegría, nos dirigimos al altar para integrarnos a una pequeña comunidad.

La presencia divina en todo.

Dios me estaba llamando, al principio, no lo comprendí. Me resistí, como un niño que teme perderse en la vastedad de lo divino. Evité los compromisos que me llevaran a él, como si su cercanía no fuera necesaria. Pero Dios, como un Padre amoroso, insistió. Los susurros se convirtieron en suspiros, y los acontecimientos se entrelazaron en un camino dorado que me llevaba hacia su protección. No era una imposición, sino una invitación. Así, finalmente, atendí su llamado.

Dios está en todas partes, sus designios son misteriosos, como las constelaciones que trazan mapas en el cielo. «También sabemos que Dios dispone todas las cosas para bien de los que lo aman" dice la Biblia Latinoamericana en Romanos 8, 28. Y así, dejamos atrás nuestras ilusiones terrenales, como la casa cerca de la calle Juan Escutia. No nos aferramos a lo que queríamos, sino

nos dejamos llevar por su voluntad. Y la casa en la que nos quedamos fue más hermosa de lo que habíamos imaginado.

En un sueño, Él me reveló una misión que desconocía en ese momento. Un mandato sagrado, no sujeto a mis deseos o temores. Transmitió dolor e inquietud a través de ese sueño, para no olvidar la misión. Pero no me abandonó en la oscuridad. A través de Rosy, los dones se manifestaron, y mi corazón sanó, sin embargo, aquella mirada de auxilio quedó grabada en mi alma, como un faro en la tormenta.

La evangelización se convirtió en el primer paso en mi preparación. Como un peregrino en busca de respuestas, tenía que aprender a tener un trato con él. Una amistad que crecería despacio, pero con constancia, para comenzar a descubrir realmente quién es él. El segundo paso lo daría a través de esa pequeña comunidad que formaríamos.

9

Revisión de Vida Matrimonial y un milagro incomprensible.

La fe es como aferrarse a lo que se espera, es la certeza de cosas que no se pueden ver.

Por la fe creemos que las etapas de la creación fueron dispuestas por la palabra de Dios y entendemos que el mundo visible tiene su origen en lo que no se palpa.

Hebreos 11, 1.3
(Biblia Latinoamericana, 2005)

La comunidad de Revisión de Vida Matrimonial.

Al concluir la sagrada misión de la evangelización, un cambio profundo se manifestó en mi ser. Sentí que la presencia divina, como un rio de luz, había inundado mi corazón una vez más, apoderándose de Él y extinguiendo todas las sombras de tristeza e inquietud. Me devolvió esa paz tan anhelada, junto con la alegría y el entusiasmo por emprender seriamente el sendero divino.

Ahora, ese camino lo recorrería en una nueva etapa de mi vida, como esposa de un hombre fiel y amoroso que me respaldaba, y madre de dos hijos de inigualable belleza, esa madurez recién descubierta me ayudaría a profundizar mi relación con el Creador. Tenía la fe inquebrantable y la confianza absoluta en Dios para encomendarle a mi esposo, mis hijos y todas mis preocupaciones, así como nuestras decisiones, proyectos y anhelos, sabiendo que para Él todo es posible.

Comenzamos a congregarnos en la pequeña comunidad de *Revisión de Vida Matrimonial* todos los martes, de ocho a diez de la noche, para convivir con otros matrimonios. *Revisión de Vida*, como así le llamábamos, es un movimiento católico que busca fortalecer los lazos matrimoniales y espirituales de las parejas. A través de encuentros, reflexiones y diálogos, compartimos las experiencias, crecemos juntos en la fe y aprendemos a integrar los valores cristianos en la vida cotidiana. Es un espacio donde se fomenta la comunicación, el perdón y el compromiso.

La comunidad estaba integrada por Lupita y Raúl, Jesús y Delia, Arturo y Vero, y nosotros. Lupita, una mujer de sonrisa cálida y espíritu generoso, siempre tenía una palabra de aliento. Raúl, su esposo, era un hombre de pocas palabras, pero de gran sabiduría. Jesús y Delia, una pareja joven y entusiasta, aportaban frescura y dinamismo a las reuniones. Arturo y Vero, con su amor maduro y sereno, eran un ejemplo de estabilidad y devoción.

La comunidad era dirigida por un matrimonio, Hugo y Blanca, ellos eran nuestros pastores y nosotros sus ovejas. Hugo, con su voz profunda y serena, y Blanca, con su dulzura y paciencia, eran guías espirituales excepcionales. Las reuniones se realizaban en la

casa de cada uno de nosotros alternadamente; a veces éramos visitantes, otras veces anfitriones.

Mi primer encuentro con la Biblia.

En *Revisión de Vida* aprendí por primera vez a leer la Biblia. Aquella experiencia se alzó ante mí como un prodigio, un manantial de sabiduría inagotable. Recuerdo con gran nitidez aquella velada en la casa de Lupita y Raúl, fue una de las primeras reuniones. Todos los matrimonios estábamos reunidos, el aire vibraba con expectación, y después de las primeras oraciones y alabanzas al Padre, a Jesús y al Espíritu Santo, llegó el turno de leer la palabra.

Entonces, Hugo y Blanca nos dieron la cita bíblica correspondiente al tema del día y agregaron: "Vamos a leer este pasaje de la biblia. Dios nos hablará a través de la palabra, a cada uno de manera personal". En silencio reverente, cada uno de nosotros se sumergió en la lectura del texto sagrado, meditando en su mensaje celestial por unos instantes eternos.

Una vez concluida la reflexión, nos dijeron: "Ahora vamos a compartir qué fue lo que vieron en esa cita, qué entendieron, qué les ha dicho Dios". Empezamos a compartir, y me quedé asombrada porque a cada uno nos había dicho cosas diferentes.

Por ejemplo, Lupita comenzó a decir lo que había reflexionado y concluyó: "Con ello me está diciendo que debo portarme bien y acudir más seguido a misa". Luego participó otra persona y, del mismo modo, comenzó con lo que había reflexionado y concluía: "Yo entiendo que debo acudir más a los sacramentos". Y luego otro compartía: "A mí me está diciendo que no puedo hacer nada si no es con Él".

Yo me quedé fascinada porque pensaba en cada intervención de los demás: "¿Cómo? Si yo no vi nada de eso", o "¿Cómo le dice eso a ellos y a mí me dice algo tan distinto?". Estaba maravillada de ver toda la riqueza espiritual que tenía una cita bíblica y lo importante que era comentarlo con los demás para compartir esa riqueza unos con otros.

Cada versículo decía algo tan diferente a cada uno que no cabía duda de que Dios había hablado a cada uno en forma personal a través de la palabra. Esa fue mi primera experiencia con la lectura de la Biblia, y ¡me encantó!

Me pareció un mundo maravilloso del que me había privado. Durante mucho tiempo tuve el temor infundado de que comprometerse con Dios a temprana edad me quitaría parcelas de tiempo y libertad que yo quería para mí misma, sin embargo, una vez que descubrí que Dios es todo en mí, lamenté mucho no haberme congregado antes.

Luego de la lectura de la palabra, nos sumergíamos en temas para fortalecer los matrimonios cristianos, reflexionando profundamente. Las primeras reuniones estaban encaminadas a descubrirnos a nosotros mismos, a desentrañar las situaciones del pasado que moldeaban nuestro ser, para comprendernos mejor.

Al finalizar la reunión, elevábamos una oración comunitaria, cada voz se unía en un coro de súplicas a Dios, concluyendo con alabanzas que resonaban en nuestros corazones. Esta rutina nos empujaba a crecer como personas y como matrimonios, pero, sobre todo, a florecer espiritualmente.

Retiro a la naturaleza.

Había pasado cerca de un año, y fielmente nos habíamos congregado cada ocho días. Se acercaba la siguiente evangelización de la parroquia y teníamos una misión. Hugo y Blanca nos convocaron a Adrián y a mí, junto con algunos matrimonios de otras comunidades. *Petris* y *Marcolo*, los coordinadores, nos llevarían a un lugar alejado de la ciudad, donde en medio de la naturaleza, viviríamos un encuentro con Dios.

Con cuaderno y Biblia en mano, subimos al autobús que nos llevaría al destino elegido. En el camino, Mario, un hombre de espíritu alegre y siempre con una sonrisa, comenzó a tocar la guitarra y a cantar "Hazme un Instrumento de tu Paz". Ese canto, tan hermoso, me llegaba al corazón y disfrutaba cada nota.

Todo el trayecto estuvo lleno de alabanzas y cantos de reflexión. Al llegar, descendimos del autobús y pude contemplar las tierras de labranza que nos rodeaban. El verde de las plantas y los árboles contrastaba con el color arenoso del sendero, creando un espectáculo visual impresionante.

El llamado divino.

Marcolo, un hombre de voz firme y mirada serena nos alzó su voz: "Ahora que hemos llegado", dijo, "tomen sus cuadernos y sus Biblias, y escojan un lugar donde puedan sentirse cómodos. Cada uno debe estar separado de los demás, para que puedan escuchar a Dios sin interrupciones de ningún tipo".

Luego, *Petris*, la mujer de gran sabiduría y dulzura continuó la instrucción con una voz suave como el susurro del viento entre los árboles: "Una vez elegido el lugar", nos dijo, "hagan una invocación al Espíritu Santo. Abran sus Biblias y vean lo que el Señor les dice. Si aparece un nombre en la cita, sustitúyanlo por su propio nombre, porque Dios les habla a ustedes directamente en ese texto". Nos instaron a reflexionar sobre el texto y a comparar lo que veíamos a nuestro alrededor con lo que Dios nos estaba diciendo.

"Vayan pues, en este momento, y nos reuniremos más tarde cuando les demos el aviso de regresar", concluyó *Marcolo*. Así, iniciamos nuestro día con el Señor, cada uno en su rincón elegido, en comunión con la naturaleza y la palabra divina.

Seguí las instrucciones que nos habían dado y me quedé en un lugar donde una línea invisible dividía dos mundos. De un lado, las tierras de un verde vibrante, y del otro, la tierra seca y árida.

Pensaba: "¡Ay!, cómo es posible que en el mismo lugar exista un contraste tan grande". Persistía en mis pensamientos: "¿Cómo de aquí para allá es verde?, ¿y cómo este lado está seco?". Este contraste me hizo sentir una mezcla de asombro y tristeza, como si la tierra seca reflejara las partes en la vida que necesitaban la lluvia de la gracia divina.

Comencé a hacer lo que se nos había pedido. Invoqué al Espíritu Santo, hice unas oraciones en mi interior y abrí mi Biblia. Me encontré con la cita de Juan 21, 15-19: "Pedro, ¿me amas más que estos? ... apacienta a mis corderos". Entonces según la instrucción de *Petris*, cambié el nombre de Pedro por el mío y lo volví a leer: "Rosy, ¿me amas más que estos?... apacienta a mis corderos".

La cita cambió totalmente su significado, ya no le hablaba a un lejano Pedro como antes lo había leído, ahora era a mí a quien Jesús le preguntaba directamente. Entonces respondí con convicción: "Pues sí, sí te amo", creyendo que me decía eso porque veía mis dudas. Sentí una mezcla de amor y temor, como si cada palabra de Jesús penetrara en lo más profundo de mi ser, desnudando mis inseguridades.

Jesús me volvió a preguntar: "Rosy, ¿me amas? ... pastorea mis ovejas". Pensaba: "¡Ay!, ¿me estará pidiendo algo?", "¿Por qué me pregunta otra vez?". Respondí nuevamente: "Sí". Por tercera vez, Jesús preguntó: "Rosy, ¿me amas? ... apacienta mis ovejas". En ese momento, sentí que algo importante quería de mí y volví a decir que sí. Mi corazón latía con fuerza, lleno de una mezcla de responsabilidad y humildad, como si estuviera al borde de un descubrimiento trascendental.

Aunque en ese momento no tenía mucho discernimiento y no sabía a ciencia cierta lo que Dios quería de mí a través de esa cita, recuerdo que cuando volvimos a reunirnos, *Petris* nos preguntó cómo nos había ido y qué cita nos había dado a cada quien. Cuando me tocó el turno de compartir, les comenté lo vivido y reflexionado. Mis compañeros, alegres y admirados por mis palabras, dijeron a viva voz: "Mira que te está llamando a servir, y no lo está pidiendo *Petris*, te lo está pidiendo el Señor del cielo".

Sus palabras resonaron en mi corazón, llenándome de una mezcla de alegría y temor reverencial. Sentí una calidez que me envolvía, como si una luz divina iluminara mi camino. La certeza de que Dios me estaba llamando a servir me llenó de una paz profunda, pero también de una responsabilidad que me hacía temblar. Era un llamado a dejar atrás mis dudas y a confiar plenamente en el plan divino, a abrazar con valentía el propósito que Dios tenía para mí.

Reflexiones bajo el sol.

Le tocó el turno de compartir a Adrián y, al igual que todos nosotros, hizo lo que nos habían pedido. En su testimonio comentó:

《Me encontré en un paraje sereno, bajo la sombra protectora de un árbol. El sol, en su esplendor, derramaba su luz y calor, infundiendo vida a todo lo que tocaba. Mi atención fue capturada por una parte de tierra fértil y trabajada que había recibido las semillas. Un pequeño cauce serpenteaba entre esta tierra fecunda, proporcionando la humedad necesaria para que las plantas germinaran y crecieran. No muy lejos, un terreno árido y duro se extendía, incapaz de sostener vida alguna.

Me pregunté entonces, ¿por qué existía tal contraste? Aunque la respuesta parecía obvia, también encerraba una profunda lección para mí.

Reflexioné y encontré una analogía con nuestra vida espiritual. En ella, Dios es como el sol, brindándonos las condiciones para nuestro crecimiento espiritual. Nos otorga su amor y misericordia, nos escucha, nos guía y nos muestra el camino para ser buenos hijos para Él y para nuestros padres, y buenos hermanos para los demás.

El Espíritu Santo, pensé, es el agua vivificante que santifica nuestro ser, permitiéndonos dar frutos de amor y misericordia a los demás, llevando el mensaje de salvación a nuestros hermanos.

La diferencia, finalmente, radicaba en la condición de la tierra. Mientras una estaba dura y seca, la otra había sido preparada con esmero: arada, sembrada y regada. De igual manera, nosotros debemos pasar por un proceso previo: evangelizarnos, congregarnos, confesarnos, recibir la eucaristía y llenarnos del agua que nos da el Espíritu Santo. Solo así podremos dar los frutos para los cuales Dios nos ha enviado.

Pero ¿quién preparará la tierra? ¿Quién plantará la semilla? ¿Quién cuidará de la planta? Son las manos de los hombres las que realizan esta labor. Yo no estaría aquí si otras almas no me hubieran evangelizado, si mis pastores no se hubieran asegurado de que leyéramos la Biblia, recibiéramos los sacramentos,

oráramos y cuidáramos nuestra gracia. Ellos antes que yo atendieron esa tarea.

Más aún, ahora yo como tierra fértil, también debo dar fruto. Son mis manos las que Dios necesita para preparar a mis hermanos, para llevarles el amor y el mensaje de salvación, especialmente a aquellos cuyos corazones están endurecidos por el sufrimiento y el desencanto, por la angustia y la tristeza. Con amor, debo transformarlos, ablandarlos, para que estén listos para recibir las semillas de salvación.

Son mis manos las que Dios necesita para cambiar sus vidas de aridez y tristeza por vidas de plenitud y de fecundidad. La semilla es el mensaje de Dios y su salvación, que debe ser plantada en el corazón de toda la humanidad. »

La nueva misión.

Entonces, todos comprendieron que tanto Adrián como yo habíamos sido llamados por Dios para servir. Nos había llamado como matrimonio para caminar juntos y llevar vasos de alegría y esperanza a nuestros hermanos. Juntos, hemos recorrido los senderos del Señor con alegría y entusiasmo, sintiendo cada paso como una bendición.

Regresamos del retiro con el corazón lleno de propósito. Tanto Adrián como yo estábamos decididos a ser obedientes al llamado divino. Perseveramos en nuestra pequeña comunidad, comprometidos a ser más dedicados y fervorosos en nuestra fe. La certeza de nuestra misión nos llenaba de una paz profunda y una determinación inquebrantable.

Entonces, nos pidieron que en la próxima evangelización nos hiciéramos cargo de una pequeña comunidad como pastores. Aceptamos con humildad y gratitud, conscientes de la gran responsabilidad que esto implicaba. Sabíamos que, guiados por la mano de Dios, podríamos llevar luz y esperanza a aquellos que nos fueran confiados. Así, con corazones llenos de fe y manos

dispuestas a servir, nos preparamos para esta nueva etapa de nuestro camino espiritual.

El llamado al discipulado.

Después de unos días, los coordinadores de *Revisión de Vida Matrimonial* nos invitaron al templo de *Fátima* a tomar discipulado, una enseñanza esencial para ser discípulos de Jesús. Este aprendizaje era necesario para poder ser pastores de una pequeña comunidad, ya que nos enseñaban a emular el trato de Jesús con sus discípulos y las personas que acudían a él. Debíamos procurar cultivar las condiciones para ser buenos pastores, siguiendo el ejemplo de Jesús.

Al llegar al templo, siempre nos sentábamos en las primeras bancas. Me gustaba estar cerca del altar, donde el coro capturaba mi atención con sus cantos, que para mí siempre han sido un puente hacia Dios.

Mientras llegaban los demás, contemplaba el altar y me invadían recuerdos de la evangelización, una experiencia transformadora que había cambiado mi vida. Me di cuenta de cuánto tiempo había estado desconectada de la iglesia, y al volver a empezar con la evangelización, sentí que Dios había entrado de nuevo en mi corazón con toda su fuerza, apagando todas mis tristezas.

Mientras nosotros, los padres, nos ocupábamos en el discipulado, todos los niños salían a jugar al parquecito. En los juegos infantiles como columpios y subibaja, se divertían mucho durante esas dos horas que estábamos dentro del templo.

Las primeras semanas, Adriancito y Adrianita, junto al resto de los niños, llenaban el aire con gritos de emoción y alegría, hasta que se cansaban. Con el tiempo, fueron perdiendo el interés por jugar, pues les costaba más trabajo asistir con nosotros debido al tiempo de espera.

Un día, mientras nos preparábamos para ir al discipulado, les dije a mis hijos: "Alístense porque ya nos vamos". Adriancito me preguntó: "¿A dónde vamos?". "Al templo de *Fátima*", le respondí, sabiendo que él ya sabía a dónde íbamos. Entonces, con su inocencia, me dijo: "¡Mamá!, ¿pues cuándo se va a acabar la evangelización?". Su pregunta me hizo reír, porque Adriancito seguía pensando que aún estábamos en el proceso de evangelización.

Una nueva evangelización.

Y comenzó la evangelización, donde ahora nosotros y el resto de los matrimonios que recibiríamos una pequeña comunidad seríamos los anfitriones. Igual que en las anteriores, la evangelización requirió de mucho trabajo de planeación, de mucha oración y del esfuerzo conjunto de toda la comunidad.

Algunos dirigían, otros pastoreaban a los participantes, otros predicaban, algunos más cantaban en los coros, y los menos visibles, pero más importantes, estaban en continua oración para que Dios bendijera esa evangelización y diera fruto abundante. Todos, como un solo cuerpo, realizábamos diferentes funciones, pero con un mismo espíritu.

Una vez concluida la evangelización, se volvieron a crear pequeñas comunidades, a Adrián y a mí nos asignaron una de ellas para pastorearla. Estaba integrada por cinco matrimonios: Josefina y Sabas, Gabriel y Aurora, Martín y Lupita, Armando y Rebeca. Con ellos tuvimos la oportunidad de servir al Señor, replicando mucho de lo que habíamos aprendido con Hugo y Blanca. En esa comunidad tuvimos grandes y poderosas manifestaciones del Espíritu Santo que no olvidaremos.

Esa experiencia me dejó grandes lecciones. Aunque el propósito principal era que las ovejas tuvieran un encuentro personal con el Señor y aprendieran un camino que nos condujera a todos a un mismo redil, en ese camino también nosotros íbamos aprendiendo a ser mejores cristianos. Aprendí a cuidar de las ovejas, a cuidar de las personas que Dios estaba poniendo en mis manos, a ser responsable y comprometida, pero, sobre todo, a proteger a mis ovejas.

Adrián y yo tenemos muy hermosos recuerdos de *Petris* y *Marcolo*, así como de Hugo y Blanca, ellos fueron nuestros primeros guías espirituales, aprendimos mucho con sus consejos y su ejemplo. Fueron nuestros inicios en la vida espiritual, estaré siempre muy agradecida por todo el tiempo y esfuerzo que dedicaron a mantener en alto los ideales de los matrimonios.

Pasamos allí, en ese hermoso servicio, un poco más de tres años. Fueron años de crecimiento espiritual, de aprendizaje y de

profunda conexión con Dios y con nuestros hermanos en la fe. Cada reunión, cada oración, cada momento compartido, fue un paso más en nuestro camino espiritual, un camino que seguimos recorriendo con alegría y gratitud.

Entre la crisis y la esperanza.

Habían transcurrido casi dos años desde que dejamos de pagar la casa, y la sombra de la incertidumbre se cernía sobre nosotros, aguardando el veredicto del banco. Yo continuaba trabajando en *CORTEC*, y el año anterior había presentado una solicitud a *INFONAVIT*, pero la suerte no me había favorecido en el sorteo de asignación de créditos.

Con renovada esperanza, este segundo año estaba a la espera de que saliera la convocatoria del instituto para presentar las solicitudes de crédito del período, yo tenía lista la mía para presentarla rápidamente, anhelando que esta vez el destino me sonriera.

Un día, una carta llegó hasta el umbral de nuestro hogar, una misiva del banco que anunciaba una deuda de seiscientos cuarenta mil pesos, cinco veces el valor original del crédito.

Las mensualidades no pagadas, los intereses moratorios y el capital insoluto se habían acumulado como una montaña insalvable. Sin embargo, la carta abría una puerta a la negociación, ofreciendo la posibilidad de reestructurar la deuda, proponer un pago definitivo o, en última instancia, enfrentar un procedimiento judicial que nos desalojaría de nuestra casa.

Adrián, abrumado por la magnitud del adeudo, estaba dispuesto a perder la casa y empezar de nuevo, incluso considerando un crédito de *INFONAVIT*. Pero yo no podía resignarme. La incertidumbre se apoderó de mí, robándome el sueño y llenando mis días de inquietud. En el trabajo, mi mente no dejaba de dar vueltas a lo que podríamos ofrecer al banco.

Las tres propuestas.

Una tarde, mientras escribía una propuesta tentativa en mi escritorio, Ramón, el mensajero de Don Oscar, se sentó en el sillón junto a mí con la intención de conversar. Al verme escribiendo, me habló con curiosidad.

—¿Qué está haciendo? —me preguntó.

—Estoy redactando una propuesta para el banco —respondí, dudosa de mi propia idea.

—¿Por qué? —insistió, interesado.

Le conté entonces nuestra situación. Era de dominio público que muchas familias atravesábamos dificultades similares debido a la crisis económica del país. Le relaté nuestra experiencia con la casa, cómo habíamos pagado el enganche y las mensualidades, y cómo ahora estábamos a punto de perderla por una deuda de seiscientos cuarenta mil pesos. Pero también le hablé de la oportunidad que se nos presentaba.

—¿Y cuánto le va a ofrecer? —me volvió a preguntar con un interés genuino que me desarmó.

—Doscientos cincuenta mil pesos —respondí, sintiendo un nudo en el estómago, consciente de que ni siquiera teníamos ese dinero.

—¿Y ustedes pueden pagar eso? —insistió, su mirada penetrante.

Sus palabras resonaron en mi mente, dejándome en un mar de dudas. Era cierto, ¿cómo pagaríamos si aceptaban la propuesta? Contaba con que *INFONAVIT* me prestara ciento cincuenta mil pesos, pero no tenía más capital que ofrecer.

—No, no tenemos más dinero —admití, sintiendo el rubor subir a mis mejillas.

—¡No!, ¡Hágala, pero más chica! —me ordenó con firmeza.

Ramón era un hombre de mediana edad, con una sonrisa siempre dispuesta y una energía contagiosa. Su cabello, largo y lacio con peinado hacía atrás, de complexión robusta y tez morena, sus ojos vivaces ocultos tras de unos anteojos, reflejaban una vida

llena de historias y experiencias. Era conocido en la oficina por su amena platica.

Con determinación, me dispuse a redactar otra carta, esta vez ofreciendo doscientos mil pesos. Cuando la terminé, él la tomó sin que pudiera impedirlo y la leyó detenidamente.

—Rosy, ¿realmente usted puede pagar esa cantidad? —me preguntó de nuevo, sus palabras cargadas de preocupación.

Otra vez, la realidad me golpeó. La diferencia con el crédito de *INFONAVIT* sería de cincuenta mil pesos, y aunque era menor, aún no tenía cómo cubrirla.

—Sí, es cierto, aún no completaríamos esa cantidad— reconocí, sintiendo el peso de la verdad.

—¡Hágala más baja todavía! —insistió con tono mandón.

— Ramón, es que a usted se le hace muy fácil. Al final de cuentas, soy yo quien va a dar la cara con esa propuesta —le dije, exasperada por su insistencia.

A pesar de todo, le hice caso. Redacté una tercera carta, esta vez con una propuesta de ciento setenta y cinco mil pesos, aunque tampoco tenía la diferencia de los veinticinco mil pesos entre la cantidad de la propuesta y lo que esperaba recibir de *INFONAVIT*.

Sin embargo, pensé que debíamos hacer un esfuerzo para obtener esa cantidad de algún préstamo adicional. Creía que, si bajaba más la propuesta, el banco la rechazaría sin darnos otra oportunidad.

Concertando la cita.

Entonces tenía tres cartas, cada una con una cantidad más baja, y confiaba en que alguna de ellas pudiera ser aceptada por el banco. Ramón me dio orientaciones:

—Tengo un amigo en el banco, somos bien amigotes. Vaya con él y dígale que va de mi parte —me aconsejó.

Acto seguido, tomó el teléfono de la oficina y habló con alguien al otro lado de la línea, repitiendo las palabras que me había dicho. Al colgar, se volvió hacia mí:

—Rosy, tiene una cita con él el miércoles a las cuatro de la tarde —me dijo con orgullo.

Cuando Ramón salió, me quedé pensando: "A Ramón se le hace bien fácil". Estaba bastante incrédula porque, en mi puesto, tenía bastantes relaciones con funcionarios de bancos y, en ocasiones, me habían dicho que me ayudarían en lo que se ofreciera. Sin embargo, ya les había hablado varias veces sobre este asunto y solo me habían dado largas. Nunca avanzó ningún trámite, y eso que están allí y me conocen bien. Así que no pensaba que se pudiera lograr mucho con el amigo de Ramón.

Un día crucial.

El miércoles por la mañana, Ramón me llamó para recordarme la cita de esa tarde. Me indicó que debía ir al tercer piso y me dio más detalles sobre la persona con la que debía reunirme, asegurándome que me estaría esperando. Tomé la cita con mayor seriedad, pedí permiso para salir temprano y, aunque Adrián se había ofrecido a acompañarme, el trabajo lo absorbió en el último momento y no pudo venir conmigo.

Sin más demora, tomé las tres cartas, las guardé en una carpeta y me dirigí a la cita programada. Desde que salí de *CORTEC*, sentí un nudo de nervios en el estómago, consciente de que ese día podría traer una bendición o una amarga desilusión. Al llegar, el

nerviosismo se intensificó. Subí al elevador y presioné el botón del tercer piso, sintiendo la boca seca y las manos sudorosas.

Finalmente, llegué a la oficina. Pregunté por el nombre que Ramón me había dado y me indicaron dónde encontrarlo. Él estaba absorto en los documentos sobre su escritorio y me presenté ante él.

—Sí, dígame —dijo sin levantar la vista de los papeles.

—Vengo de parte de Ramón, traigo una carta con una propuesta para liquidar un crédito —le dije, siguiendo las indicaciones de Ramón.

Apartó la mirada de su escritorio y tomó apresuradamente la carpeta que le ofrecía. Al abrirla, vio que había tres cartas.

—¿Por qué trae tres si era solo una? —preguntó intrigado.

—Lo que pasa es que hice una y se me hizo mucho y no la iba a poder pagar. Luego hice otra más pequeña, pero tampoco la podría pagar — le expliqué sin esperar respuestas.

— Finalmente hice la tercera con una cantidad que está más cerca de lo que podríamos pagar —añadí sin vacilaciones.

Me miró y sonrió, divertido por mi sinceridad. Por fin, pude ver sus ojos, que hasta ese momento habían estado fijos en su escritorio.

Tomó la carta con la cifra más baja y me dijo: "Ahorita vuelvo". Se levantó y caminó hasta perderse detrás de una puerta al fondo de la oficina.

Para ese momento, mi boca estaba seca como si hubiere tragado tierra. Se tardó un buen rato y, cuanto más tiempo pasaba, más nerviosa me sentía. Además de la incertidumbre sobre si aceptasen la propuesta, el tiempo de mi permiso se agotaba y debía regresar a *CORTEC* pronto, pero no podía irme sin una respuesta.

Ya cerca de que el tiempo se agotara, lo vi regresar con la carpeta y una sonrisa en el rostro. "Me tardé mucho, pero valió la pena", dijo con emoción. "Sí, nos la aceptaron".

Le agradecí mucho, a él y a Ramón. Hasta la fecha, les tengo una enorme gratitud por su apoyo incondicional en esos momentos. Me retiré y me fui cantando a *CORTEC*, donde Adrián me esperaba ansioso por la respuesta. Cuando le conté todo, fue alegría y felicidad, porque la oportunidad de quedarnos con la casa estaba muy cerca de concretarse.

El milagro de la fe.

Ha sido el acto de fe más grande que he experimentado en mi vida. En el vasto lienzo de la vida, hay momentos que se pintan con los colores de la fe más pura. Este es uno de esos instantes, donde la certeza de lo invisible se convierte en la luz que guía nuestros pasos.

Había ofrecido en una carta, un mensaje esperanzador que prometía un pago de ciento cincuenta mil pesos con un crédito de *INFONAVIT* y veinticinco mil pesos en efectivo. Sin embargo, la realidad era otra: no habíamos solicitado nuevamente el crédito y los veinticinco mil pesos adicionales eran solo un sueño lejano.

Pero mi corazón estaba lleno de confianza en que Dios nos ayudaría a conseguirlo. Así que hice lo que debía hacer y presenté la solicitud a *INFONAVIT*, dejando el resto en manos de la providencia.

El día señalado llegó, un domingo que amaneció con la promesa de respuestas. La lista de los beneficiados con el crédito aparecería en el diario matutino. Yo, en la cocina, lavaba los trastes mientras Adrián salía a comprar el periódico. Al regresar, se sentó, abrió el periódico y lo extendió sobre la mesa, llamándome con suavidad.

—Ven, vamos a ver las listas —me invitó.

—¡Ay!, no, no quiero ver, tú revisa la lista —le respondí, con el nerviosismo de quien espera un veredicto.

Adrián buscó entre las páginas, y tras unos momentos, levantó la cabeza con una expresión sombría.

—¿Sabes qué? No estás en la lista —dijo con tristeza.

—¡No es cierto! —le respondí incrédula, pensando que me estaba jugando una mala pasada.

—De verdad, no estás en la lista, es en serio —insistió con convicción.

Guardé silencio, reflexionando sobre lo que había escuchado en una charla: cuando te aferras a algo, te resistes a perderlo y luchas por defenderlo, generando una batalla interna que te roba la paz y la tranquilidad. Hasta ese momento me resistía a soltar la casa, pero comprendí que ante todo debía confiar en Dios, en lo que viniera. Con Dios, sería fuerte, tuviera o no la casa.

En ese momento, tuve un diálogo íntimo con Dios. Allí, lavando los trastes, le dije: "Señor, ¿sabes qué? Acabo de comprender que, si no es tu voluntad darnos la casa, está bien, te la entrego. Solo te pido que no nos dejes solos, que nos tomes de tu mano y me des la fuerza y la valentía para aceptarlo completamente y salir adelante".

Justo cuando terminé de decirle eso al Señor, Adrián, que seguía revisando las listas, volvió su rostro de asombro hacia mí y dijo:

—Rosy, tú no saliste en la lista, ¡pero mi nombre sí aparece! —su voz estaba llena de entusiasmo e incredulidad.

Él no había presentado solicitudes, por lo que era imposible que su nombre apareciera. ¡Fue un milagro! Estábamos seguros de eso. La alegría y la felicidad inundaron nuestros corazones porque, por fe, se había hecho realidad lo que no veíamos, se había realizado aquello en lo que habíamos confiado, de la manera más milagrosa.

Y aún más, el crédito que habíamos imaginado de ciento cincuenta mil pesos se transformó en ciento ochenta mil, sin necesidad de préstamos adicionales. El crédito de *INFONAVIT* fue suficiente para cubrir la hipoteca sin desembolsar un solo peso más.

La ofrenda del corazón.

Me sentí maravillada y profundamente agradecida con Dios. La alegría me inundó al sentir Su amor y cariño, aunque solo hubo silencio de su parte. Lo que acababa de suceder me dejó un sentimiento de gratitud inmensa, como si el Señor me hubiera dado una lección: "Ya aprendiste a soltar todo lo que te ata, ahora puedo concederte lo que pedías en tus oraciones, solo por la fe que tuviste en que se lograría".

No encontraba la manera de mostrarle mi agradecimiento a Dios, así que de corazón le ofrecí algo que valoraba mucho. Le dije: "Señor, en agradecimiento te voy a entregar lo que más estoy disfrutando en estos momentos: mi trabajo. Es algo hermoso porque lo disfruto mucho, cumple con todo lo que mi corazón anhelaba como mujer, con todos mis deseos: desde jefes, compañeros, sueldos, amistades, todo. Tú conoces mi corazón y sabes cuánto lo disfruto, siempre ha sido una maravilla para mí, un regalo tuyo que nunca pensé tener".

No dudé de ofrecerle lo que más disfrutaba en ese momento porque era una ofrenda correspondía plenamente a la gratitud que sentía por habernos escuchado.

Habíamos recuperado la casa gracias a Dios y comenzamos a pagarla con los descuentos por nómina de *CORTEC*. Varios compañeros del trabajo nos preguntaban cómo lo habíamos logrado, y nosotros compartimos todo lo que hicimos para que, si Dios quería, también se los concediera. Algunos lograron pagar el banco con su crédito *INFONAVIT*, pero ningún caso fue un milagro como el nuestro.

Pasó un tiempo y comencé a sentirme incómoda porque parecía que estaba postergando el ofrecimiento que le hice a Dios. No sabía cómo dejar el trabajo para cumplir con Él. Una duda ocupaba mi pensamiento: ¿Qué puedo hacer? ¿Qué puedo decir? Tenía que pensar en algo, con el dolor de mi corazón porque era la más feliz trabajando.

Solo tenía sentimientos de gratitud por todos los que hicieron posible que haya laborado en ese maravilloso lugar. Los dueños Don Oscar, Norma, Víctor, Sylvia, Diana, Paty y la Sra. Luz Esther,

todos seres de una sencilles encantadora, cuya grandeza se manifestaba en su manera de vivir y tratar a los demás.

También guardaba gratitud por el Sr. Navarro que siempre me apoyaba en todo momento de la manera más humana y profesional que hasta entonces hubiera conocido. Me encantaba formar parte de ese equipo.

Pero sobre todos, siempre había admirado a Norma, quien años atrás me dio el trabajo después de aquella entrevista que me dejó llena de sueños y esperanzas. Sentía cierta ingratitud de mi parte por alejarme de las personas que tanto me habían apoyado. Todos siempre tuvieron conmigo muchas muestras de cariño y afecto que aun valoro enormemente y de las cuales siempre estaré agradecida.

Pero a pesar de encontrarme muy cómoda y valorada en este entorno laboral, finalmente, se presentó la situación que justificaba mi renuncia. Adrianita padecía de alergias y de repente tuvo una crisis muy fuerte que la llevó a recibir atención médica en urgencias.

Consciente de que no volvería a trabajar más en *CORTEC*, tomé la oportunidad y le dije al Sr. Navarro tenía que dejar el trabajo porque Adrianita necesitaba ser cuidada y atendida por mí. Así que, por un lado, me fui con el dolor de mi corazón, pero por el otro, con un inmenso agradecimiento a Dios, porque habíamos recuperado nuestra casa, y en esa casa, viviríamos incontables momentos felices para toda la familia.

Nuestro camino de fe.

Después de haber aceptado la invitación de Rosy para evangelizarnos, tanto para Adrián como para mí, todo resultó más fácil, lo difícil había sido decir sí la primera vez. Una vez que lo hicimos, fue más sencillo aceptar los compromisos religiosos. *Dios está en todas partes* y conocerlo poco a poco nos ayudaba a aceptar las responsabilidades, descubríamos ante quién

estábamos, con quién íbamos caminando y a quién estábamos sirviendo.

En *Revisión de Vida*, nuestra existencia dio un giro hacía lo espiritual. Como dice en el *Salmo 139, 1-2*. "Señor, Tú me examinas y conoces, sabes si me siento o me levanto, Tú conoces de lejos lo que pienso", Dios está al tanto de nuestros pensamientos y sentimientos más profundos, y comenzó a trabajar en nuestro corazón, en nuestro espíritu.

Como menciona el *Salmo 16, 7* "yo bendigo al Señor que me aconseja, hasta de noche me instruye mi conciencia", cada día, cada noche, nos fue conduciendo por sus caminos, como si estuviera aconsejándonos con amor y ternura, dejándonos listos y dispuestos para las cosas que vendrían.

Estuvo también en la aventura de la casa, porque me dolía dejarla, me resistía, pero en mi sufrimiento entendía que debía soltarla. Y acepté la voluntad de Dios pidiéndole que no nos dejara solos, que nos diera la tranquilidad y la fuerza para enfrentar lo que se venía.

Ha sido el acto de fe más grande de mi vida. Lejos de preocuparnos, nos ocupamos en lo que podíamos hacer, pero lo maravilloso fue que comenzamos con los trámites confiando en que contaríamos con un crédito para pagar, aunque aún no teníamos algún documento autorizado por parte de *INFONAVIT*. Fue un total acto de fe y Dios me lo tomó en cuenta.

El hecho de que Ramón estuviera allí cuando estaba haciendo las cartas no fue casualidad, fue una intervención divina, estoy convencida de que las cosas habrían sido de manera diferente si él no hubiera estado presente. Tengo la firme certeza de que Dios se valió de Ramón como un medio para alcanzar la solución que estábamos necesitando, de igual manera ocurrió con su amigo que trabajaba en el banco. Dios toma a las personas, incluyéndonos, para llevar su amor, su misericordia y solución a las necesidades de las personas que lo necesitan.

10

Cambios de comunidad y Talleres de Oración y Vida.

y enséñenles a cumplir todo lo que yo les he encomendado a ustedes. Yo estoy con ustedes todos los días hasta el fin de la historia.

Mateo 28, 20
(Biblia Latinoamericana, 2005)

El camino de la esperanza.

Adrián, con su alma desgastada por la incertidumbre, se encontró sin trabajo. La economía, como un río turbulento, amenazaba con arrastrarnos hacia la desesperación. Apenas lográbamos cubrir los gastos más elementales, y en ocasiones, el tanque de gasolina de nuestro automóvil permanecía vacío, como un corazón exhausto.

En ese punto crucial, Adrián y yo sentimos que debíamos retirarnos de *Revisión de Vida*. Nos dolió profundamente, pero la fe nos guiaba. Aunque abandonábamos aquel espacio sagrado, sabíamos que no dejaríamos de congregarnos y servir a Dios. Nuestra nueva parroquia, más cercana y conocida, nos esperaba con los brazos abiertos.

Así llegamos al templo de *San Antonio de Padua*, sus muros estaban cargados de historias y oraciones. Nos inscribimos en los ejercicios cuaresmales, donde las charlas resonaban como susurros divinos. En aquellos grupos, compartíamos nuestras reflexiones sobre los temas tratados, como pétalos de una flor que se abren al sol.

Al finalizar los ejercicios, nos invitaron a formar parte de una comunidad de matrimonios. Éramos cinco parejas:

Jorge, con su cabello fino y manos curtidas por el trabajo, era un hombre de muchas palabras y gestos significativos. Nelly, de ojos cálidos y risa contagiosa, era la brújula que guía su amor. Juntos, habían enfrentado tormentas y celebrado amaneceres en su largo viaje matrimonial.

Amador, con su sonrisa discreta y sueños inquebrantables, era un soñador incansable. Jessica, de cabello largo y rizado y ojos curiosos, encuentra belleza en los detalles más simples. Su amor era como un fuego que arde en medio del invierno.

Víctor, con su cabello cano y manos que han sostenido a sus hijos, era un hombre muy platicador y de profundos sentimientos.

Luly, con su risa melodiosa y manos que tejen historias, encuentra alegría en las pequeñas cosas.

Juan Pablo, serio y de mirada soñadora, fiel a su esposa en las turbulencias de la vida. Lety, con su cabello oscuro y ojos llenos de misterio, la serenidad y la gratitud se reflejaban en su rostro.

Adrián y yo, completábamos el quinteto de matrimonios que integrábamos esa comunidad conducida admirablemente por Chema y Martha. Chema, con su alegría y simpatía, nos guiaba con firmeza y amor. Martha, con su cabello lacio y suelto, en sus manos había sostenido corazones rotos, era el faro que ilumina el camino para todos.

La comunidad de matrimonios.

En esa comunidad, tejimos lazos profundos, como hilos de esperanza que entrelazan los corazones. Los recuerdos de aquel tiempo son como estrellas en el cielo nocturno: brillantes, eternos. En *San Antonio de Padua*, encontramos más que una comunidad; hallamos un refugio donde nuestras almas se nutrieron de fe, amistad y amor. Y así, en la calidez de aquel templo, descubrimos que la esperanza florece incluso en los momentos más oscuros.

Al reunirnos en comunidad siempre leíamos la biblia, hacíamos oraciones y alabanzas y al final compartíamos temas de catequesis familiar. Nos reuníamos en la casa de cada matrimonio alternadamente y en ocasiones especiales la reunión la hacíamos ante el Santísimo.

Allí en ese lugar santo, nos arrodillábamos con reverencia. La espiritualidad nos envolvía como un manto sagrado, y sentíamos la presencia divina palpitar en cada latido del corazón.

A veces también participamos en los compromisos adquiridos al pertenecer a las comunidades de matrimonios, apoyando en la

kermesse de la parroquia y eventos que se requerían, y nuestras risas resonaban como campanas en esos animados eventos.

Pero un día, el Padre Francisco Amézquita, o Padre Paco, como cariñosamente le llamábamos, nos condujo más allá de los muros de la iglesia. Nos invitó a evangelizar por las calles de la colonia, a llevar la luz de la fe a los rincones oscuros. Misionar, lo llamaba él. Y así, con Biblias en mano y corazones encendidos, salimos a encontrarnos con los indiferentes, los errantes, los que habían perdido el rumbo.

Fue entonces cuando la experiencia se volvió mística. Sentíamos que éramos los mensajeros de lo divino, los portadores de una verdad antigua y eterna. El Padre Paco, con su sonrisa cálida y sus ojos llenos de compasión, nos guiaba como un faro en la tormenta. La cercanía con él era un regalo especial, como si tuviéramos un hermano sacerdote que nos sostenía en la fe.

Orábamos juntos en las calles, compartíamos historias en las casas que visitábamos, y en cada encuentro, sentíamos que llevábamos a Dios a todas las personas de la colonia. La amistad con el Padre Paco era un lazo sagrado, tejido con hilos de esperanza y confianza. Nosotros aprendimos a orar por él y sus necesidades. Y cuando la vida nos zarandeaba, sabíamos que él estaba allí, intercediendo por nosotros en sus oraciones y aconsejándonos para hacer lo correcto.

En busca de lo divino.

En los rincones de mi alma, en los susurros de la brisa, anhelaba un encuentro con lo divino. No un encuentro extraordinario y único, no como en el Redentor que trasciende los límites del tiempo y el espacio, sino un encuentro cotidiano, tejido en la rutina de los días. Quería conocer a Dios como se conoce a un amigo, a un confidente, a alguien cuyos misterios se desvelan en las pequeñas cosas.

Habíamos peregrinado a *Fátima*, donde la tierra se alza hacia el cielo, y habíamos compartido la mesa con las comunidades matrimoniales en *San Antonio de Padua*. Sin embargo, mi corazón seguía inquieto, como un río que busca su cauce. Las pruebas y tentaciones, como ráfagas de viento, amenazaban mi estabilidad emocional. Yo, que me consideraba fuerte pero también sensible, sentía el peso de los días difíciles.

Necesitaba más. Necesitaba sentir la presencia divina en cada latido, en cada aliento. Quería que Dios fuera más que un concepto, más que una figura en un altar. Quería que fuera real, palpable, cercano. Porque Dios es una persona, y como a cualquier persona, hay que tratarlo para conocerlo. Así que perseveré, un escaloncito tras otro, subiendo hacia la luz. A pesar de la carencia de trabajo, de las dificultades económicas, de las responsabilidades como madre, seguí ascendiendo.

Y en esos días, cuando miraba hacia atrás, veía la huella de mis pasos. Firmeza en la fragilidad, constancia en la incertidumbre. Sabía que era su hija amada y predilecta, y eso me llenaba de una felicidad que no dependía de circunstancias externas. Era la presencia divina, el abrazo invisible pero tangible, lo que me sostenía.

Descubriendo los TOV.

Hacía años, en el sagrado recinto del templo *El Redentor*, experimenté lo extraordinario: sentir y escuchar a Dios. Esa vivencia sembró en mi corazón un anhelo profundo, una búsqueda incansable por volver a estar con él. Aunque vislumbré destellos de su presencia en cada rincón al que me dirigí, aún no lo había encontrado como mi alma ansiaba.

Un día cualquiera, mis pasos me llevaron a la parroquia de *San Antonio de Padua*. Al atravesar el umbral, mi mirada se posó en un cartel que clamaba mi atención. Mencionaba que era de *Talleres*

de Oración y Vida del Padre Ignacio Larrañaga. En letras marcadas con tinta indeleble, leía: "¿Deseas conocer a Dios? Toma un taller". Mi corazón, sin titubear, respondió con un rotundo "Sí, sí quiero". Los detalles sobre la fecha, la hora y el lugar se desplegaron ante mí. Aunque el taller ya había comenzado semanas atrás, mi determinación no flaqueó; estaba decidida a asistir.

Con impaciencia contenida, aguardé el día señalado. El salón Santa Clara, un espacio modesto con capacidad para unas veinte o treinta almas, me recibió. Las sillas dispuestas en semicírculo, una pequeña mesa convertida en altar estaba adornada con un mantel, un atril que sostenía la Biblia, un cirio y una solitaria flor en el extremo opuesto. Junto a la mesa, una señora de lentes, su cuaderno y un libro de pasta gruesa. Todo resonaba con solemnidad y expectación.

Las personas ocupaban sus asientos, y yo me acomodé en uno de los lugares disponibles. Cuando llegó la hora, la señora de lentes encendió el cirio con certera delicadeza, abrió la Biblia y dio inicio la sesión. Su voz, dulce como un susurro divino, nos guio a través de oraciones, cantos y el compartir de experiencias de la semana anterior.

Luego, con reverencia, colocó un casete en la grabadora. Las palabras del Padre Ignacio Larrañaga resonaron en el aire, y su voz me envolvió. Allí, en ese instante, supe que había hallado el lugar que mi alma anhelaba: un encuentro con lo trascendental, un taller que me llevaría más cerca de Dios.

Mi corazón se sintió lleno de alegría por estar allí, me cautivó el mensaje que, como susurro divino, hablaba sobre cómo llegar a la paz de nuestro corazón a través el abandono. Era la quinta sesión y quedé encantada pensando: "Aquí me quedo, sin dudarlo". Cada palabra que escuchaba me hacía pensar que toda esa sesión completita estaba dirigida para mí, eran las respuestas para mi corazón inquieto y mi mente sedienta.

Al salir, mi alma albergaba una dicha profunda, me acerqué a la señora que condujo la sesión y compré el librito *ENCUENTRO* y le pregunté qué es lo que debía llevar. Ella me atendió con mucha

dulzura y paciencia diciéndome que necesitaba la Biblia y un cuaderno que llamaba espiritual, además del libro que ya reposaba en mis manos.

Me entregó una hoja que llamaba práctica semanal, con las instrucciones de lo que debía seguir en el transcurso de la semana y por último me dijo con voz llena de entusiasmo y alegría que me esperaba la próxima semana.

Me fui feliz a casa, con la intención de hacer lo que decía la práctica semanal. Acudí al taller en busca del Eterno y con esa sed de encontrarlo y conocerlo quería hacer todo tal y como se me había indicado.

A la siguiente semana regresé con mi práctica realizada, me senté y compartí lo que había vivido en esa bendita semana. Me enamoré, me sedujo cada palabra cada mensaje, cada oración, cada canto me hacía sentir conectada con lo divino y me dejé enamorar disfrutando de cada sesión por igual.

La persona encargada de dirigir el taller llamada Guía, se presentó y dijo llamarse Silvia Miranda, una mujer con una mirada dulce y ojos grandes que parecían reflejar los secretos del universo. Su cabello corto, pero exuberante y lacio, enmarcaba su rostro bronceado. Cada palabra que brotaba de sus labios transmitía de manera excepcional al Todopoderoso, y su voz tierna resonaba en el alma de quienes la escuchaban.

Con mucha dulzura y paciencia al terminar el mensaje, ella lo resumía de una manera magistral, no leyendo en su manual, sino como alguien que había vivido cada experiencia en carne propia. Sus palabras tan cálidas abrazaban y tocaban mi alma en cada sesión. Era más que una Guía; era un faro que iluminaba el camino hacia lo trascendental.

Las lecciones aprendidas.

Los *Talleres de Oración y Vida*, o *TOV* o *Talleres* para abreviar, eran una nueva forma de evangelización. Más viva y con una visión más positiva de lo que se había mostrado siempre. Era una presentación más vibrante y activa de Jesús que estaba basada en el amor y lo que éste es capaz de realizar, no en el temor ni en el castigo.

Lo primero que aprendí en él fue a silenciarme con los ejercicios de silenciamiento, una novedad fabulosa para mí. Generalmente las mujeres, hablo en lo personal, cargamos un mundo en la mente; la comida, la casa, el trabajo, la escuela de los niños, las preocupaciones del esposo. Todo danza dando vueltas en la mente dificultando la concentración.

Necesitaba silenciar la mente urgentemente, en ese sentido los ejercicios fueron una opción muy efectiva para apagar la máquina de la mente y concentrarme en la sesión. Así pude estar más atenta a lo que el Señor quería decirme a través de los mensajes y las lecturas.

Aprendí y viví frases muy importantes para mi vida como "¡Hágase!", "Todo lo acepto con amor, que se haga tu voluntad, en tus manos me entrego, con silencio y paz" o aquellas otras como "Si supieras comprender, no haría falta perdonar", Todas ellas se quedaron tatuadas a fuego en mi mente y corazón para toda mi vida. En cualquier momento difícil esas frases afloraban en mi pensamiento para darme la fuerza y el valor que necesitaba para afrontar la necesidad o el agravio recibido.

Todo me gustaba del taller, pero algo que me encantó en forma especial fue la práctica semanal. Cada día comenzaba con la palabra, una cita bíblica que tenía que leer y meditar para descubrir qué me decía el Señor con esas palabras en forma personal, después tenía que contestarle a través de mi oración, alabando, agradeciendo, comprometiéndome o pidiendo lo que mi corazón dictaba de acuerdo con lo que el Señor me había manifestado.

Posteriormente, en ese mismo día y toda la semana, tenía que practicar lo que había aprendido a través de la vivencia, que significaba estar expectante durante todo el día a percibir de qué manera se manifestaba el Señor en los acontecimientos.

En la primer sesión, esto fue un mundo completamente nuevo que me sedujo totalmente. La vivencia fue sobre el Dios de la ternura, el Padre que nos ama profundamente. Esa semana pude percibir cómo el Señor me enviaba muchos regalos cada día: amanecí con salud, pude abrir los ojos, mirar el sol, oler el fresco de la mañana, escuchar el cantar de las aves cuando despunta el alba, mirar el rocío de la mañana, escuchar los murmullos del viento, tantas y tantas cosas que acontecen cada día y que normalmente pasan desapercibidas.

Pero ahora estaba atenta y podía percibir al Creador, que a través de todos esos detalles me decía: "Rosy te amo, y para que veas cuanto te amo, todo esto fue hecho para ti, es un regalo mío porque te amo". Aprendí a reconocer los presentes que él me estaba dando y a apreciarlos con un corazón agradecido. De esa manera, decirle: "Gracias Dios mío por ese regalo, Yo también te amo". Así fue la experiencia en mi primer taller completo como tallerista, algo que nunca olvidaré.

Un encuentro con el eterno.

En el taller, me entregué con generosidad, como un río que fluye hacia el mar, porque había acudido con un anhelo profundo: aprender a orar, a tejer hilos invisibles que conectaran mi alma con lo divino. En ese espacio sagrado, las paredes parecían susurrar secretos primordiales, y yo, como un peregrino en busca de la fuente, me sumergí en la corriente de la oración.

Cada palabra, cada gesto, era una nota en la partitura de mi encuentro con el Altísimo. Seguí las instrucciones con devoción, con una disposición total para conocerlo. Y entonces, ocurrió lo

extraordinario: sentí la presencia divina, como un sol que ilumina el jardín de mi corazón. Dios parecía decirme: "Tanto tiempo esperándote, y ya estás aquí". Yo, a mi vez, le respondí: "Tanto tiempo buscándote, y ya te he encontrado".

Nos abrazamos en esa danza silenciosa, en ese diálogo sin palabras. El tiempo se desvaneció, y yo me sentí amada, como una hija que encuentra a su padre después de una larga travesía. En la quietud de la oración, construimos un puente entre dos mundos: el terrenal y el divino.

Al primer taller, entré en una quinta sesión y permanecí hasta que terminó la última sesión. Me cautivó tanto que lo volví a tomar está vez desde el inicio. Cada taller era un viaje a una quinta dimensión, donde las estrellas eran versículos y las constelaciones, testimonios de fe.

Por las noches, cuando los niños dormían, compartía con Adrián los tesoros que el Señor me revelaba en las lecturas y las vivencias. Al principio, él parecía abrumado, pero poco a poco, su corazón también se abrió a la maravilla. Me veía más alegre, más entusiasmada por mis experiencias en el Taller.

Al final del segundo taller para mi asombro y felicidad me dijo que también él quería asistir a uno, pero quería que fuéramos juntos. Y así, por tercera vez, tomé el taller, esta vez como un matrimonio unido por hilos invisibles y divinos.

Un nuevo regalo del Padre fue cuando al terminar ese taller juntos, Silvia nos preguntó si queríamos ser Guías de *Talleres Oración y Vida*, los dos sin dudarlo un instante, aceptamos con alegría. Nuestro camino se volvió un sendero de servicio, donde cada paso era una ofrenda al Creador. El Señor nos había llamado como matrimonio hacía tiempo y ahora refrendaba su llamado. Juntos, emprendimos un nuevo viaje, con la certeza de que Él nos sostenía en sus manos amorosas.

Escuela de formación.

El primer paso para ser Guía era entrar a una *Escuela de Formación*, un sendero que se mostraba como una oportunidad inigualable. La invitación se extendió para mí, y yo, sin titubear, dije "sí". El taller era lo que había buscado por tanto tiempo, en él lo encontré todo, y sentía que no podía quedarme en silencio, reservando los tesoros que había descubierto y vivido.

Había llegado el momento de compartir con los demás las maravillas de encontrar a Dios. En *Talleres* yo había encontrado su presencia en el trato diario y personal con él, me sentí profundamente amada y protegida. Los miedos se desvanecieron, las angustias del alma se sofocaron, y las heridas del corazón encontraron bálsamo en esa comunión sagrada. Los espacios de mi corazón se poblaron de una paz y tranquilidad que nunca hubiera imaginado, desaparecieron las tristezas y renació en mí una alegría inmensa por vivir.

El *Convento de las Hermanas Capuchinas*, un refugio de sencillez y calidez fue el lugar donde recibimos nuestra escuela de formación. Allí, entre paredes que guardaban lustros de oración, encontramos un salón apropiado para recibir entre diez y veinte personas. Al igual que en el taller los participantes nos sentamos en las sillas dispuestas en un semicírculo donde al frente aparecía la tradicional mesa convertida en altar encima de la cual se encontraba el atril, la biblia y el cirio.

Nuestros compañeros de escuela eran Toño que acudía en solitario, así como Jesús y Vicky, Agustín y Tere, dos matrimonios al igual que nosotros. Todos estábamos expectantes para el inicio de la primera sesión, dispuestos a aprender toda la espiritualidad que ofrecía los *TOV.*

Nuestras Guías formadoras Rosario, cariñosamente llamada Chayito, y Eugenia, tejedoras de palabras y almas.

Chayito una mujer de temperamento fuerte, pero corazón de mantequilla, de tez muy blanca como la nieve, su cabello casi

blanco, rizado y corto, sus ojos ocultos tras los lentes, su voz denotaba un carácter firme pero muy agradable al mismo tiempo.

Eugenia de estatura modesta y ligeramente robusta, de tez blanca, ojos grandes como ventanas al infinito, pestañas largas y abundantes, su cabello cano y corto. Su voz dulce y tierna, con un corazón que latía en acordes de ternura.

Sus voces, como cánticos antiguos, guiaron nuestros pasos en ese camino de encuentro y revelación.

La espiritualidad de los *Guías*.

Había aprendido mucho en los talleres a los que había asistido, pero la escuela superó mis expectativas. Aquí, en este santuario de conocimiento, todo se multiplicaba, como si las palabras y los suspiros se entrelazaran en una espiritualidad sagrada.

La lectura de los libros del Padre Ignacio, esos pergaminos de humildad y fe, me sostenía como un viento suave que acaricia las hojas de un rosal.

"Muéstrame tu rostro", susurraba el alma al cielo. Y allí, en las páginas desgastadas, encontré el reflejo de lo divino. "El pobre de Nazaret", con sus actos de misericordia y ojos llenos de compasión, me enseñó que la grandeza reside en la sencillez.

Pero fue "El hermano de Asís" quien me arrancó lágrimas, como gotas de rocío en la aurora. Francisco, despojándose de todo, desatando los lazos que lo ataban a lo terrenal. Sabía que necesitaba reconstruir la iglesia sin nada que lo atare a intereses y preocupaciones fuera de la esfera de Dios mismo.

Esa humildad tan impresionante caló en mi corazón, me mostraba que para seguir al Señor hace falta que Él sea el primero

en todo, aún con mi vida resuelta, mi esposo y mis hijos, siempre debía tener tiempo para dedicarme al servicio del Señor.

Otro libro que vivo y guardo especialmente en mi corazón es "Estilo y Vida del Guía", un libro que marca tres atributos que debemos conservar siempre como Guías. El primero es ser "Personas orantes", no podemos apartarnos del Altísimo, no podemos dejar de orar nunca. El segundo es estar "Vacíos de sí", aquí se refiere a la humildad, que confiemos en el Señor y su providencia, nada evidencia más la presencia y la bendición de Dios que cuando nada tenemos, pero lo tenemos todo. El tercero es apostar por "El sueño de oro", es decir que vivamos en el amor evangélico, que nos amemos fraternalmente como Jesús nos lo ha pedido. Este libro retrata la esencia y espiritualidad que debemos mantener los Guías en todo el mundo.

Así, en la escuela, entre libros y silencios, tejí mi espiritualidad. Como Guía, mi corazón se convirtió en un relicario de palabras sagradas, y mi vida, un canto de amor al eterno.

Mi primer taller.

Al terminar la escuela tocó el turno de dirigir un Taller, llamado supervisado, para que nuestras Guías formadoras se aseguraran de que diéramos el taller igual que todos los *Talleres* en el mundo, es decir con fidelidad al manual de *TOV*.

Nos enviaron de dos en dos, como discípulos de Jesús y como matrimonio. Adrián y yo, ofrecimos nuestro taller en el templo de *San Antonio de Padua*. Aunque fue nuestro primer taller, fue un augurio de todo lo que encontraríamos al ser Guías de *Talleres*.

El templo, no era muy grande, tenía paredes de cristal a los lados, uno de ellos orientado hacia un hermoso jardín central. Atrás dos grandes puertas de madera custodiaban la entrada. Las bancas estaban distribuidas en cuatro secciones con un pasillo

central grande y espacioso y dos pasillos más pequeños en las orillas. Al frente estaba el altar, con una altura considerable sobre el resto de las butacas. Se podía ver la ceremonia de la misa desde cualquier lugar que el alma estuviera sentada.

Comenzamos desde la sesión de apertura, Dios convocó a muchos participantes o talleristas, como se les llama en *TOV*, se inscribieron algunos llamados por los avisos de la parroquia y otros más que pertenecían a una comunidad completa de matrimonios. Éramos cuarenta almas, cada una con su historia, sus cicatrices y sus anhelos. En ese espacio sagrado, cada sesión se convertía en una historia que se podía contar aparte, llena de bendiciones y experiencias que se tejían en el tapiz de nuestras vidas.

Al llegar a la sesión quince llamada "Desierto". Los convocamos al *Convento de las Hermanas Capuchinas*, en el mismo salón en que habíamos recibido la escuela de formación. Allí, les entregamos las instrucciones como si fueran tesoros secretos:

—Van a practicar la oración con la naturaleza —Mencioné, y continue con la explicación de la oración.

—Hay que salir y elegir una criatura, puede ser desde el sol, el viento, un árbol o hasta un animalito como una hormiga. Entablar un diálogo con esa criatura y pregúntale ¿Para qué fuiste creado?, ¿Cuál es tu aportación al mundo? Debemos abrir nuestra mente y tratar de tener un sincero dialogo con esa criatura y estar atentos para percibir las respuestas en el susurro de las hojas o en el vuelo de los pájaros —Concluí la explicación de esa modalidad.

—Disponen de un espacio de tiempo reservado para tener ese encuentro personal con el Señor a través de oraciones y lecturas bíblicas en completo silencio y soledad —Mencionó Adrián dando las orientaciones para el desierto.

—Es decir, sin hablar con los demás, solo buscando en la naturaleza un dialogo con el Señor y sus criaturas. —Dijo Adrian, completando la pauta a seguir y dándoles finalmente la hora de regreso.

Así, los talleristas se dispersaron como semillas al viento. En el abrazo de la hierba y la caricia del sol, encontraron su desierto. Allí, en la quietud, dialogaron con Dios y sus criaturas. Las hojas murmuraron secretos extraordinarios, y las mariposas y los pajarillos volaron en una danza sagrada.

Al regresar, sus ojos brillaban como luceros. Compartieron sus vivencias: los susurros del viento, el latido de la tierra, las respuestas inscritas en el vuelo de las aves. El desierto había sido un oasis de encuentro, un puente entre lo humano y lo divino.

La respuesta en forma de pajarillo.

Uno de los talleristas, llamado Oscar, quien desde la primera hasta la última sesión se había mantenido muy callado, se alzó desde la penumbra. Su voz, frágil como las hojas de la palmera que se mecían en el patio central, resonó con una emoción contenida, como si llevara siglos guardando secretos en su garganta.

El nudo de la emoción apretaba su voz mientras compartía su experiencia. Había sentido la presencia de Dios en ese desierto interior, donde su alma se despojó de su capa mundana y se abrió a lo divino. Comenzó diciendo:

«Salí al patio central del convento y vi una palmera muy alta, pensé que ese sería el lugar ideal para hacer las oraciones. Me dirigí a la palmera y me senté bajo su sombra y comencé a hacer mi desierto. Las lecturas y la oraciones me llenaron de fe y confianza, pero aún anhelaba algo más.

Llego la hora de orar con la naturaleza. Fue entonces cuando los pajaritos, como mensajeros alados, descendieron desde los cielos y danzaron en la copa de la palmera. Sus ojos curiosos parecían preguntar: "¿Qué hacen aquí estos mortales?"

Entonces pensé: "¡Ah bueno!, sí tengo que platicar con alguna criatura pues voy a platicar con el pajarito", antes de hacerlo, con mucha humildad me dirigí al Creador para decirle que me sentía triste porque veía que todos los demás habían tenido experiencias muy bonitas, todos expresaban que habían podido dialogar con Él y yo aparentemente no lo había logrado. La palabras habían fluido desde mi corazón como un arroyo cristalino.

Me sentía triste y nuevamente me dirigí al Padre: "Tú dices que me amas, pero yo no sé si es verdad". Viendo al pajarito que estaba en la copa le propuse al Padre: "Si es verdad me amas, ¿Por qué no me lo haces saber?, ¿Házmelo saber a través de ese pajarito?"

Y para mi sorpresa, el pajarito descendió hasta mis rodillas, buscaba alimento confiadamente cerca de mí, y no solo eso, el pajarito se acercó hasta el alcance de mi mano y se dejó tocar, acaricié con reverencia varias veces su cabecita y el lomito, sintiendo la suavidad de las plumas bajo mi pulgar, no lo podía creer.

Mi corazón se llenó de gozo. Dios había dado muestra de su amor con la señal que yo le había pedido. No pude aguantar, las lágrimas brotaron, no de tristeza, sino de dicha. Por sentir que el Señor me escucha y ama, ya no había dudas en mi corazón»

Fue un momento muy emotivo para todos, el llanto nuevamente llegó a sus ojos y los presentes, testigos de lo ocurrido, compartieron el llanto al saber cómo el Padre se había manifestado tan extraordinariamente esa tarde. Casi para terminar el testimonio de Oscar, interrumpiéndolo un poco, Fernanda, una joven abogada comentó sobre lo ocurrido:

«Como somos bastantes, no había muchos lugares a donde ir, por lo que yo escogí un lugar a unos cuantos metros de Oscar. Y de verdad cuando vi que un pajarito bajó a donde estaba Oscar, ya no pude seguir orando con la naturaleza.

Oscar, sin saber que yo también buscaba respuestas, acarició al pajarito con ternura. Y me dije: ¿Qué palabras le habría susurrado al viento? ¿Qué confidencias compartía con el Creador? Mi corazón

latía en sintonía con el vuelo errante del pequeño ser. "¡Ay, Padre mío!", murmuré en mi soledad, "¿Por qué no me visitas así? ¿Por qué no me tocas con tus alas invisibles?"

Entonces como si el pajarito hubiera escuchado mi suplica, con saltos cortos se acercó hasta donde me encontraba, no lo podría creer, ¿Cómo podía interpretar eso? ¿Era posible que Dios hubiera escuchado mi voz en la súplica? ¿Habrá enviado a este mensajero alado para acariciar mi alma sedienta? Aunque el pajarito regreso con Oscar, yo tuve la certeza de que el Señor me había escuchado en esa pequeña petición.

Pero ahora que escuché a Oscar, no hizo más que confirmar que así fue, el Creador nos dio una muestra de su amor al escucharnos en este día»

Los testimonios se entrelazaron como hilos de esperanza. Los ojos brillaban con lágrimas sagradas. El pajarito, símbolo de lo inesperado, se convirtió en el laúd de la divinidad. En ese instante, todos fuimos testigos de lo trascendente: el amor que se derrama desde lo alto, la respuesta que llega en formas inimaginables. Y aunque los demás también hablaban de su presencia, ninguno como el pajarito, cuyo vuelo llevaba consigo la melodía de un Dios que escucha, que acaricia, que responde.

El rayo de luz y calor.

En el convento de las hermanas de Sagrado Corazón de Jesús, un lugar vasto y hermoso, tuvo lugar otro desierto. Era invierno y estaba haciendo mucho frío, uno de esos fríos que congelan y paralizan todos los huesos. La llegada y las instrucciones para hacer el desierto fueron las mismas que la vez anterior, Antes de salir al patio les dije "Salgan, Jesús los lleva de la mano y los va a acompañar. Busquen un lugar, una criatura y entablen ese diálogo intimo con Dios".

En el taller, una hermana no católica de nombre Lucía, había decidido tomar el taller por recomendación de un hermano. Ella al igual que los demás fueron a hacer su desierto en el lugar menos expuesto al frio que encontraron. Sin embargo, a la hora de hacer su oración con la naturaleza se les recomendó que debían buscar un lugar en el exterior para practicar esa modalidad.

El tiempo pasó volando a pesar del frio, de regreso al salón para dar paso al momento de compartir sus experiencias, Lucía dio su testimonio diciendo:

《Me fue muy difícil porque estaba haciendo muchísimo frio, desesperada le di la vuelta al convento buscando un lugarcito que no estuviera tan frío porque el cielo estaba cerrado y las nubes grises amenazaban con liberar su lluvia, se me estaba terminando el tiempo de hacer la oración con la naturaleza y no quería perder la oportunidad de hacerla, pero el clima me lo impedía. Me sentía congelada, incapaz de concentrarme.

Entonces hablé al Señor: 'No puedo, Señor. He seguido todas las prácticas del taller y me han resultado maravillosas, he compartido momentos contigo en mis ejercicios semanales. Pero aquí, en este frío, no puedo encontrar la conexión que busco. Tengo que platicar con una criatura de tu creación y ni siquiera puedo, el frío no me lo permite. Ni siquiera el sol se asoma para calentarme'.

Al finalizar mi oración, algo cambió, el lugar en donde estaba orando pareció iluminarse, y sentí un cálido resplandor sobre mí, como si una lucecita se hubiera encendido justo arriba de mí. Levanté la mirada al cielo y, para mi sorpresa, vi que entre las nubes se había abierto camino un pequeño rayo de sol que llegaba justo a donde yo estaba.

Dios me había escuchado y me concedió lo que necesitaba en ese momento. A través de esa luz y ese calor, me recordó que estaba allí, escuchándome. Fue un encuentro divino, un abrazo de amor en medio del frío". 》

Y así, en aquellos desiertos, aprendimos que la oración no tiene límites ni fronteras. Que, en el diálogo con la naturaleza,

encontramos respuestas que no caben en palabras. Y que, como Guías de *Talleres*, éramos también aprendices en el arte de escuchar al Creador a través de sus criaturas.

La transformación en los talleres.

En estos breves años desde que asistí a mi primer taller, siento que había experimentado una transformación profunda. Aunque mi esencia seguía siendo la misma, había aprendido a presentar al mundo una mejor versión de mí misma.

En la vivencia de los *Talleres*, descubrí virtudes que ahora se reflejan en mi ser. La paciencia, otorgada por la gracia divina, se convirtió en mi aliada. Antes, mi inquietud me atormentaba; no soportaba la soledad ni la inactividad. Pero en ese proceso de aprendizaje, comprendí que todo tiene su tiempo y su momento. No debía obsesionarme si las cosas no se desarrollaban al ritmo que yo deseaba.

La tolerancia también se arraigó en mí. Los *Talleres* cambiaron mi perspectiva hacia los demás. Aprendí que la vida no es una elección que hicimos, sino una imposición. Nuestro temperamento no es como una prenda que podemos cambiar a voluntad. Nacimos con él, sin mérito ni culpa.

Aceptar a los demás y a mí misma se convirtió en un acto de amor y comprensión. Cada persona es como es debido a su historia y naturaleza inherente. Los alegres propagan alegría, mientras que los descontentos siembran descontento. Así, aprendí a relacionarme con los demás desde un lugar de comprensión y aceptación.

En aquel tiempo, mis sueños se reducían a seguir impartiendo *Talleres*. Sentía que estos habían transformado mi vida, y anhelaba que otros también conocieran a Dios y experimentaran la amistad y el amor que cambian nuestro ser y entorno.

Y como bien dice la frase: "Una vez que conoces a Dios, las circunstancias no necesariamente cambian. Los problemas seguirán presentes, pero tú no debes ser igual, porque ahora lo conoces." Es en ese conocimiento divino donde reside la verdadera transformación.

Relaciones en el camino espiritual.

Las relaciones humanas, platicar y compartir historias me encantaban. Desde que dejé atrás mi trabajo en *CORTEC* había perdido la oportunidad de hacerlo.

Sin embargo, a través de mi camino dentro de los movimientos a los que había pertenecido, y ahora en los *TOV*, mi sendero se entrelazó con el de otros, y las habilidades sociales que tanto anhelaba volvieron a florecer.

Conocí a muchas almas valiosas, nobles en sentimientos, como si fueran visitantes de otros mundos. Pues transitar los senderos de aquellos que conocen al Señor es sumergirse en una realidad distinta, una comunión de identidades.

No importaba la clase social: desde los humildes hasta los encumbrados, desde médicos y contadores hasta carpinteros, electricistas, técnicos, obreros y albañiles. Todos, sin distinción, nos uníamos en el amor y el servicio a lo divino.

Sin embargo, las ventas se me enredaron como hilos de un ovillo. Me gustaba vender, y lo hice con ropa, zapatos y cobijas. Incluso en un tiempo, las enciclopedias cayeron bajo mi persuasión. Pero al adentrarme en los *Talleres*, la dualidad se manifestó. Por un lado, los cursos me enseñaban estrategias de venta, inflando mi ego para alcanzar sueños materiales. La obsesión era vender, sin importar si el comprador carecía de recursos o quedaba atrapado en deudas.

Por otro lado, la conciencia creció en mí. Las necesidades ajenas se volvieron visibles, y no podía insistir en la venta si no era esencial. Así, en ese cruce de caminos, aprendí que el amor y el servicio trascienden las transacciones mundanas.

El tesoro invisible.

Nuestra economía, frágil como un cristal a punto de quebrarse, nos mantenía en suspenso. Adrián solo había podido encontrar puestos de trabajo que no eran afines a su profesión, o que no eran tan bien retribuidos como cuando había trabajado en *CORTEC*.

En ese momento trabajaba como técnico en una pequeña empresa que se dedicaba a dar mantenimiento a las computadoras. El sueldo no era muy bueno y los gastos se mantenían altos. Yo por mi parte salía a vender con dificultades para concretar ventas. Juntos, luchábamos contra las mareas de la adversidad.

Las cuentas se amontonaban como hojas secas en otoño: la hipoteca de nuestra modesta morada, los vestidos que ya no les quedaban a los hijos, las colegiaturas que se alzaban como montañas inquebrantables. Los gastos de los servicios y los alimentos que cada vez eran más altos. En suma, todos los gastos se amontonaban y esperaban turno para ser liquidados.

Pero en medio de la escasez, encontramos un refugio en nuestra fe compartida. Un tesoro invisible que nos daba esperanza. Adrián y yo, juntos, andábamos en los caminos del Señor y las cosas eran distintas. Antes de tratar con Él y conocerlo, la preocupación y la angustia, esa bestia que devora la paz, hacían presa fácil de mi corazón y me resistía a no reconocer lo que sucedía llevándome a sufrir tremendas enfermedades.

Lo que había cambiado es que ahora teníamos fe y esperanza. La paciencia, esa virtud olvidada, se anidó en mi corazón.

Esperábamos, como árboles en invierno, que la primavera trajera consigo un nuevo empleo para Adrián. No era solo un trabajo; era la promesa de un renacer, de días en los que los números en el banco no dictarían nuestra felicidad.

Así, entre oraciones y suspiros, tejimos un puente hacia el mañana. Adrián y yo; éramos cómplices de un milagro en proceso. Y mientras esperábamos, no estábamos solos, el Señor nos sostenía en sus manos, como un alfarero que moldea el barro hasta convertirlo en vasijas de esperanza.

El legado de fe.

En el suave murmullo de los días, siempre he sentido el eco de un llamado divino que nos unió, como hilos que forman un tejido más fuerte. Adrián, mi compañero en esta danza sagrada, caminaba a mi lado, y su presencia era un faro de seguridad y alegría. Los ojos de nuestros hijos seguían nuestro sendero compartido, y en sus miradas, encontraba la certeza de que éramos un solo corazón, latiendo al ritmo que Dios nos impulsaba.

Recuerdo una tarde en la que el sol se derramaba sobre la banca del jardín, Adry, nuestra hija que cursaba ya la escuela secundaria se acercó con ojos serenos. Sus palabras, llenas de esperanza, revelaron su profunda comprensión. "Ora por mi amiguita y por sus padres", me dijo.

En su voz, resonaban las historias de otras niñas, lágrimas que caían como rocío en la noche. Sus padres se desgarraban por la separación, otros se enzarzaban en batallas económicas, y algunos más luchaban contra enfermedades implacables. Adry, aprendiendo de nuestra fe, dirigía palabras de esperanza para sus amigas y así se convertía en un puente de consuelo y aliento para ellas.

Los misteriosos caminos de Dios.

Dios está en todas partes, es el tejedor de destinos, y nos guio por caminos inesperados. La falta de empleo de Adrián nos llevó a la comunidad de matrimonios en *San Antonio de Padua*.

Allí, en el templo, descubrí los *TOV*, en ellos encontré lo que mi alma anhelaba: una relación personal con lo divino. En cada palabra susurrada, en cada abrazo compartido, sentí que el Señor habitaba en mí, en Adrián, en todos nosotros.

Y así, como aquel día en *El Redentor*, Jesús me instó a proclamar a mis hermanos que vive y nos ama, en *Talleres de Oración y Vida* recibí la formación que necesitaba para consumar ese envío. No solo para mis hermanos de sangre, sino para todos aquellos que, como hojas al viento, acudían a los *Talleres* en busca de luz y consuelo.

En este sendero de fe, descubrí que la vida es un poema en el que cada verso es una oración, cada encuentro un milagro, y cada corazón una catedral donde Dios reside. Y así, con la certeza de su amor, sigo adelante, cumpliendo el mandato que me fue dado: ser un faro de esperanza para todos los que cruzan mi camino.

11

La consumación de un sueño
Parte 1.

El Espíritu del Señor está sobre mí. Él me ha ungido para llevar buenas nuevas a los pobres, para anunciar la libertad a los cautivos y a los ciegos que pronto van a ver, para despedir libres a los oprimidos y proclamar el año de gracia del Señor.

Lucas 4, 18-19
(Biblia Latinoamericana, 2005)

La revelación de un sueño.

Habían transcurrido casi siete años desde aquel sueño que llenó de angustia mi alma. Aunque ahora mi corazón latía al ritmo sereno de la paz, la memoria de aquella mirada suplicante ardía en mi mente como una llama que se niega a extinguirse. Hasta ese momento, el significado de aquel sueño perturbador seguía envuelto en el velo impenetrable del misterio.

Un día, bajo el cielo plomizo de un atardecer que presagiaba tormenta, visitaba a mi madre en la casa de la 20 de Noviembre. Estábamos sentadas en la sala, nuestras almas entrelazadas en conversación, poco antes de que el reloj anunciara la hora de la comida. De repente, un golpe en la puerta irrumpió en nuestra tranquilidad. Una de mis hermanas, con pasos cautelosos, se acercó a abrir. Era mi hermana Malena, acompañada de mi sobrino Pablo Fernando, quienes habían llegado como heraldos de un destino inesperado. Tras los saludos, que resonaban con la solemnidad de un presagio, se acomodaron en los sillones de la sala para hacernos compañía.

Pablo, con una emoción que vibraba en el aire como una cuerda tensa de violín, se sentó justo frente a mí. Sus ojos, espejos de un alma joven e impetuosa, me miraron fijamente y dijo:

—Tía, qué bueno que está aquí. —Su voz era un torrente de alegría y anticipación por lo que estaba a punto de revelar.

—¿Por qué? —pregunté, mi curiosidad despertando como un gigante dormido.

—Ya sé lo que significa su sueño —proclamó con una convicción que parecía emanar de las mismas profundidades de la tierra.

—¡Ah, sí! —exclamé, sorprendida—. ¿Y qué significa? —pregunté, mi incredulidad suspendida en el aire como una neblina.

—¿Recuerda que dijo que veía muchos hombres acostados en el piso? —continuó, su voz un susurro que parecía arrastrar las cadenas de incontables almas perdidas.

—¿Y levantaban las manos pidiendo ayuda? —prosiguió, evocando mi angustioso sueño con la precisión de un poeta que recita su verso más desgarrador.

—Sí, lo recuerdo —respondí con vehemencia, pues era una imagen grabada en mi ser con la fuerza de un juramento eterno.

—Esos hombres que vio en el sueño son presos —declaró con total seguridad, como si fuera el poseedor de una verdad eterna—. ¿Y recuerda que había un edificio muy grande cerca de ellos?

—Sí, es verdad —respondí, mi interés atrapado en la red de su narrativa.

—Pues ese edificio es el *CERESO* (Centro de Readaptación Social) —explicó, su voz un eco de revelaciones—. Y el rostro que la miraba con ojos suplicantes, ese que le transmitía tanto dolor, era Jesús.

Con la seguridad de quien ha descubierto una verdad oculta en las páginas del tiempo, continuó diciendo:

—Es Jesús, tía, quien le está implorando que, a través de los *Talleres* que imparte con devoción, vaya y les brinde el sustento espiritual que anhelan: la palabra de Dios.

Me quedé petrificada, como quien ha sido tocada por la varita de un ángel, revelando verdades que trascienden la comprensión terrenal. La revelación de Pablo iluminó mi entendimiento con la claridad de un rayo celestial. Comprendí, con una certeza que resonaba en cada fibra de mi ser, que Dios mismo había susurrado al oído de Pablo el significado del sueño que había perseguido mi existencia con la tenacidad de una sombra.

Mi corazón, ahora un altar dispuesto a la voluntad divina susurró una promesa al viento: "Si Dios desea que vaya, seguiré su

llamado", y me dejé guiar por la senda que Él, con dedos de luz, había delineado para mí.

Los misterios del Señor son abismos insondables, cuyas profundidades se pierden en el infinito. Pablo, que años atrás había sido testigo de mi sueño, esa pesadilla que se cernía sobre mi alma había egresado de su carrera con el título de psicólogo y se encontraba en la flor de su servicio social en el reclusorio. Había descubierto que allí, entre muros que hablaban de arrepentimiento y esperanza, había almas que luchaban por liberarse de las cadenas de las adicciones. Para ellos, se había erigido un faro de cambio, un grupo llamado *VÉRTICE*.

Pablo, me confesó que a ese grupo se les estaba impartiendo cursos de superación personal, se les guiaba en rutinas de ejercicio y se les ofrecían lecturas que eran bálsamo para sus heridas.

No obstante, él percibía una ausencia palpable, un vacío que solo podía ser colmado por lo más esencial: Dios. Como psicólogo y mensajero de esperanza, propuso que se les impartiera una formación religiosa, un maná para sus almas sedientas. Al hacerlo, la memoria de mi sueño resurgió en él como una visión profética, y comprendió que ese era, sin lugar a duda, su verdadero significado.

Obteniendo los permisos.

Desde el primer momento, había visualizado que el Taller de Oración y Vida en el *CERESO* sería un reino de hombres, y que la prudencia dictaba que un caballero debía ser mi escudero en tal odisea. Adrián, mi esposo y también guía de *TOV*, se alzó en mi mente como el elegido, el compañero más noble para esta cruzada. Al primer destello de oportunidad, compartí con él las revelaciones que Pablo me había confiado.

—Adrián, ¿te aventurarías conmigo en este taller de almas? — interrogué con un timbre vibrante de emoción.

—Claro que sí, Rosy. No veo ningún problema en hacerlo, y me honraría ser tu compañero en esta sagrada misión que el Señor te ha encomendado —declaró él con una convicción inamovible.

Sin permitir que la duda manchara mi espíritu, avancé con una resolución inquebrantable hacia mi mentora, Chayito, cuya sabiduría veneraba como a un valioso tesoro. Le expuse mi aspiración de impartir *Talleres* entre los muros del reclusorio.

—Este es tu segundo taller, ¿te sientes preparada para este desafío? —me inquirió, poniendo en la balanza mi autoconfianza.

—Sí, por encima de todo, tengo la certeza de que es Dios quien me convoca y que Él será mi guía en cada paso —afirmé con una fe inalterable.

—¿Y cómo lo harás? ¿Con quién irás? —prosiguió, con la intención de desvelar cada matiz de mi plan.

—Con Adrián, mi esposo —contesté, sin un ápice de duda.

Chayito, complacida con mi resolución, nos embarcamos juntos en la elaboración de los preparativos.

El tiempo, implacable y veloz, se deslizaba hacia la fecha señalada. Adrián, después de varios meses desempleado, al fin, como un oasis en la distancia, surgió una oportunidad laboral irrenunciable. No obstante, los horarios del taller, esos sábados de nueve a once que se extendían al tiempo de traslado y lo requerido para entrar y salir del penal, acabarían por devorar la mañana entera, chocando con la rigidez de su nuevo empleo. Con un pesar que le oprimía el alma, me confesó que no podría ser mi compañero en esta travesía.

Recorrí entonces el sendero de la memoria hasta encontrar a Agustín, compañero de la escuela de formación y guía, cuya presencia masculina me brindaría una sensación de seguridad entre los muros del reclusorio. Aceptó, en un principio, ser mi compañero en esta misión, pero el destino, caprichoso, pronto le arrancó esa posibilidad por razones que se diluyen en el olvido.

La cuenta regresiva avanzaba, y a quince días del comienzo, el vacío de un compañero de taller pesaba sobre mí. Busqué el refugio de la sabiduría en Chayito, mi guía formadora, y le expuse las vicisitudes que habían desviado a Adrián y Agustín de mi lado. Con la serenidad que otorga la experiencia, Chayito me aconsejó:

—Reflexiona sobre alguien que con quién te sientas cómoda, que te identifiques con su forma de ser, para que juntos puedan ser los portadores del tesoro de *TOV*. Medita en quién podría ser esa persona.

Sus palabras aclararon mi panorama. Silvia, la mujer que me había guiado hacia el amor divino y cuya luz había encendido mi pasión por los *Talleres*, emergió en mi mente. Con el corazón latiendo al ritmo de la urgencia, me dirigí a su hogar para compartirle mi visión. Le expuse mi deseo de llevar los *Talleres* al reclusorio y, sin vacilar, ella respondió con una promesa que selló nuestro destino:

—Sí, voy contigo.

Ya con mi compañera de taller al lado, solo restaba conseguir los permisos necesarios. A través de los contactos de mi sobrino Pablo, logramos que el director del *CERESO* nos abriera las puertas, permitiéndonos impartir los *Talleres* bajo el estandarte del programa *VÉRTICE*. Pero aún faltaba la llave principal: la bendición del director de la Pastoral Penitenciaria (PP).

Una semana antes de iniciar, nos presentamos ante el padre Roberto Luján, director de la PP en aquel entonces, de quien esperábamos recibir no solo la autorización formal sino también la bendición espiritual para llevar a cabo nuestra misión en aquel recinto.

El padre Roberto nos acogió con una calidez que infundía aliento a nuestras almas. Nos aseguró que éramos bienvenidas y que era un acto sublime el querer llevar la palabra de Dios a aquellos privados de libertad. No obstante, su voz se tiñó de seriedad al advertirnos: —Han de saber que la tarea que emprenden es ardua, de una dificultad extrema. No pueden ni imaginar los obstáculos

que encontrarán —dijo con un dejo de tristeza—. Habrá días en que les permitan entrar y otros en que no. A veces, serán los propios reclusos quienes no puedan asistir por innumerables razones — continuó—. Se enfrentarán a incontables interferencias, incluso de sus propios familiares. Es imperativo que dialoguen con ellos para prevenir complicaciones con su esposo o hijos, que también reclaman su atención —concluyó con firmeza.

Con esas palabras, nos extendió una carta oficial que nos autorizaba a adentrarnos en el *CERESO* y ofrecer los *Talleres de Oración y Vida* al grupo *VÉRTICE*, formado por cerca de cuarenta almas anhelantes de liberarse de sus cadenas adictivas. Tras otorgarnos su bendición, nos instó a contactarlo si surgía alguna necesidad.

Al finalizar el encuentro, y pese a las sombrías advertencias, Silvia y yo nos aferrábamos a la certeza de que marchábamos bajo el estandarte divino, con el propósito firme de ser testigos de la materialización de los designios del Señor. Esa fe inquebrantable sería la que iluminaría nuestro camino; confiábamos plenamente en que, a pesar de los escollos que pudiéramos hallar, todo se desenvolvería conforme al plan celestial.

Antes de la primera sesión, nos enfrentamos a un dilema crucial: la penuria económica de los reclusos. Se esperaba la asistencia de al menos cuarenta almas al taller. Las biblias, el material didáctico, los libros de encuentro, el cantoral, las carpetas y prácticas semanales, el cuaderno espiritual y las plumas, todo debía surgir de donativos generosos.

Nos entregamos a la búsqueda de corazones caritativos que nos ayudaran a sortear estos gastos. La providencia se manifestó a través de almas bondadosas, entre las cuales destaca Maty, quien sin titubear nos proveyó de decenas de biblias para todos los reclusos participantes. En esa misma semana, logramos reunir todo el material necesario. Con el problema resuelto, aguardábamos con júbilo, convicción y una pizca de ansiedad, el alba del día de inicio del taller.

De camino al CERESO.

Era un sábado, el día de inicio del taller había amanecido. Aunque la cita estaba fijada para las nueve, conocíamos la rigurosidad del protocolo de entrada: la fila, el registro meticuloso de nuestras pertenencias, y la posibilidad de una revisión personal. La premura de la mañana nos urgía a partir temprano, para no incurrir en tardanzas que pudieran desvanecer nuestra oportunidad de dar *Talleres*.

A las siete de la mañana, cargamos la camioneta Villager con biblias y el arsenal de materiales necesarios para la jornada. Silvia y yo, con el corazón palpitante de emoción y un hálito de incertidumbre, nos encaminamos hacia el reclusorio. La felicidad de llevar el taller a aquel lugar se entrelazaba con la duda de cómo sería recibido por los reclusos, el taller era la novedad de un programa forzoso para ellos.

No obstante, nuestra disposición era inquebrantable, colmada de alegría y la certeza de no estar solas. Dios nos acompañaba, Él nos dirigía y nosotras nos dejábamos conducir por Él.

El periférico Lombardo Toledano se presentaba ante nosotras, y al aproximarnos a la carretera de Chihuahua a Delicias, un letrero nos señalaba el desvío hacia la entrada principal de la penitenciaría. El trayecto era una recta que se extendía hacia el horizonte, culminando en el control de acceso vehicular. Tras una inspección fugaz, el guardia nos otorgó el paso. Al estacionar, el panorama revelaba un paisaje bastante árido y sin árboles que adornaran o dieran sombra.

La estructura carcelaria se erguía imponente, un monolito de concreto que proyectaba una sombra severa. Sus muros, adornados con torreones de vigilancia y coronados por alambre de púas, se alzaban desafiantes. Las ventanas, escasas y distantes, se concentraban en el núcleo administrativo. El acceso para visitas, destacado por un arco granate, ofrecía un contraste vibrante contra el color grisáceo del resto del inmueble.

Silvia y yo, unidas en espíritu, entrelazamos nuestras manos y elevamos una oración al Espíritu Santo, buscando su luz en el camino que estábamos por emprender. Las palabras de los guías resonaban en nuestro ser: "Estoy contento, Señor, porque voy a hacer felices a mis hermanos. Llena de alegría mi corazón, Señor, porque voy a anunciar tu nombre".

No éramos Silvia y yo quienes debían brillar en el taller, sino el Señor a través de nosotras. Anhelábamos que su presencia se manifestara ante los reclusos, para que su mensaje y amor se hicieran más intensos. Con fervor, encomendamos a cada uno de ellos, pidiendo que sus corazones estuvieran abiertos y receptivos.

Descendimos de la camioneta, con una tradición propia de los guías, cargamos con el Manual del Guía, la Biblia, la vela, la grabadora, una mesa y los materiales para el taller, y nos dirigimos a la entrada. En el área de revisión, presentamos la carta de autorización y nuestras identificaciones. Tras una exhaustiva inspección, los guardias, amables y diligentes, nos asignaron a Isidro como escolta, quien nos guiaría durante nuestra estancia en el *CERESO*.

Bajamos al área de supervisión, un espacio dominado por el gris del cemento, donde tres guardias registraban meticulosamente a los visitantes. Una vez completada la revisión, nos condujeron a la capilla, donde los reclusos ya nos esperaban, listos para comenzar un nuevo capítulo en sus vidas.

El Dios de la ternura.

La capilla, de modestas dimensiones, acogía en su seno a no más de cincuenta almas. Las bancas, alineadas en dos filas paralelas, custodiaban los pasillos laterales y uno central, serpenteando hacia el altar. Este último, destacaba por su sencillez, solo una cruz y la sagrada imagen de la Virgen de Guadalupe pendían de la pared.

Al cruzar el umbral, los ojos se posaron sobre los reclusos del programa *VÉRTICE*, ya preparados, aguardando nuestra llegada. Nos acomodamos en las sillas dispuestas para nosotras, dándole la espalda al sagrado altar. Preparamos una pequeña mesa para el atril, la Biblia, el cirio pascual y una solitaria flor. Distribuimos entre los presentes una Biblia, el libro Encuentro, un cantoral, un cuaderno y una pluma, luego dimos inicio a la sesión.

La primera sesión, titulada como "El Dios de la Ternura", desvelaba la perspectiva novedosa con la que Jesús nos revela a Dios como Padre, invitándonos a descubrir y sentirnos como hijos profundamente amados y valorados por Él.

La introducción fue seguida de oraciones y cánticos, tal y como dictaba el Manual del Guía. Mientras nuestras voces se elevaban en alabanza, nuestros ojos se aventuraban a capturar la esencia de lo que nos rodeaba. Los participantes, atentos, seguían cada indicación con precisión militar. Los rostros más próximos, a apenas un metro y medio, eran un lienzo de emociones: tristeza, fatiga, indiferencia y, en algunos, una chispa de esperanza.

Recuerdo vívidamente a uno de ellos, situado frente a mí, vestido con una pantalonera tan humilde y gastada que rozaba la transparencia, revelando más de lo que ocultaba. Tatuajes y melenas largas eran el común denominador. En aquel programa, la disciplina era la columna vertebral; todos estaban entrenados para acatar órdenes, cual soldados ante su comandante.

En el mensaje, la voz del padre Ignacio Larrañaga resonó en la capilla, una voz tan embriagadora que parecía ser la mismísima voz de Dios la que nos envolvía. La atención de todos quedo absorta y receptiva a sus palabras, meditando el mensaje que, aunque entraba por los oídos, se guardaba en el corazón.

El padre nos recordaba que fuimos creados por amor divino, que Jesús nos trajo una noticia trascendental: el Padre nos ha amado incondicionalmente desde el principio de los tiempos, no por nuestra bondad ni con la intención de que seamos buenos. Nos ama sin razón alguna, sin esperar nada a cambio, con la pureza con la que una madre ama a su hijo, simplemente por ser fruto de sus

entrañas. Y así, concluía que somos, indiscutiblemente, hijos amados de Dios, hijos del Padre celestial.

La primera sesión desplegó su calidez, tocando las fibras más íntimas de los asistentes, quienes, como niños, aguardaban con ojos brillantes y almas abiertas, ante las resonancias de lo escuchado. Nos miraban con asombro, proclamando que era algo extraordinario y hermoso que pudiéramos estar allí con ese mensaje de amor divino.

Para ellos, la noción de ser amados era una revelación. La sesión había llegado al corazón, así lo mostraba el cambio en la expresión de los rostros y la ferviente participación de la mayoría. En contraste, algunos rostros permanecían endurecidos, expectantes, marcados por el escepticismo forjado en el tiempo de su encierro y en la dureza de corazones que habían olvidado cómo latir al ritmo de la esperanza.

A lo largo de la sesión, su disposición para servir fue un bálsamo; ni un lápiz podía rozar el suelo sin que manos prestas acudieran en auxilio. Abiertos a recibir, sí, pero igualmente dispuestos a dar, buscaban incansables cómo contribuir. Al concluir, impartimos directrices para su práctica semanal y les dejamos biblias y textos para que siguieran desentrañando, en la sagrada escritura, las maravillas del amor divino.

Al término, algunos anhelaban aproximarse a Silvia o a mí, pero la rigidez de guardias y custodios erigía barreras, celosos del orden. Los internos, sumisos, solicitaban permiso para cada paso, respetando cada norma impuesta.

Nos despedimos del recinto, asistidas por algunos internos que cargaron nuestras pertenencias hasta el límite de su mundo. Más allá, nosotras mismas llevamos el peso hasta la salida. Al exterior, depositamos todo en la camioneta y emprendimos el regreso.

En el trayecto, Silvia y yo compartíamos impresiones, desbordantes de gratitud por la ausencia de contratiempos. Reflexionábamos sobre su sencillez, su descuido personal, su aparente abandono; sin embargo, resaltaba su entusiasta

disposición para sumergirse en el taller. Era apenas el comienzo, pero intuíamos que, tras esos muros, Dios obraría prodigios inimaginables.

Si conocieran al Padre...

El lunes siguiente, en el recinto sagrado de San Antonio de Padua, Adrián y yo, impartíamos con fervor la segunda sesión de nuestro taller. Al caer el telón de esta jornada, compartí con los corazones atentos la crónica de nuestra misión en el *CERESO*. Les narré cómo habíamos llevado el mensaje divino a aquellos que tanto necesitaban, les conté cómo esas almas, sedientas de esperanza, se mostraban receptivas a pesar de estar envueltas en la tristeza de sus ropas desgastadas y estómagos vacíos.

Una de las almas presentes, cuyo corazón desbordaba generosidad, se erigió como mensajera de caridad, ofreciendo vestimentas para los cautivos. Ante la visión de la dicha que tal gesto podría engendrar, mi asentimiento brotó entusiasta: "Sí, claro, es una idea maravillosa". Pronto, otra voz se elevó, inquiriendo si los alimentos pudieran ser también compartidos. La propuesta de nutrir tanto el cuerpo como el espíritu me pareció grandioso, y así, uno tras otro, se sumaron promesas de traer ropajes y viandas para el próximo encuentro.

En un salón paralelo del mismo templo, Silvia, con su propio círculo de talleristas, vivía un eco de nuestra experiencia. Ellos, igualmente movidos por el espíritu de fraternidad, se comprometieron a extender su mano a los reclusos.

En el reclusorio, el padre Luján era nuestro faro, mientras que, en San Antonio, el padre Ramoncito nos envolvía con su manto espiritual. Le confiamos nuestro taller de oración en el *CERESO* y solicitamos sus plegarias por nosotras y por aquellos entre rejas. Con una sonrisa y los ojos como puertas cerradas al mundo, nos

bendijo: "Qué bueno, esos niños necesitan que la luz divina ilumine sus corazones. Sí, elevaré mis oraciones por ustedes y por ellos".

Y así, el sábado se nos presentó de nuevo, y nuestra travesía al interior del penal fluyó con la gracia de la semana previa. En la capilla, los reclusos nos aguardaban, sus semblantes ahora pintados con pinceladas de ánimo. La sesión, llamada "Si conocieran al Padre...", buscaba envolverlos en el amor omnipresente de Dios, invitándolos a abrirse a su abrazo amoroso.

La escritura sagrada del día, Lucas 15, versículos del 1 al 24, resonó como un himno a la redención. Algunos reclusos se vieron reflejados en la oveja extraviada, aquella por la que Dios, abandonando a las noventa y nueve restantes, emprende la búsqueda incansable, y al hallarla, la acoge en sus brazos y la retorna al redil. De igual manera, otros se reconocieron en el hijo pródigo, que, tras errar en el laberinto del pecado, retorna arrepentido al hogar paterno, donde es recibido con júbilo y festín.

Al compartir sus reflexiones, sus corazones se estremecieron al sentirse identificados y amados por el Padre. Y fue entonces cuando se manifestó el prodigio: esos varones, curtidos por las andanzas de la vida, se rindieron ante el amor divino. Sus miradas se inundaron de lágrimas jubilosas, sollozaron con la inocencia de la infancia, percibiendo la vastedad del amor paterno que los alcanzaba hasta ese lugar donde estaban, susurrándoles su amor incondicional y el anhelo de festejar su retorno.

Tras compartir, nos adentramos en la práctica de la oración escrita. Este método de comunicación con el Señor implica entablar un dialogo personal con Él mediante la escritura, les resultó sorprendentemente accesible. Inspirados en la alegoría del hijo pródigo, iniciaron sus escritos tras una breve invocación al Espíritu Santo.

Expresaron su gratitud por el perdón del Padre, se comprometieron a una existencia virtuosa y solicitaron fortaleza para honrar sus votos, todo ello plasmado en una carta de amor al Padre. Las palabras fluyeron de sus corazones como un río impetuoso, llenas de agradecimiento y promesas de enmendar su

camino. El papel de sus libretas parecía insuficiente para contener todas las palabras que anhelaban dirigir al Creador.

Esta modalidad de oración se convirtió en el pilar de ese taller, una práctica constante que transformó cada sesión en un torrente de emociones y revelaciones. Los internos, que por largo tiempo se habían sumido en una aridez espiritual, descubrieron en la escritura una nueva forma de comunicarse con el Señor. Sus oraciones, cartas y reflexiones llenaban sus cuadernos, convirtiéndose en un puente esencial hacia lo divino.

Luego arribó el mensaje del padre Ignacio, que resonó con profundidad en sus corazones. Les reveló cómo Jesús halló el amor del Padre en la oración, era en la soledad y el silencio donde se encontraba con Él. De esos encuentros, Jesús emergía rebosante de amor, sapiencia y dulzura, incapaz de reprimir el gozo de su hallazgo. Se adentraba en el mundo para anunciar el evangelio, sembrando en el alma humana un deseo impetuoso por el Padre. La santidad, les explicaba, no era sino la correspondencia amorosa al amor recibido.

En aquel encuentro, el amor celestial se vertió con fervor en los corazones de los cautivos. Aunque solo era la segunda reunión, ya se percibían dichosos, emancipados, amados y absueltos por Dios. Los semblantes, antes endurecidos por las adversidades, comenzaban a suavizarse, reflejando la transformación interna que estaban viviendo.

Al concluir, nos encaminamos hacia la entrada principal. Allí, recordé las donaciones prometidas y la urgencia de los permisos para su ingreso. Procedí a la administración para tramitar las autorizaciones requeridas para entregar indumentaria y víveres al grupo *VÉRTICE.* Nos confirmaron que los permisos se otorgarían en días venideros, por lo que acordamos recogerlos el sábado próximo antes de la sesión.

Con el corazón lleno de júbilo, Silvia y yo retornamos, conversando efusivamente sobre los sucesos del día. Al arribar a mi hogar, tomé el teléfono y contacté a Silvia; aún había tanto por compartir que era menester continuar nuestra charla, reviviendo

cada palabra pronunciada, cada semblante y actitud transformados. El Señor estaba obrando prodigios, y apenas iniciábamos el taller. Intuíamos que aún nos aguardaban más maravillas por descubrir.

Peregrinos de la fe.

El lunes siguiente, en el umbral del Taller de San Antonio, la generosidad se hizo presente en abundancia. Al concluir la jornada, las talleristas, fieles a su palabra, arribaron cargadas de vestimentas y manjares para compartir con los internos. Un eco de este gesto se replicó en el taller de Silvia, acumulando así una considerable colección de prendas y provisiones para distribuir. Con diligencia, Silvia y yo nos dividimos las responsabilidades para avanzar en la preparación de los víveres que entregaríamos en días siguientes.

El sábado amaneció, y con él, una cita muy temprano. Silvia, junto a sus compañeras Marisela y Chayito, habían madrugado para culminar la preparación de los alimentos. Mi llegada, casi a las seis de la mañana, me encontró con la comida ya dispuesta, colaborando únicamente en los retoques finales. A pesar de la magnitud del grupo, la solidaridad había sido tan abrumadora que disponíamos de lo imprescindible, e incluso, un excedente para la semana venidera.

Una vez concluido, cargamos mi vehículo con los bultos de material, las cajas de ropa, las bebidas y los guisos ya listos, procurando no verter su contenido. Ante la magnitud de la carga, Maricela optó por unirse a nosotras para asistir en el traslado de la vestimenta y las viandas hasta el control de seguridad.

Durante el trayecto, meditábamos sobre la provisión que transportábamos y recordamos las advertencias del Padre Luján, quien nos prevenía sobre la posibilidad de que nos impidieran el paso. Nos habíamos arriesgado a llevar donativos sin haber

recabado aún la autorización, ignorando siquiera si esta había sido concedida. No obstante, una convicción interna nos aseguraba que no enfrentaríamos obstáculos, que la providencia divina nos acompañaba y allanaría cualquier barrera, y que la autorización nos aguardaba en la oficina.

Al arribar al aparcamiento, entre las tres, descargamos la multitud de enseres y los aproximamos a la entrada. Mientras Silvia y Marisela retornaban al vehículo por más artículos, yo me dirigí a recoger el documento para los alimentos y la ropa, que, efectivamente, había sido autorizado. Con todo a cuestas y los documentos, autorizaciones e identificaciones en mano, nos aproximamos al punto de inspección.

Allí, uno de los vigilantes inició el escrutinio de nuestras pertenencias, extrayendo de las bolsas las biblias y el material didáctico. Nos dirigimos al responsable: "Mire, hemos traído vestimenta y comida para los internos del grupo *VÉRTICE* que participan en el taller". Al contemplar la abundancia de prendas y alimentos, nos replicó con cierta arrogancia: "No, las normativas del penal prohíben esto, deben solicitar permiso y presentar su autorización correspondiente". Acto seguido, le exhibí la autorización que nos habían otorgado.

Al percatarse del permiso y notar que portábamos nuestras biblias y el material del taller, su actitud cambió, como si hubiesen reconocido un mandato celestial. El encargado intercambió unas palabras con el guardia que había revisado nuestras cargas y, tras inspeccionar las cajas de ropa y las ollas con comida, nos concedió el paso con una sonrisa: "Procedan, por favor".

Las puertas se abrieron para acoger la asistencia inesperada para aquellos reclusos, una grata sorpresa que llevábamos en nombre del Señor.

Depositamos la vestimenta y los alimentos en aquel lugar, sabiendo que más adelante ellos mismos se encargarían de los trasladados al patio, al cual llamábamos *CONASUPO,* porque se encontraba a un lado de la tiendita del reclusorio. Ese patio fungiría como comedor durante esa y las sesiones sucesivas.

Mientras tanto, nos encaminamos hacia la capilla, donde los colaboradores del taller nos aguardaban para iniciar la sesión denominada "Peregrinos de la fe", cuyo propósito era revelar la esencia de la fe: la entrega entre la certeza y la oscuridad, y comprender que creer es asumir un compromiso personal con Dios.

En la penumbra de la capilla, una voz se alzó con fuerza, recitando las palabras de Éxodo 33, 7-23. Una escena cargada de símbolos y significados en torno al misterio de la fe.

Nos hablaba de la confianza con la que Moisés conversaba con Dios, como si lo viera cara a cara, con una intimidad y confianza inigualables. Los reclusos, con ojos brillantes y esperanzados, compartieron su anhelo de alcanzar tal cercanía con lo sagrado, de conversar con Dios con la misma confianza que lo hacía Moisés.

El padre Ignacio, con su voz serena, nos recordó nuestra travesía como peregrinos en un mundo de certezas y oscuridad. Nos instó a abrazar una fe madura, a reconocer la presencia divina en cada paso incierto, a apostar por una verdad que trasciende la vista y el oído. 'Hagamos el salto al vacío', nos animó, 'pues en la apuesta por la palabra de Dios, encontramos nuestra fortaleza'.

Al concluir el encuentro, revelamos la sorpresa: "Estamos dando un taller simultáneo en otra parroquia y les contamos de ustedes. Les dio mucho gusto que pudieran tomar el taller y quisieron ayudarlos enviando ropa y comida, que está preparada allá en la *CONASUPO*".

Los reclusos, con miradas de asombro e incredulidad, apenas podían contener su alegría. "¿Es cierto?", preguntaban, "¿Por qué nosotros?". Estaban felices, como niños que se dirigen a una fiesta anhelada.

Descendimos al espacio designado, donde los reclusos, con diligencia y cuidado, dispusieron mesas y sillas. Colocamos nuestras pertenencias y la grabadora a un lado, y servimos la comida. Tras la bendición de los alimentos, que pronunciaron con

humilde reverencia, nos unimos en un banquete fraterno, compartiendo historias y risas.

Posteriormente, nos dirigimos a donde se encontraban las cajas de ropa. Previamente, habíamos solicitado al guardia que supervisara una distribución ordenada. "Las señoras son muy amables y les consiguieron ropa. No quiero que se haga un desorden", les explicó, "Tienen que portarse bien, escojan con consideración y respeto". Los reclusos, con emoción contenida, se aproximaron uno a uno, seleccionando con gratitud la ropa que más les agradaba. Al final, todos llevaban en sus manos la prenda o prendas que habían elegido, sus rostros mostraban una gran alegría y felicidad.

El viaje de regreso fue una celebración de la vida. Observamos la transformación en los reclusos, su gratitud desbordante hacia el Creador por cada detalle recibido. Todos recordaron la práctica de la primera sesión: ante tantas maravillas que observamos en el mundo, percibir y reconocer cada una es un regalo de amor divino y agradecerlo con un sincero "Gracias Padre, yo también te amo".

Mujer de fe y pobre de Dios.

El lunes siguiente, en nuestro taller en San Antonio, compartí con los talleristas la maravilla que había sido para los reclusos recibir la vestimenta y los víveres que, con manos abiertas y corazones generosos, habían donado. No escaseaban las almas caritativas que ofrecían nuevos donativos, permitiéndonos continuar con nuestra labor de entrega en el taller del reclusorio. Un eco de esta generosidad resonaba en el taller de Silvia. Tal benevolencia se erigió pilar fundamental para que en cada encuentro pudiéramos portar no solo ropa y alimento, sino también esperanza.

Más allá de los mensajes, las sagradas escrituras y las prácticas semanales que habían encendido el amor en sus corazones, la fe y confianza en Dios florecían como un árbol antes seco que, poco a

poco, renacía en sus almas, brotando vida nueva. Al fin, alguien mostraba interés y amor por ellos. A través de nuestras acciones y de todos quienes ayudaron con generosidad, Dios les extendía el amor que anhelaban. Percibían, sin asomo de duda, que nuestra ayuda era la manifestación tangible del amor divino.

En aquellos días, trabajaba con Mauricio, un peluquero de renombre, a quien relataba las crónicas de nuestro taller, las maravillas que descubríamos en cada sesión. Un día, mientras le narraba los sucesos recientes, exclamó con fervor:

—Rosy, quiero ir con ustedes al taller.

—No sé si te permitirían el acceso, pues no es tarea sencilla entrar; se requiere permiso y no es fácil obtenerlo —le advertí, conocedora de los obstáculos para ingresar al *CERESO*.

—Yo no sé cómo le vas a hacer, pero quiero ir —insistió con determinación.

—¿Y cuál sería el plan? —inquirí, incierta de la viabilidad.

—Asistiré, aunque no participe en el taller; incluso, podría ofrecer cortes de cabello —propuso, hallando una solución.

—Está bien, solicitaré el permiso a ver si nos lo conceden — concedí finalmente.

El sábado siguiente nos aguardaba la sesión titulada "Mujer de fe y pobre de Dios". El tema central era la fe inquebrantable de María y su actitud ante los desafíos que enfrentó en su vida.

En el grupo *VÉRTICE* convergían múltiples credos. Siendo un programa con un propósito definido, la variedad de denominaciones —católicos, evangélicos, bautistas, o incluso aquellos sin fe— no era de importancia. El objetivo primordial era liberarlos de las garras de las drogas mediante el programa. Solo más tarde descubrimos que entre nosotros también se encontraban uno o dos reclusos con pasados vinculados a sectas de naturaleza oscura.

En el trayecto, Silvia y yo especulábamos sobre el devenir de la sesión, centrada en la figura de María, y cómo reaccionarían aquellos no devotos de la tradición católica. A pesar de que el taller se proclamaba **ecuménico**, la incertidumbre sobre la acogida de los internos ajenos a esta devoción nos acompañaba.

La sesión comenzó bajo un manto de expectación y reverencia. Iniciamos con la lectura del pasaje bíblico de Lucas 1, 26-38, que narra la anunciación del nacimiento de Jesús. El ángel Gabriel se presentó con palabras de alabanza, sumiendo a María en un estado de perplejidad al revelarle su futura maternidad divina, fruto del Espíritu Santo. Con una humildad impresionante, María aceptó su destino con un simple *Hágase*.

Después, atendimos al mensaje del padre Ignacio, quien nos pintó a María como una buscadora incansable, una mujer que, lejos de comprender todo lo que hoy conocemos de Jesús, se erigía más como servidora que como soberana. Nos instó a recordar que el evangelio nació en el corazón de María, quien todo lo guardaba y meditaba en su corazón. Su grandeza nunca fue tan palpable como cuando, en el calvario, mantuvo su "Hágase", respondiendo con silencio al silencio de Dios.

En el transcurso de nuestra sesión, los semblantes de aquellos talleristas ajenos a la fe católica experimentaron una metamorfosis sutil. Sus facciones, tonos de voz, comentarios y gestos se tornaron más dóciles, como si una brisa espiritual los hubiera acariciado suavemente.

Yo, en mi papel de guía, llevaba el hilo de la sesión, mientras Silvia, observadora atenta, se deslizaba entre los asistentes. Con ojo atento, verificaba que las lecturas y mensajes calaran en cada uno, prestándose a disipar cualquier sombra de duda. Y cuando Silvia tomaba las riendas, yo emulaba su danza, asegurándome de que pusieran atención y que no les faltara ni el material necesario ni sus Biblias sagradas.

Tras escuchar el mensaje divino, propuse una meditación comunitaria. Al concluir, invité a compartir lo que habían sentido o

pensado. Mis ojos recorrieron el grupo de talleristas hasta detenerse en una mirada incisiva que infundía cierto temor.

La mirada pertenecía a Manuel, un interno sentado casi a la mitad de la fila de bancas, cuya presencia en la sala era tan firme como su postura. Su rigidez, recuerda la de un soldado en formación, contrastaba con sus ojos claros y su mirada profunda y penetrante. Su Biblia y cuaderno permanecían cerrados, y no sabía con exactitud si los había usado. Evité mirarlo más y continué con el resto de los asistentes, cuyos corazones se mostraban ansiosos con el deseo de expresarse.

Entre ellos, algunos evocaban a sus madres en la figura de la Virgen, otros a sus esposas. Confesaron que les había parecido muy bonito ver el retrato de María pintado por el padre Ignacio, les había revelado una faceta desconocida de la Madre de Jesús. Descubrieron que María, no era una reina inalcanzable, sino una mujer de su tiempo, común, trabajadora y humilde que aceptaba la voluntad de Dios con obediencia, con una entrega sin condiciones.

María, la mujer y madre del evangelio, cosechó el respeto y la admiración de aquellos hombres, incluso de aquellos que no compartían nuestra fe católica. José, un joven del grupo, confesó: "Algo hermoso ha florecido en mí gracias a estas enseñanzas. Antes, hablar de Dios con alguien de otra fe me era impensable, pero ahora, lo hago con naturalidad y respeto, como si las barreras que antes sentía se hubieran disuelto, dejándome más libre, más feliz".

Varios confesaron que esta sesión había tocado lo más profundo de sus corazones, dejando sus sentimientos a flor de piel. Mencionaron que anhelaban y necesitaban el perdón de sus madres o esposas.

Muchos cumplían condenas de 30 años o incluso cadena perpetua. Al principio, cuando llegaron al reclusorio, las visitas eran frecuentes, pero con el tiempo, la mayoría dejó de recibirlas. Era probable que sus madres hubieran fallecido o que sus esposas se hubieran distanciado. Esa ausencia dejó una herida en sus almas, y deseaban ser perdonados por esos seres tan queridos.

Uno de los internos, con la voz quebrada por la emoción, se acercó a Silvia y le suplicó: "¿Me podría dar un abrazo? Ya no tengo a mi madre y quisiera pedirle perdón y abrazarla, pero no puedo. Si usted me deja abrazarla, podría sentir que mi madre me ha perdonado". Silvia, con los ojos llenos de ternura, le respondió: "Claro que sí, hoy soy tu mamá. Ven a mis brazos". Él la abrazó y lloró, lloró mucho. En sus brazos, le pidió perdón a su madre y su alma quedó liberada de esa necesidad de perdón que lo oprimía.

Uno a uno, los internos se erguían, acercándose a Silvia para envolverla en un abrazo que trascendía palabras. En sus gestos se leía una súplica silenciosa, un eco de perdón hacia las madres ausentes. Aquel instante se convirtió en un santuario de reconciliación, un testimonio mudo pero elocuente del poder sanador del perdón.

En ese cruce de caminos, la claridad me inundó. Las adversidades que Adrián y Agustín enfrentaron no eran meras coincidencias; eran designios divinos. Dios había cerrado esas puertas para guiarme hacia lo que su voluntad quería: esos hombres recios cuya alma clamaba ayuda no requerían de la compañía masculina que yo había creído, sino de la presencia femenina de Silvia, cuyo amor maternal era el bálsamo para sus corazones heridos, el puente hacia el amor y el perdón que anhelaban.

La sesión terminó con los corazones rebosantes de gozo, nos dirigimos a la *CONASUPO* para compartir el sustento que habíamos llevado. Consagramos los alimentos y entablamos conversación con los internos, interesándonos genuinamente por los cambios personales que el taller había despertado en ellos. Al concluir el banquete, abandonamos aquel espacio para emprender el camino de regreso a la entrada del reclusorio.

Mientras nos encaminábamos hacia la salida, Lucero, el encargado y responsable del grupo, nos preguntó sobre las impresiones de la jornada. Le relatamos lo grandioso de la sesión y los testimonios que habíamos escuchado con el corazón. Le hablamos del recluso de mirada inquisitiva, aquel que había mantenido su biblia cerrada.

"Se llama Manuel", nos reveló Lucero, "y antes de estar aquí, estaba vinculado a una secta satánica". La sorpresa nos sacudió; habíamos asumido que todos compartían la fe en un mismo Dios, aunque a través de distintas religiones. Este descubrimiento arrojaba luz sobre su actitud impenetrable y aquella mirada que nos había infundido un temor reverencial. Desde ese instante, incluimos a Manuel en nuestras oraciones, confiando en que Dios obraría la transformación de su alma.

Ya en el exterior, solicité en la oficina una autorización especial para que Mauricio pudiera ofrecer su servicio de barbería a los miembros del grupo *VÉRTICE*. "Contamos con un compañero deseoso de sumarse a nosotras y brindar su arte en el corte de cabello", les expliqué. La idea les pareció acertada y nos otorgaron el permiso verbal, quedando pendiente la autorización formal para los días venideros. Optamos por aguardar hasta el próximo sábado para obtenerla.

Al abandonar el edificio, el camino a casa se vistió de reflexiones sobre la belleza de la sesión, las emociones vividas y las impresiones compartidas. Confesé a Silvia el inquietante efecto que la mirada de Manuel había tenido en mí. Ella asintió, compartiendo su propia inquietud que, tras la explicación de Lucero, ahora cobraba sentido.

No obstante, la jornada había sido de tal magnitud que nuestros pensamientos pronto retornaron a los instantes de perdón y reconciliación. El júbilo y la alegría nos acompañaron el resto del trayecto, pues la presencia divina continuaba manifestándose en ese taller, grandiosa e incesantemente.

Por el abandono a la paz.

Los *Talleres* de inicio de semana se habían convertido en una fuente inagotable de ayuda para los muchachos del reclusorio. La abundancia de vestimenta y víveres era notable, y con fervor, nos

entregábamos a la tarea de preparar los alimentos que serían llevados el sábado.

Cuando el día llegó, en compañía de Marisela y Mauricio, nos encaminamos hacia la penitenciaria, portadores de la convicción de que Dios marcaba nuestro sendero. La expectativa por ese día había crecido en nuestros corazones; estábamos ansiosos por llevar vasos de consolación a un lugar marcado por la necesidad. Al arribar al estacionamiento, cada sábado se repetía el ritual: un sol esplendoroso, un cielo de un azul intenso y una brisa que acariciaba el alma.

A veces, antes de bajar de la camioneta, un aroma a incienso se desplegaba lentamente. En otras ocasiones, surgía el perfume fresco y vivificante de las rosas. Era como si el aire mismo estuviera liberando fragancias de una ofrenda invisible, envolviendo el vehículo en una atmosfera de paz y serenidad. Era un misterio, un regalo inesperado como si fuera la voz del Señor susurrando: "Con ustedes estoy, con ustedes voy".

Junto a Mauricio, fui en busca de la autorización que nos permitiría entrar. Su alegría era palpable, su sonrisa, un reflejo de su contento. Nos aproximamos al control de seguridad y, con los documentos en regla, Mauricio pasó sin contratiempos, incluso con sus tijeras y el equipo para su labor de barbero.

Mientras impartíamos el taller en el interior de la capilla, él se dedicaba a su arte en el exterior, transformando la apariencia y, quizás, el espíritu a quienes cortaba el cabello.

La sesión que iniciamos llevaba por título "Por el abandono a la paz". Su propósito era iluminar el entendimiento de que, cuando no hay más que hacer, cuando agotaste todas las opciones que estaban en tus manos, el abandono a la voluntad divina se convierte en refugio. El abandono es acogerse a la voluntad de Dios, decir: "Confío en ti, me abandono a ti, haz de mí lo que quieras", es un acto de fe, un homenaje de amor al Creador.

A través del abandono, podemos pasar del dolor al amor y del amor a la paz, expresado en la sencilla ecuación: Dolor + Amor =

Paz. Esta fórmula se constituye como un bálsamo liberador de las cadenas del miedo, la tristeza y la ansiedad.

En medio de la sesión, mi mirada se desvió hacia Mauricio y no pude evitar una sonrisa al ver las largas filas de internos esperando por un corte de cabello. Sus manos parecían danzar sobre sus melenas, eran un borrón de movimiento y destreza.

La lectura del día provenía de Números 9, 15-23, donde se nos recuerda que la voluntad de Dios no se revela diciendo: "Esta es mi voluntad", sino que a menudo solo al mirar hacia atrás, discernimos su designio sobre nuestras vidas.

La nube, símbolo de la presencia divina, dictaba el ritmo de la vida del pueblo. Su detención era señal de reposo; su avance, de marcha. La nube era el estandarte bajo el cual el pueblo se alineaba, un emblema del cumplimiento fiel a la voluntad celestial.

Era notable el amor y fervor de los reclusos. Su canto y oración vibraban con tal intensidad que resonaban en la capilla. Al compartir la palabra, nos enseñaban tanto como nosotras a ellos.

Durante mi turno de guiar la sesión, pregunté: "¿Qué les dice esa cita? ¿Qué te dice a ti personalmente?". Uno respondió con una voz cargada de emoción: "Escuchando la palabra, me imaginé caminando en el desierto, sobre la arena ardiente bajo el sol abrasador, pero Dios no me dejaba solo.

En la manifestación de la nube, sentía una sombra fresca que me acompañaba. Y por la noche, en medio de la oscuridad y el frío, su presencia se manifestaba como un resplandor de fuego que me daba luz y calor. No sentía soledad, porque a pesar de estar en el desierto, Dios cuidaba de mí, me hacía sentir acogido y protegido".

Todos pudieron experimentar esa maravillosa sensación de saber que Dios los cuida incluso en las dificultades, y que nunca están solos. Aprendieron a ser obedientes, a estar atentos y disponibles a lo que Dios les indicara. Estaban aprendiendo a hacer su voluntad diciendo: "A la orden".

Introdujimos la práctica del abandono con una oración: "Todo lo acepto con amor, que se haga tu voluntad, en tus manos me entrego con silencio y paz". Reconocimos las dificultades, las limitaciones e incomprensiones humanas.

Todo aquello que resistimos, que nos causa dolor y angustia, lo entregamos al Padre en un acto de abandono, con amor, *silencio y paz*, aceptando todas las cosas que nos han pasado, incluso las situaciones que estuviéramos viviendo en ese mismo instante.

Esta práctica resultó transformadora, les ayudó más de lo que intuíamos. Les llevamos la oración escrita en un papel pequeño para que la guardaran en sus cosas valiosas, cuando quisieran poner en manos de Dios alguna situación, podrían sacarla y recitarla desde el fondo de su alma, repitiéndola hasta que Dios llenara de paz sus corazones.

La sesión concluyó y continuamos nuestra tradición de los sábados en la *CONASUPO*, compartiendo alimentos. Silvia y yo, con la ayuda de nuestros hermanos guías, talleristas, amistades y muchas personas generosas, llevábamos un poco de consuelo a los reclusos, pequeñas muestras de amor fraterno para los hermanos que más lo necesitaban.

Su gratitud se manifestó en cartas, rosarios, y saludos afectuosos. Su cambio era evidente, ahora irradiaban amor y libertad. Uno expresó: "Nos reconforta saber que hay gente buena afuera, y les agradecemos que nos ayuden".

Sabían que había mucha gente participando con todo lo que recibían, era evidente su agradecimiento a toda esa gente. Especialmente a personas como Maty, una alma tocada por Dios, quién generosamente nos ayudó a conseguir muchas biblias para ellos, algunas entre monjitas y otras entre sus pacientes.

Otras almas generosas. Pili, Edna e Iván, con sus manos extendidas; Nancy, que tendió puentes con empresas solidarias; y mis hermanas, entre ellas Lety, cuyas gestiones en su trabajo brillaron en ecos de caridad. Silvia, por su parte, encontró en Marisela, Elsa, Gaby y Chayito, las guardianas de su causa. A todas,

mi gratitud eterna, pues convirtieron nuestro sueño en una cadena de milagros.

Al concluir nuestra labor en el reclusorio, emprendimos el camino a casa, nuestras voces entonando cánticos de esperanza, compartiendo relatos de redención vividos en aquella sesión. Esta vez, Mauricio, era testigo de las maravillas de nuestro taller, se sumó al coro de nuestra alegría.

Sabíamos que aún habría mucho por recorrer, pero las primicias habían sido muy alentadoras, Dios estaba obrando en los corazones de esas almas atormentadas y con toda certeza lo seguiría haciendo en las sesiones restantes.

12

La consumación de un sueño
Parte 2.

> ¡Cuántas maravillas has hecho, Señor, mi Dios, ¡cuántos proyectos en favor nuestro!
>
> Nadie se te puede comparar. Yo quisiera publicarlas y contarlas, pero son demasiado para enumerarlas.
>
> *Salmo 40, 6*
> *(Biblia Latinoamericana, 2005)*

Holocausto.

Con la llegada de otro sábado, se desplegaba ante nosotras un nuevo capítulo en el *CERESO*. Desde el alba, la casa de Silvia se convertía en un hervidero de actividad, donde los aromas y sabores de los alimentos que preparábamos se entrelazaban con la promesa de un día lleno de esperanza. Cargados de viandas y expectativas, mi camioneta se transformaba en el carruaje que nos conduciría a través del tapiz dorado del amanecer hacia el reclusorio.

El sol, en su ascenso majestuoso, nos regalaba un espectáculo de luz y sombra, mientras la brisa matinal acariciaba nuestros rostros con susurros divinos, instándonos a perseverar en nuestra misión de llevar amor y misericordia, esos dones divinos que solo el Creador puede otorgar.

La entrada al recinto se desenvolvía con la fluidez de un río, y allí, en la capilla, los talleristas nos aguardaban con corazones abiertos, listos para ser cautivados por la presencia divina, anhelando que la jornada les deparara maravillas insospechadas. Mauricio, fiel en su acompañamiento, aún tenía tijeras en mano, listo para continuar su labor de transformación.

Al adentrarnos en el santuario, nos recibió la visión de los internos, resplandecientes de aseo y orgullo, ataviados con ropas limpias y calzado pulcro. Algunos lucían ya sus cabellos recién cortados, pero lo que verdaderamente brillaba era la sonrisa de contentos que adornaba sus semblantes, y sus ojos, espejos del alma, reflejaban la gratitud y alegría que habitaban en sus corazones.

La sesión, bautizada como "Perdón – Amor, reconciliación integral", se alzaba como un oasis de liberación. Su propósito era extinguir las llamas de la ira y el rencor, sanar las heridas del espíritu, silenciar los lamentos internos, abrazar las historias de dolor, y otorgar el perdón, tanto propio como ajeno. Así, buscábamos transformar cada corazón en una morada de paz.

Durante este encuentro, imploramos con fervor que la consolación del Altísimo inundara sus corazones. Practicamos el arte del abandono, no como una resignación pasiva, sino como una aceptación silente y generosa de la voluntad divina. En el camino de Dios, nos topamos o nos toparemos con obstáculos que despiertan rebeldías, enemistades, resentimientos y agresiones de toda índole; es preciso eliminar estos obstáculos a través de una completa reconciliación.

La escritura escogida fue Marcos 14, 32-42, narrando la agonía de Jesús en Getsemaní, un combate espiritual que culminó en la victoria más sublime: la redención de la humanidad. Tras una crisis marcada por sudor, sangre, lágrimas y una tristeza de muerte, Jesús se sometió a la voluntad divina, proclamando: "No se haga lo que yo quiero, sino lo que quieras tú". Con resolución, anunció: "¡Basta ya! Ha llegado la hora, ¡Vámonos!", entregándose sin resistencia a la violencia de los acontecimientos, abandonándose en silencio y paz, en las manos de Aquél que lo había dispuesto todo, y eligiendo morir voluntariamente.

Así, aprendieron a clamar un basta en sus vidas, y escribieron en una o varias hojas su deseo de reconciliación y libertad. Los conflictos con sus progenitores, el descontento con su figura física, la rebeldía ante enfermedades y la muerte, la inconformidad con su forma de ser y con la historia de sus existencias, imploraron perdón y aceptaron todas esas historias que habían cargado en sus corazones por tanto tiempo.

Luego, procedimos al holocausto, en un ambiente de introspección todos depositaron sus escritos en un recipiente metálico, y de pie, en un acto de solemnidad, encendí la llama que consumiría sus relatos. Elevé mi voz y proclamé: "Lo que estamos a punto de realizar es un gesto simbólico, así como el amor ha silenciado nuestras rebeldías, el fuego reducirá a cenizas todas nuestros conflictos". Con serenidad, entonamos el canto "Yo quiero ser", dando fin a ese rito.

Con las llamas extintas, nos dimos un abrazo de paz y les propusimos vivir una semana de paz, interceptando las flechas del otro con la frase: *En tus manos lo dejo*, confiando en que

dejaríamos en manos del Altísimo todo aquello que habíamos aceptado, pero que intentara turbar nuestra tranquilidad nuevamente. La misión era que nada perturbara la paz que el Señor nos había otorgado.

Al concluir la sesión, la sensación de liberación era palpable; no en todos de manera inmediata, sino gradualmente, pero sí hubo quienes, tras el holocausto recién finalizado, comenzaron a experimentar esa sanación integral que habíamos buscado.

Como era costumbre en cada sesión, descendimos a la *CONASUPO* para compartir el alimento y la convivencia. Elevamos la bendición de las provisiones con mucha alegría y todos compartíamos nuestras experiencias. Nos habían cobrado gran afecto; a mí me llamaban hermana Rosy y a Silvia, algunos la nombraban madre y otros madrina.

Durante el convivio, notamos que ya no éramos los cuarenta iniciales, sino más de cincuenta, pues se sumaban nuevas almas al grupo sin previo aviso. No estábamos facultadas para decidir su admisión; nuestra tarea también incluía acatar lo que allí acontecía.

Regresamos con paz en nuestros corazones, pero también con el gozo de ver cómo, poco a poco, aceptaban y se deleitaban con la presencia divina en sus espíritus. Sus semblantes habían cambiado tanto que casi no podían reconocerse a sí mismos.

Recapitulación.

En la siguiente sesión, no nos aguardaban en el sagrado recinto de la capilla como era costumbre, sino que nos recibieron con una valla humana, una guardia de honor conformada por los talleristas, alineados con la precisión de un batallón. Al transitar entre ellos, sus semblantes irradiaban una felicidad contagiosa, y aunque su postura era la de un respeto marcial, sus ojos destellaban una

alegría desbordante, como si mil voces en júbilo nos aclamaran: "¡Qué dicha su visita!", "¡Su presencia nos colma de gozo!"

Tal era la bienvenida, y en lo profundo de mi ser, un susurro inquietante me cuestionaba: "¿Por qué este recibimiento?", pues, aunque halagador, sentía que no merecíamos una distinción como las que nos hacían, en *Talleres* hemos aprendido a rehuir de los reconocimientos que solo a Dios le pertenecen, y así, con una mezcla de gratitud e incomodidad, avanzaba por aquel pasillo humano.

Al fin en la capilla, nos instalamos en nuestros lugares y dimos inicio a la sesión titulada "Recapitulación", es una reunión de convivencia donde además podemos compartir lo que se ha vivido hasta ese momento.

Elevamos oraciones, entonamos cánticos y nos entregamos a la oración comunitaria alzando nuestras voces al cielo. Llegado el momento de la fraternidad, compartimos el pan y conversamos sobre las bendiciones que el taller había sembrado en sus vidas. La distancia se había disipado, y la sesión se transformó en un festín de alegría y testimonios conmovedores.

Fue entonces cuando conocimos la historia de aquel hermano que, con altruismo, enseñaba a leer y escribir a sus compañeros analfabetos. Adolfo, con valentía, compartió que había logrado salir del pozo oscuro en que se encontraba, aunque antes se avergonzaba de lo que había sido, ahora podía decir a los cuatro vientos que quiere ayudar a su "Jefe", como le dice al Padre del cielo, a colaborar en el reino de Dios, sirviendo y ayudando a sus hermanos.

Jesús, quien jamás había escuchado hablar de Dios ni había sido instruido en fe alguna, ahora que está en el taller, anhelaba conocer más al Creador y dedicarse a su servicio. Rodrigo, recibió una sentencia de cuarenta años de prisión, tras el sufrimiento inicial, encontró en el taller la fuerza para entregarse a la voluntad divina, y ahora, a pesar de su condena, miraba hacia el futuro con esperanza porque encontraba en Dios razones para no temer.

Con frecuencia se acercaban solicitando nuestras oraciones: "Hermana, por favor interceda por mí y por esto y aquello", confiaban en nosotras para compartir sus tribulaciones tanto dentro del reclusorio como en sus vidas familiares.

Al concluir la sesión, la alegría era palpable; desde el inicio, las adversidades de los talleristas nos impulsaban a brindarles apoyo, anhelábamos abrazarlos y disipar la tristeza y el dolor que albergaban en sus corazones. Elevábamos plegarias por cada uno, confiando en que el taller sería el instrumento a través del cual el Señor obraría sus prodigios.

A medida que las sesiones transcurrían, era evidente que nuestras súplicas eran atendidas; Dios se manifestaba en el taller de innumerables formas, obrando maravillas. Cada testimonio se convertía en una fuente de alegría y regocijo para nosotras, testigos de la gracia divina en acción.

Encuentro.

Al día siguiente que era domingo, Silvia y yo, junto a los fieles guías de la coordinación de Chihuahua de *Talleres de Oración y Vida*, nos congregamos en el umbral del silencio para nuestro Desierto Mensual al que tenemos que asistir obligatoriamente según a los estatutos de la organización, sin embargo, nadie asiste viéndolo como una imposición, sino como un anhelo profundo, una oportunidad única de retirarse en silencio y soledad a tener un encuentro personal con el Señor, tal como lo hacía Jesús en aquellas increíbles noches de Galilea.

Estar en su presencia de esa manera al menos una vez al mes les confería paz y tranquilidad a nuestros corazones, pero también nos permitía escuchar lo que Él quería decirnos a través de su palabra.

El convento de las hermanitas siervas del Sagrado Corazón de Jesús, en la colonia Aeropuerto, se convirtió en nuestro refugio espiritual. Tras una mañana impregnada de presencia divina, el desierto llegó a su fin. Me despedí de sus muros sagrados y caminé hacia la Parroquia Jesús en el Huerto, donde la misa dominical aguardaba.

Cerca ya de mi destino, un canto poderoso inundó el aire, narrando la entrada triunfal de Jesús a Jerusalén montado sobre un burrito, toda la gente hacía una valla con las palmas y lo alababan a su paso con gran júbilo. El canto en sí mismo conmovía mi corazón, pero la música y las voces hicieron que un gozo indescriptible se apoderará de mi corazón.

En ese instante, a la luz del Espíritu Santo, una revelación divina iluminó mi ser: aquel pasillo humano formado en el *CERESO* no era para Silvia y para mí, como había pensado, ¡era para Jesús!, nosotras solo éramos el burrito que lo llevaba.

Ahora lo entendía claramente, toda esa emoción, todo ese respeto, ese júbilo con el que nos habían recibido eran para recibir triunfalmente a Jesús, porque con Él habían llegado el amor, la esperanza y la libertad a ese penal. Ahora entendía cuan significativo era para ellos ese momento al hacer la valla.

Un nuevo sábado amaneció, y con él, nuestra llegada al reclusorio, brazos cargados de provisiones y corazones llenos de fe. Los guardias ya nos reconocían y aunque, inflexibles en las reglas, sus rostros familiares nos dirigían sonrisas de alegría y aprobación a lo que hacíamos en el centro penitenciario.

La sesión "Encuentro" nos invitaba a una comunión cara a cara con Dios, un diálogo íntimo como el que Moisés sostuvo en el monte. "Si alguien me abre la puerta, entraré", prometía el Señor, "y cenaré con Él y Él conmigo". Una cena que no solo nutre el cuerpo, sino que enamora el alma.

El encuentro debe darse en el silencio y la soledad, cuanto más vacía y silenciosa queda el alma, tanto más puro y profundo el

encuentro. Es un momento en que se juntan dos interioridades en el silencio, en la fe y en el amor.

Nos preparamos para zambullirnos en el mar de Dios, para cultivar esa amistad íntima con quien nos ama incondicionalmente. La parábola de la viña nos recordaba que, sin Él, no podemos hacer nada.

Uno de los talleristas compartió: "He descubierto a Dios, Jesús fue a buscarme y me hizo sentir cuánto me ama. Sé que no estoy solo, que tengo un Padre en el cielo que siempre va a estar conmigo. Ya he sido perdonado y siento que ya no puedo apartarme de él, no soy nada sin él, tengo que buscarlo cada día y estar siempre en su presencia para estar bien"

Esa mañana, Dios nos obsequió un descanso para nuestras almas, un oasis de tranquilidad y paz, de mucho amor y paciencia. Saber que Dios está cerca era como el aire para su vida. Dios manifestaba que estaba con ellos desde siempre y para siempre, que era su descanso total, su seguridad completa y su alegría. Con Él se sentían libres y fuertes aún en ese lugar.

El regreso a casa fue un reflejo de la sesión vivida. La tranquilidad y el descanso nos embargaban, como si nada más existiera salvo la presencia de Dios y la misión de llevar su mensaje a cada rincón del mundo.

En silencio, en la presencia.

Era una mañana donde el sol, en su esplendor celestial, se entrelazaba con las nubes errantes, un presagio de la trascendencia que estaba por desplegarse. A las ocho y veinte, nos encontrábamos en la fila, un corredor de almas en espera, cada una portando la esperanza como estandarte hasta que, finalmente, nos abrieron las puertas al punto de revisión.

Al inicio de la sesión, todos se veían muy guapos y limpios, usaban la ropa y el calzado que generosamente habían donado todas las personas que nos apoyaban, lucían su pelo corto y los que tenían barba la llevaban rasurada y marcada, se hacía evidente que Mauricio había terminado su trabajo de la mejor manera.

La sesión, titulada *En silencio en la presencia*, era un llamado a adorar a Dios, en espíritu y verdad, en el silencio, acallando las mil voces de nuestra mente. Cuando cesan las palabras y los pensamientos, la comunicación se consuma cara a cara, de persona a persona, es un amar y sentirse amado.

En la cita bíblica Juan 4, 5,24, Jesús en el pozo de Jacob habla con una mujer samaritana y le dice: "dame de beber" y comienza un profundo diálogo que desentrañaba la verdad más profunda: adorar a Dios en espíritu y verdad, más allá de los muros de cualquier templo.

Uno de los participantes, con la voz cargada de revelación, compartió su visión: "Me vi reflejado en la samaritana, comprendiendo que Dios no conoce de divisiones. Muchas veces discutimos por ver en cuál religión está Dios verdaderamente y en esta cita, *Dios nos dice que Él está en todas partes, no hay límites para Él, no hay paredes que lo detengan. Él nos enseña que su presencia infinita y sin límites solo pide nuestra adoración genuina, con el espíritu elevado hacia su grandeza.*"

El taller es eminentemente **ecuménico** no lleva una doctrina, simplemente presenta a Dios a todas las almas. Y en este taller tan especial, al terminar de compartir, la sensación de todos fue de gran armonía a pesar de pertenecer a diferentes religiones. Pudieron verse unidos adorando al mismo Dios dejando a un lado sus diferencias. El amor evangélico se hizo presente en todo su esplendor.

Al concluir, abandonamos el *CERESO*, llevando en nuestros corazones las historias y las transformaciones presenciadas. Cantábamos, compartiendo el eco de aquellas vidas tocadas por la gracia. Mauricio, testigo de los prodigios, nos acompañaba por

última ocasión por su actividad laboral, él también se sumó al canto, reconociendo todas la maravillas que había visto.

Principio, centro, meta.

Esta semana algo pasó en los *Talleres* de San Antonio, seguramente por voluntad divina, las ofrendas de los corazones generosos se habían mermado, como si el cielo hubiera cerrado sus manos. Aunque un remanente de semanas pasadas aún existía en nuestras arcas, estaban a punto de agotarse, y la confianza en la providencia divina era la única luz en nuestro horizonte.

Con los recursos reducidos, el fondo destinado a los alimentos del sábado se consumía, dejando tras de sí solo un eco de lo que una vez fue. La promesa de un lunes más próspero, donde las donaciones y el pequeño fondo restante se fusionarían en un acto de gracia, era lo único que sostenía nuestros espíritus.

Marchamos hacia el reclusorio, con la alegría inquebrantable de quienes saben que Dios camina a su lado, llevando su palabra a los hermanos. Un cielo adornado con nubes blancas nos recibió, suavizando el abrasador calor. Traspasamos los umbrales habituales del reclusorio, y al fin, la capilla nos acogió para dar inicio al taller.

En esta sesión, llamada "Principio, Centro, Meta", Jesús emergía como el modelo de nuestras existencias. Nos proponíamos esculpir en nuestras almas sus virtudes: paciencia, humildad, sensibilidad. Amar como Él amó, comprender como Él comprendió, y extender nuestras manos a los desfavorecidos. Una interrogante se alzaba como guía de nuestros pasos: *¿Qué haría Jesús en mi lugar?*

Los talleristas descubrieron que Cristo crecería en ellos en la medida que encarnaran los sentimientos y actitudes del Salvador. En la oración de acogida, invitaban a Jesús a entrar en su ser, a

llenarlos con su presencia para sanar las heridas que tanto dolían, a purificarlos y redimirlos.

Tenían que dejar que Jesús actúe dentro de cada uno, con mucha fe dejar que Jesús sea quien viva en ellos y se revistan de su figura, de sus sentimientos. Y así revestidos de Jesús, tratar de solucionar las situaciones difíciles que les incomodaban, con sus sentimientos y actitudes preguntarse ¿Qué sentiría Jesús?, ¿Cómo lo miraría? ¿Cómo reaccionaría? ¿Cómo actuaría?

La respuesta de los talleristas fue un milagro palpable, pues todos experimentaron el perdón de Jesús de una manera profunda, permitiendo que Él sanara las heridas que les afligían.

Recordaron los conflictos y las figuras desafiantes con las que se habían topado tras los barrotes, y descubrieron que al preguntarse "¿Qué haría Jesús en mi lugar?", podían mirar con nuevos ojos a aquellos que les habían causado dolor, encontrando paz y serenidad en sus corazones.

Como en cada sesión previa, al contemplarlos más libres y felices recordaba el contraste con sus problemas y la cautividad en que se encontraban al inicio del taller, sentía que el padre Ignacio estuvo lleno del Espíritu Santo, cuando Iluminado por su luz, concibió los *Talleres de Oración y Vida* como una nueva evangelización.

Las oraciones, modalidades y mensajes tocaban nuestros corazones, permitiendo que Jesús llegara hasta las profundidades de nuestra alma para iluminar las tinieblas, sanara nuestras heridas y redimiera aquellas situaciones que parecían sin salida. En las profundidades de nuestro ser, nos dejaba un cielo azul repleto de esperanza. Nosotras hemos sido testigos vivientes de su poder transformador, así ha sido en todos los *Talleres*, pero especialmente en este.

Tras compartir los alimentos, regresamos a nuestros hogares inundados de gozo. La recta final del taller había comenzado, prometiendo aún más bendiciones en su desenlace.

Libres para amar.

La semana siguiente, con corazones henchidos de gozo, nos dirigimos hacia el reclusorio, anhelantes de las revelaciones que aguardaban. La memoria de la sesión previa nos envolvía en un manto de felicidad. Al llegar, el estacionamiento se convirtió en escenario de un espectáculo inesperado: una parvada de aves migratorias rasgó el silencio matutino con su vuelo errático, como si presagiaran los eventos por venir.

Penetramos el umbral del punto de revisión, al llegar al patio contemplamos que los talleristas del reclusorio nuevamente nos recibían con una valla humana, todos estaban alineados con la precisión de un batallón.

Al caminar por esa valla, pudimos observar que sus semblantes irradiaban una gran felicidad, y aunque su postura era firme y con respeto marcial, sus ojos destellaban su gran alegría. Sin mover sus labios parecía que mil voces en júbilo aclamaran: "¡Qué dicha su visita!", "¡Su presencia nos colma de gozo!"

A diferencia de la primera ocasión que nos recibieron de ese modo, esta vez no nos sentimos incomodas de pasar por en medio de ellos, teníamos la certeza de que el júbilo que manifestaban los talleristas del *CERESO* era por un motivo que enaltecía su entusiasmo, esa valla era ¡para recibir a Jesús!, y nosotras, cual burrito que lo llevaba, sentíamos una felicidad indescriptible por llevar tan divina carga.

Al final de la valla, con mucho gusto por ver sus corazones alegres, con pasos resueltos, nos adentramos en el santuario de redención: la capilla, testigo silente de incontables maravillas.

La sesión titulada "Libres para amar" dio inicio, y en ella hicimos conciencia de que la oración verdadera debe conducir a una transformación de vida, en un proceso que a veces podría extenderse a lo largo de toda una vida, poco a poco debo conseguir el cambio de una figura por otra.

"Debo despojarme de mi antigua piel," reflexionaba, "abandonar la ira, el orgullo, el rencor y el egoísmo que me definen, para renacer en humildad y paciencia, a imagen de Jesús, amando y perdonando sin medida."

Para ello debemos colocarnos en la intimidad de Jesús, y tratar de captar, sentir y vivir lo que Jesús sentiría, Y así *en el Espíritu de Jesús*, sentir y actuar en la vida como Él lo haría.

La humildad se revelaba como el sendero hacia el amor verdadero. Solo aquellos de corazón humilde pueden conocer la libertad; solo los libres están dispuestos a servir; y solo los dispuestos se convierten en verdaderos instrumentos de Dios y de la fraternidad humana. Con la presencia de Dios viva en el corazón, todo parecía posible.

La escritura sagrada del día era Segunda de Timoteo 4,1-8, que nos presentaba a Pablo en las sombras de su celda romana, abandonado por todos, con el frío metal de la cadena pesando sobre su brazo y la sentencia de muerte acechando. Aun así, proclamaba con firmeza que la palabra de Dios no conocía cadenas, y mantenía la fe en su salvación.

En la sesión fue extraordinario sentir como muchos se identificaron con Pablo reflejando su esperanza. A pesar de las barreras físicas que los confinaban, se descubrieron libres, serenos, incluso dichosos. Dios les había otorgado el don del amor y el perdón, liberándolos de las cadenas invisibles del temor y la desesperación aún en su cautiverio. Fieles al ejemplo de Pablo, encontraron la libertad para amar a través de la oración y el diálogo personal con el Creador.

Uno de los participantes compartió su testimonio: "Al interior del penal, en el área de las celdas hay un pasillo muy largo y oscuro, tenía tanto miedo a ese pasillo que cuando llegaba la noche, pasara lo que pasara, le daba la espalda, pero ahora que conozco a Dios, su amor me ha liberado de ese miedo, ese pasillo se ha iluminado para mí". Era conmovedor observar cómo aquellos rostros, antes marcados por la tristeza y la amargura, se habían transformado gradualmente, irradiando luz, paz y alegría.

Luis, otro valiente alma del taller, confesó: "Yo he sido muy malo y me ha tocado pasar por situaciones muy vergonzosas y duras como la droga, pero ya me he rehabilitado. En estos días me han avisado que me van a regresar a la celda que ocupaba antes de entrar al programa, otra vez estaré allí compartiéndola con drogadictos.

Ahora que conozco a Dios, que descubrí que me ama y que con Él pude cambiar, lejos de angustiarme, siento que Él me ha dado la oportunidad de ayudar a mis compañeros de celda a salir de su situación para Gloria de Dios, puedo decir y hasta gritar que no tengo miedo de regresar, que puedo andar entre la mugre y no ensuciarme porque Cristo me fortalece, y quiero ayudarlos y motivarlos para que también ellos disfruten del reino de Dios".

Dios había tocado corazones y cambiado muchas vidas en aquel taller. Ante tales prodigios, nos dimos cuenta de que nuestro propio ser también estaba siendo transformado. La alegría de escuchar sus relatos de cambio, de ver cómo Dios obraba en ellos, nos llenaba de un gozo inmenso. Nos sentíamos bendecidas por haber sido elegidas para llevar su palabra a esas almas sedientas de su presencia.

Al abandonar las sombras del reclusorio, nuestras almas se inundaron de una alegría inmensa, conscientes de que cada gota de esfuerzo derramada valía la pena. Esa vivencia, tan profunda y pura, nos impulsaba a continuar sirviendo al Señor, y en un coro de cantos y regocijo, sentimos la armonía con la creación entera.

Al amanecer del domingo, Silvia se encontraba sumida en la preocupación; los fondos para proveer el sustento a los talleristas del *CERESO* eran escasos. Los días de donativos abundantes habían pasado, y la generosidad de los fieles mermaba al compás de sus bolsillos vacíos. Además, el grupo *Vértice* había crecido, y con él, el número de almas hambrientas en el taller. De cuarenta, ahora eran sesenta y cinco talleristas, veinticinco más que al principio. Silvia meditaba en silencio, implorando al cielo una solución, elevando una plegaria para que la providencia divina no nos abandonara.

Se vistió con la esperanza de encontrar respuestas en la misa dominical del Templo de San Antonio de Padua. Con paso decidido, se dirigió a la iglesia, llegando con la puntualidad de los ángeles. Antes de cruzar el umbral sagrado, una servidora del templo le ofreció boletos para la rifa dominical, un acto de apoyo al templo. Silvia, con su corazón generoso, adquirió un par, sembrando así las semillas de un milagro inminente.

La misa transcurrió entre sermones que tocaban el alma y la comunión con el pan de vida. Al concluir el servicio, el sacerdote extrajo de la urna el boleto bendecido por la fortuna y anunció los números ganadores. Silvia, con una mezcla de asombro y gratitud, descubrió que la providencia había rosado su boleto.

Con una mano alzada al cielo, se acercó al altar para reclamar su premio, sus pasos un himno de agradecimiento a Dios por escuchar sus súplicas. El premio, aunque modesto, era el maná necesario para alimentar a sus muchachos, como cariñosamente los llamaba. Estaba convencida de que había sido testigo de un milagro más en su misión. Un milagro que, como un destello divino, no se repetiría después ningún premio así.

Amar como Jesús amó.

En la penumbra de la incertidumbre, Silvia y yo enfrentábamos un dilema: el premio obtenido era una bendición, pero insuficiente para el banquete acostumbrado. Los días previos al sábado decidimos preparar una humilde, pero nutritiva ensalada de pollo con coditos.

Silvia, con el corazón de una madre que consiente a sus hijos, exclamó: "Los muchachos anhelan chiles curtidos, un sabor que aún no han tenido el placer de saborear en ese lugar. Imagina la dicha que un solo chile podría brindarles." Movidas por la compasión, adquirieron una lata de generosas dimensiones y otra

más modesta, calculando que sería suficiente para que cada plato se adornara con un chile.

El alba del sábado nos sorprendió con la camioneta cargada de provisiones y esperanza. Nos embarcamos en la jornada hacia el reclusorio, portadoras de la palabra divina y artífices de alegría. Sin embargo, al desembarcar, nos asaltó la cruel realidad: la lata grande de chiles curtidos había sido olvidada. La distancia era un abismo insalvable; el regreso, una posibilidad extinta. La preocupación nos invadió, pues solo la lata menor nos acompañaba.

La incertidumbre nos atormentaba: ¿Cómo decidir quién saborearía el chile y quién solo se quedaría con el antojo? La desazón nos acompañó hasta el umbral del reclusorio, donde las revisiones de rutina dieron paso a la capilla, ese espacio sagrado donde cualquier cosa puede suceder.

La sesión se titulaba "Amar como Jesús amó", un llamado a comprender el amor evangélico, a amarnos unos a otros como Jesús lo ha pedido. La fraternidad es un compromiso sagrado que garantiza la autenticidad de nuestras oraciones. Ante el tribunal celestial, la primera pregunta será: "¿Qué es de tu hermano? ¿Qué hiciste por él?"

Solo el Todopoderoso puede descender a las profundidades de nuestro ser, transformar los instintos egoístas en gestos de amor, y permitirnos extender la bondad incluso a aquellos que desafían nuestra paciencia.

La escritura de 1ª de Juan, 4, 7-21 nos recuerda que Dios es amor, que nos amó primero, y nos insta a amarnos mutuamente con la misma intensidad. No vemos a Dios, pero sí a nuestro hermano; el amor fraterno es el primer paso para amar al Creador.

Practicamos *el deporte de amar*, invocando en la mente a aquel que nos ha herido, invitándolo a sentarse frente a nosotros, y comenzamos a transmitirle amor, comprensión y perdón. Al envolverlo en un abrazo mental de ternura infinita, al susurrar "yo te

perdono, yo te quiero, yo te comprendo, yo te amo", nos acercamos a una liberación espiritual inimaginable.

Al concluir la sesión, con el eco de las plegarias aún resonando en nuestros oídos, nos encaminamos hacia la *CONASUPO*, el lugar donde los alimentos y las almas se encuentran. Con un susurro cargado de preocupación, confesé a Silvia: "Ellos son muchos y tienen mucha hambre, si ellos reparten se van a servir mucho y no será suficiente. Yo voy a servir los platillos para que todo se completen." Silvia, con la sabiduría de los santos, asintió: "Sí, adelántate."

Descendimos al comedor, donde las mesas y sillas ya aguardaban, dispuestas en un orden programado. Proclamé mi intención de servir, pero fui detenida por una voz firme: "¡No, hermana! Seremos nosotros quienes sirvamos. Descansen sus corazones." No tuve más opción que ceder. Otro alma valiente se levantó y dijo: "Yo bendeciré los alimentos." Unidos en espíritu, cerramos los ojos y entrelazamos nuestras manos, mientras la oración anunciada ascendía, tocando el cielo y conmoviendo nuestros corazones.

Al abrir los ojos, la visión que nos recibió fue un portento de generosidad: platos repletos, desbordantes de sustento, y en cada uno, un chile curtido aparecía como una promesa cumplida.

Con lágrimas de júbilo en los ojos, me volví hacia Silvia y exclamé: "¡Silvia, todos tienen chile!" Las palabras sobraban, el mensaje era claro: Dios provee y multiplica. Aquel día, en la humildad de nuestro banquete, presenciamos una maravilla que siempre recordamos como la multiplicación de los chiles.

Pobres y humildes.

Comenzábamos las últimas sesiones del taller, en el umbral, se presentaba la sesión 'Pobres y humildes'. Resume el evangelio en

dos palabras humildad y amor. Jesús, en su majestuosa renuncia, jamás alardeó de su divinidad; más bien, escondió celosamente su categoría y poder. En el calvario de la pasión, su respuesta fue siempre la humildad, el silencio y la paciencia, proclamando su misión divina: he sido enviado para evangelizar a los pobres.

Siguiendo las huellas de Jesús, nosotros queremos apostar por los que Él apostó y transmitir a esos mismos pobres la predilección y la ternura del Padre Celestial.

En la cita bíblica Mateo 25, 31-40 nos revela que el criterio para el juicio será el trato que se haya dado a todos los pobres en todos los tiempos con los cuales Jesús se siente plenamente identificado, en suma, el criterio será el amor. En los pobres debemos reconocer los rasgos del Cristo doliente, a Cristo no se le ve, pero quien vea un pobre ve a Cristo. El pobre es el lugar donde resplandece el rostro de Cristo.

En la penuria y el dolor, en los ojos de los niños que nunca han conocido un hogar, en la desesperanza de los jóvenes sin rumbo, en la injusticia de los trabajadores explotados y en la soledad de los ancianos olvidados, ahí resplandece la imagen del Cristo sufriente. Ellos, los marginados y los desheredados son la viva representación del Señor.

Y cuando la historia nos juzgue, nos estremeceremos al reconocer en los pobres al Cristo que hemos amado o ignorado. 'Vengan, benditos de mi Padre', nos dirá, 'y hereden el reino preparado desde la fundación del mundo. Porque tuve hambre y me alimentaron; tuve sed y me saciaron. Fui forastero y me acogieron; desnudo y me vistieron; enfermo y me visitaron; en prisión y no me abandonaron.'"

Tras la lectura que compromete el alma, invité a la reflexión. Y al concluir, pedí que compartieran el mensaje personal que el Señor les había revelado. Fue entonces cuando uno de los talleristas, con voz temblorosa y ojos que reflejaban la luz de la verdad, comenzó a hablar:

《Yo tomé un pantalón blanco de la ropa que nos trajeron, porque me gusta mucho ese color, trataba de mantenerlo limpio y lo lavaba en cuanto se me ensuciaba, para mantenerlo planchado lo metía debajo de una colchoneta para que estuviera lo más extendido posible y con mi propio peso lo mantenía planchado. De verdad me gustaba y lo cuidaba mucho.

Esta semana uno de los compañeros de la celda me lo pidió prestado y yo me negué a prestárselo porque sabía que no me lo iba a mantener limpio y planchado como yo lo hacía.

Pero al reflexionar en esta cita me dice que, si mi hermano me pide ayuda, tengo que estar atento, porque es Jesús quien me lo pide, tengo que ayudarlo porque como dice, tuve frío y me cubriste, estuve enfermo y me fuiste a ver...》

En aquel instante, la voz del tallerista se quebró, un torrente de lágrimas brotó de sus ojos, pues acababa de rechazar la súplica de su hermano. Y en un destello de revelación, comprendió que detrás de esa petición estaba Jesús mismo. Las lágrimas que surcaban su rostro eran el reflejo de un arrepentimiento abismal, pues sabía que en ese momento donde están todos recluidos, todos son el rostro de Jesús, y en esa prueba había fallado.

Rodeado de consuelo y aliento, el corazón del tallerista, conocido entre nosotros como Pastel, se armó de valor una vez más. Con la voz aún temblorosa pero impregnada de una firmeza renovada, retomó la palabra...

《Jesús, Tú me diste el pantalón a través de estas personas generosas, y a mi hermano, que también eres Tú, se lo negué. Me arrepiento de no amarte en mis hermanos como Tú me has amado, pero te prometo que, a partir de hoy, compartiré todo lo que tengo con ellos》. Todos se sintieron conmovidos por lo sucedido y en su corazón se quedó la firme convicción de ayudarse mutuamente.

Tras una serie de testimonios que se deslizaron en el aire como susurros divinos, un breve silencio se apoderó del recinto. Con un gesto de mi mano, insté a los presentes a quebrar el manto de

quietud con sus voces, pero parecía que la invitación se perdería en el vacío.

De pronto, vimos que Manuel, con la fuerza de un espíritu renacido, se puso de pie. Su voz, cargada de potencia y convicción, resonó en cada rincón: "Compañeros, debemos estar muy agradecidos con Dios, de que esté en esos momentos con cada uno de nosotros diciéndonos cuánto nos ama y cuánto nos ha perdonado, todos tenemos que ponernos listos, empezando primero conmigo. Dios nos está dando la oportunidad para iniciar una vida nueva y de ahora en adelante debemos dejar que Dios actúe en nuestra vida y, sobre todo, tenemos que ser otros, porque hemos conocido a Dios"

Fue algo maravilloso por la fe y convicción que ponía en sus palabras que caló hondo en el corazón de todos los presentes, pero también porque fue un sorprendente prodigio de quien venían estas palabras.

Manuel, aquel de mirada profunda y penetrante, aquel que no abría la biblia ni su cuaderno, el mismo que Lucero nos había comentado que había pertenecido a una secta oscura, estaba hoy aquí, hablando de agradecer a Dios y que nos había dado oportunidad para enmendar el camino, era extraordinario.

Dios había trabajado en su corazón, poco a poco, cuando aparentemente no habría frutos en él, sin embargo, en este texto Dios se le reveló de tal forma que dejó atrás todo lo que había aprendido hasta ese momento para comenzar a ser un hombre nuevo

Tras la revelación, su transformación fue palpable; la coraza de acero que lo protegía y aislaba del mundo se desmoronó, y paso a paso, se acercó a nosotras. Aunque las palabras no fluían fácilmente de sus labios, su intento era genuino, y el afecto que nos brindaba era un reflejo del amor de Dios que ahora habitaba en él. Nosotras dábamos gloria al Señor por esta conversión tan maravillosa.

Luego de terminar la sesión, uno de los talleristas al que llamaban el *Pájaro*, se acercó con una petición inesperada: 'Oiga hermana, yo quiero un saco.' Le aseguré que buscaría uno para él. En mi mente, la curiosidad danzaba: '¿Qué uso tendría un saco aquí? ¿De dónde lo sacaré? Quizás Adrián tenga alguno.' Sin embargo, en ese momento no caí en cuenta de que la complexión de Adrián era más robusta que la del Pájaro.

Finalmente, nos dirigíamos al punto de revisión para salir del CERESO y dirigirnos a nuestros hogares. En el camino nos inundó un sentimiento de admiración por todas los prodigios que habían ocurrido, no cabía duda de que el Señor a veces actuaba en forma misteriosa para hacer su voluntad.

Id y predicad.

Era un viernes teñido de esperanza cuando Lety, mi hermana, que trabajaba en un despacho de contadores, me llamó con una voz llena de alegría. "¡Rosy!", exclamó, "Te conseguí mucha ropa, que crees que les dije a los muchachos de la oficina y mira, ¡juntaron una cajota!, está en la casa de mi mamá". Respondí, con el alma vibrante, "¡Genial! Al caer la tarde, voy por ella para llevárselas mañana."

Y así, con el crepúsculo como cómplice, me adentré en el hogar que me vio nacer. La sala, transformada en altar de caridad, albergaba la prometida caja. Al abrirla, tres sacos emergieron, como si el mismísimo *Pájaro* los hubiera elegido en un sueño. "¡Gloria a Dios!", resonó en los confines de mi ser.

En aquel taller divino, era palpable la presencia del Creador. Él, en su infinita sabiduría, nos había escogido, nos había ungido con la misión de ser portavoces de su palabra y su amor. Con manos invisibles, colmó anhelos y hasta los más íntimos deseos, derramando su gracia para recordarles a los olvidados que son

amados, infundiéndoles esperanza para un futuro más allá de las rejas.

Al alba del sábado, la emoción nos embargaba, locas de contento por las maravillas que nuestras manos portaban. Llegamos al punto de control, depositamos el tesoro de telas en su lugar y nos encaminamos hacia la capilla, listas para sembrar la semilla de la fe.

La sesión, llamada "Id y predicad", proclamaba que los *TOV* no solo son un santuario de oración, sino también una escuela apostólica. Aquellos que participamos en él nos convertimos en apóstoles que iremos por el mundo como testigos del Señor. Donde quiera que estemos, nuestro deber es implantar el reino de Dios con la presencia, la conducta, la palabra y la acción.

De la intimidad con el Señor en la oración, dependerá el resultado de la misión.

En las sagradas escrituras, en Lucas 4, 42-44 y 5, 1-11, Jesús proclama su destino: llevar la Buena Nueva a otras ciudades pues para eso he sido enviado. Y en la pesca milagrosa, nos revela que, de ahora en adelante, no seremos pescadores de peces sino de almas. En la narración hay un detalle significativo, Jesús les dice "echen las redes", Pedro sabía que allí no había peces, sin embargo, obedece el mandato del Señor. Y así, contra toda lógica humana, la obediencia trae consigo una enseñanza divina: Debemos actuar no confiados en nuestra preparación o capacidades personales, sino en el poder de Dios.

Al compartir sus reflexiones, los talleristas del *CERESO* reconocieron que, habiendo conocido a Dios debían actuar como Él mandaba, aceptando con obediencia su voluntad. El testimonio de sus propias vidas, proclamarían, sin necesidad de palabras, que Dios existe y que nos ama, decir lo que el Señor ha hecho en su vida y actuar en consecuencia es el mejor testimonio que podían dar.

Con el eco de la última oración resonando en los muros de piedra, nos encaminamos hacia el banquete que nos aguardaba, un festín humilde pero cargado de significado. La bendición se elevó

como un susurro colectivo, y los alimentos, sencillos pero nutridos de esperanza, se compartieron con una fraternidad que trascendía las barreras del encierro. Al concluir, los guardias nos guiaron en la tarea de distribuir las vestimentas.

El *Pastel*, con ojos centelleantes, se apropió de otro pantalón blanco, que tanto le gustaban. Yo, en un acto de cautela fraternal, había reservado un saco para el *Pájaro*, al entregárselo, su alegría fue inmensa, casi se vuelve loco de la emoción, era hermoso verlos como niños con la alegría de recibir los presentes que les enviaba nuestro Señor.

Las chamarras, elegantes y cálidas, eran testimonios tangibles de peticiones elevadas al cielo y generosamente concedidas. En aquellos momentos suspendidos en el tiempo, todo adquiría un matiz de milagro, y Lucero, alma guía de nuestra congregación, compartió una visión: "Imaginen", dijo con voz cargada de urgencia, "Que bueno que nos ayudaran, que pudieran conseguir donaciones de colchonetas. el *CERESO* esta sobrepoblado y no hay ni dónde dormir, muchos dormían en el hueco que encontraban, hasta los baños utilizaban para dormir.

Pero dormían en el piso, a veces frio, otras veces con encharcamientos de agua, lo que muchas veces ocasionaba enfermedades que hacía que no participaran en las actividades. Por eso les pido la ayuda para conseguir colchonetas y puedan dormir bien y que estén más motivados de pertenecer al grupo".

Armados con fe y determinación, redactamos una misiva que llevamos ante Nancy, secretaria de corazón grande en *ICERAMICA* Allí, la generosidad fluyó como un río caudaloso, y las colchonetas, toallas, cobijas, se convirtieron en promesas cumplidas. Por fin podrían dormir adecuadamente.

La respuesta en todas las sesiones había sido abrumadora, un torrente de almas caritativas que se unieron para que nuestro taller se transformara en un oasis de humanidad, donde cada recluso podía sentir, en lo más profundo de su ser, que Dios no solo los escuchaba, sino que les extendía su amor a través de las manos de todos aquellos que, sin conocerlos, los amaban.

Desierto.

El último sábado se alzaba sobre nosotras, marcando el fin de un ciclo bendito de Talleres. Con el corazón palpitante y una mezcla de júbilo y melancolía, nos encaminamos hacia el reclusorio, lugar de redención, llevando la luz del Señor. Ansiábamos que, en aquel día trascendental, la divinidad se manifestara en su plenitud, aunque en lo más recóndito de nuestro ser, una sombra de tristeza se cernía, sabiendo que sería el último encuentro con aquellos a quienes tanto habíamos llegado a apreciar.

Al llegar, depositamos los alimentos como ofrendas en el umbral de la revisión y, sin más preámbulos, nos dirigimos al patio conocido como *CONASUPO*. Nos asignaron ese lugar para vivir la última sesión, debido a que se trataba de una sesión más larga de lo habitual y porque habría de vivirse con la naturaleza y no dentro de las paredes de la capilla.

Una vez que nos instalamos en aquel sitio, iniciamos la última sesión, llamada "Desierto". En la tradición bíblica, la esencia del desierto no es meramente la arena seca ni la naturaleza muerta, sino un santuario de silencio y soledad. Allí donde hay búsqueda de Dios, en silencio y soledad hay desierto.

Era un retiro en miniatura, una invitación a sumergirse en un encuentro íntimo con el Señor, a estar con él, en silencio y soledad, para llenar el corazón de su presencia amorosa y recuperar el encanto de la vida. De esta renovación brota el entusiasmo apostólico, para comprometerse fervientemente a vivir en amor fraterno con nuestros semejantes.

La práctica consistía en orar en comunión con la naturaleza, meditar en el salmo 104, contemplar cada criatura descrita y sumergirse en esplendor de la maravillosa creación, exclamando: "¡Dios mío, ¡qué grande eres!" Y con reverencia, recitar el versículo 24: "Cuán inmensas son tus obras, Dios mío, todas las has hecho con sabiduría. La tierra está llena de tus criaturas".

Nos sumergimos en la armonía de la creación, escuchando las mil voces de las criaturas que alaban y bendicen al Creador.

Pedirles perdón por nuestro atropello a las mil y una formas de vida, sentir y expresarles gratitud por todos los beneficios que aportan para el hombre. Finalmente, por increíble que parezca, establecer un entrañable diálogo con una criatura específica, haciendo preguntas sobre su origen, historia, salud, escuchándole atentamente, y si es posible contarle nuestra propia historia.

Tras la explicación, les revelamos que tendrían cuatro horas para vivir su propio desierto en silencio y soledad, dispersándose por los patios y edificios del reclusorio, en una peregrinación callada sin hablar unos con otros.

Concluido el tiempo asignado, regresamos al patio, y allí dio inicio nuestra última asamblea para compartir las vivencias del día. Les insté a revelar sus experiencias, a desentrañar el misterio de aquel día prodigioso.

Y justo antes de ceder la palabra a los talleristas, un espectáculo celestial se desplegó ante nosotros: un gran grupo de palomas, todas blancas como las nubes, comenzaron a revolotear, ascendiendo y descendiendo detrás de nosotras, como mensajeras de paz. Silvia y yo intercambiamos miradas de asombro, mientras todos presenciaban la sublime danza de las aves. Algo en nuestro interior nos susurraba que era una manifestación del Espíritu Santo, una señal divina que nos confirmaba su presencia. Fue un momento de belleza indescriptible, un cierre perfecto para nuestra jornada espiritual.

Una vez que las palomas concluyeron su danza aérea y se dispersaron como estrellas fugaces, continuamos con la sesión, indagando en las almas de los talleristas uno por uno. Uno de ellos, un hombre joven llamado Miguel, confesó que no pudo vivir el desierto con la naturaleza. Le costaba concentrarse en una simple criatura, y en su lugar, había elegido a Dios mismo para hablar con él.

Miguel habló de cómo había abierto su corazón al Señor, cómo le había confesado su ira, una ira que había llevado como una pesada carga durante mucho tiempo. Sentía que sus padres, fervientes cristianos, se habían alejado de él, abandonándolo en

favor de su devoción a la iglesia. Sentía que Dios se los había arrebatado.

Pero en ese desierto, en ese conflicto con Dios, Miguel encontró la reconciliación. Pidió perdón, y en ese momento, guardó silencio. Lágrimas brotaron de sus ojos y un sollozo se escapó de su garganta. Respiró profundamente y continuó, diciendo que pudo sentir que Dios le había perdonado.

Nos maravillamos al ver cómo estos hombres, rudos y fuertes, se conmovían hasta las lágrimas por el amor y el perdón de Dios. Miguel pudo liberar toda esa ira y todo ese dolor que había guardado durante tanto tiempo. Se despojó de todos esos rencores y resentimientos, llenándose de una libertad que nunca antes había imaginado.

Otro de ellos habló de cómo, al caer la noche, era invadido por un miedo incontrolable. No podía dormir y necesitaba mucha ayuda para poder descansar un poco a pesar de su temor. Para nuestro asombro, reveló que el origen de ese temor era que, cuando apagaban las luces y todo quedaba en silencio y oscuridad, al cerrar los ojos para dormir, veía los ojos de sus víctimas. No podía dormir sintiendo esas miradas que lo atormentaban.

Pero desde que comenzó a asistir al taller, él, profundamente arrepentido había pedido el perdón a Dios y a las familias marcadas por esos delitos, y ahora sentía que finalmente podía dormir más tranquilo. Ahora, la oscuridad parecía una noche iluminada por la luna llena porque Dios lo había perdonado y él se había convertido en otro hombre.

Estábamos compartiendo más testimonios cuando, de repente, uno de los dos guardias entró. Con una voz firme y muy fuerte para que todos escucháramos, nombró a cuatro de los integrantes que estaban ahí en el desierto. Todos estábamos asustados porque no entendíamos qué estaba pasando.

Los nombrados se levantaron atemorizados y fueron a ver cuál era el motivo de tal llamado. De pronto, comenzaron a gritar y corrieron hasta donde estábamos nosotras solo para decirnos que

acababan de recibir su libertad en ese preciso momento. Alabado sea Dios, porque fue un regalo maravilloso para los que salieron y un motivo de gran esperanza para los que se quedaron. Porque para Dios, todo es posible.

Al final de la sesión, les entregamos un recordatorio con el programa de vida propuesto para llevarlo a la práctica todos los días de nuestra vida.

El recordatorio decía:

Caminaré a la luz de tu figura
para pensar, sentir y soñar,
hablar, actuar y amar
como tú, mi Señor.

Para ser sensible y misericordioso,
despreocupado de mí y preocupado por los demás,
paciente, manso y humilde,
sincero y veraz,
comprensivo y misericordioso
como tú, mi Señor.

Los que me ven, te vean.
Y llegue yo un día a ser
una viva transparencia
de tu ser y de tu amor. Amén.

Al recibirlo, cada uno se comprometió con las palabras: "Procuraré hacerlo con la gracia de Dios".

Después de terminar la sesión, nos dirigimos por última vez a compartir los alimentos. Tras una grata reunión de convivencia y fraternidad, nos despedimos finalmente del grupo con la tristeza del adiós, pero también con la alegría de saber que se habían dado los frutos que el Señor quería. Nos abrazamos con cariño y con

buenos deseos para su futuro con Dios, confiando en que Él los seguiría guiando por los caminos de su voluntad.

Dios está en todas partes.

Dios está en todas partes, en la vastedad del cosmos, en cada rincón de la existencia, Dios se manifiesta. Su presencia no conoce fronteras, no distingue entre círculos sociales, ni edades, ni credos. Su esencia divina se despliega en los momentos que Él elige, sin exclusividades, sin pedir nada a cambio. No requiere de nuestro amor, no nos busca por nuestra bondad, nos ama simplemente porque somos sus hijos, porque Él es nuestro Padre. Su deseo es que todos lo conozcamos y que, al final de los tiempos, nos reunamos en su reino.

Los reclusos, atrapados en las sombras de la prisión, se sentían abandonados, creían que no eran dignos de amor ni de perdón. Pero el amor del Padre les mostró que Dios también estaba en ese lugar. Con su amor, su misericordia y su perdón, los liberó del mundo de las drogas, de la violencia, de la delincuencia y hasta del acto más terrible: el asesinato. Los apartó de todo eso para que pudieran tener un encuentro personal con Él.

La omnipresencia de Dios me dejó lecciones invaluables que guardo en mi corazón, para mi vida terrenal y espiritual. Aprendí que Dios es amor, que todas las religiones deberíamos estar conscientes de que el sueño de Jesús es que todos vivamos unidos bajo un mismo techo, sin divisiones.

El padre Ignacio Larrañaga, iluminado por el Espíritu Santo, es un puente que Dios ha tendido para llegar a todos a través de los Talleres de Oración y Vida. Ha quedado demostrado que Dios tiene sus planes y su palabra no regresa hasta después de germinar y dar fruto.

Los talleristas del reclusorio pudieron experimentar en su propia vida las maravillas que Dios había hecho en ese taller, algo que ha sido irrepetible. Este taller y los otros tres que vivimos en el *CERESO*

dejaron una profunda huella en mi corazón por todo lo ocurrido, por las conversiones, por los milagros y maravillas que vimos y oímos. Somos testigos de todas ellas y no puedo hacer otra cosa más que seguir diciendo que Cristo vive y los ama.

El siguiente salmo lo guardo en mi mente y corazón, me acompaña todos los días de mi vida, porque parece resumir con asombro y gratitud todo lo acontecido en mi vida y en este libro.

¹Señor, tú me examinas y conoces,
² sabes si me siento o me levanto,
tú conoces de lejos lo que pienso.

³ Ya esté caminando o en la cama me escudriñas,
eres testigo de todos mis pasos.

⁴ Aún no está en mi lengua la palabra
cuando ya tú, Señor, la conoces entera.

⁵ Me aprietas por detrás y por delante
y colocas tu mano sobre mí.

⁶ Me supera ese prodigio de saber,
son alturas que no puedo alcanzar.

⁷ ¿A dónde iré lejos de tu espíritu,
a dónde huiré lejos de tu rostro?

⁸ Si escalo los cielos, tú allí estás,
si me acuesto entre los muertos, allí también estás.

⁹ Si le pido las alas a la aurora

para irme a la otra orilla del mar,
[10] también allá tu mano me conduce
y me tiene tomado tu derecha.

[11] Sí digo entonces: '¡Que me oculten,
al menos, las tinieblas
y la luz se haga noche sobre mí!'
[12] Mas para ti ni son oscuras las tinieblas
y la noche es luminosa como el día.

[13] Pues eres tú quien formó mis riñones,
quien me tejió en el seno de mi madre.
[14] Te doy gracias por tantas maravillas,
admirables son tus obras y mi alma bien lo sabe.

Salmo 139, 1-14
(Biblia Latinoamericana, 2005)

Anexos

Testimonios.

Rav'

13 de diciembre 2003

a travez de las palomas
me dicen que las obcerbe
que son libres como el
viento y que son Realmente
felices.
y me dicen, busca la libertad
pero no busques la felicidad
porque la felicidad que tu
encuentras es momentanea
pero la Real felicidad solo
dios te la dara, cuando tu
Realmente le abras de todo
corazón tu corazón a
dios

Sras. Rosalia y Silvia
Muchas gracias por él mensaje
de Salvación que me an traido
pues en mi mundo de Sombras
nace la luc de la esperanza
que hoy ya tengo la Fé
de que si hay una solucion
á mi vida pues despues de
ser despreciado asta de
mi misma familia llegan
Ustedes con la humildad y
amor del Señor.
Gracias Señoras que el
Sr. Jesucristo las bendiga

Sabado /25/oct/ Para: Pastora y Rosalba

Gracias, quiero darle las gracias sinceramente porque gracias a sus platicas y Conocimiento e podido Superar algo que venia Cargando y que realmente no hayaba Como Solusionarlo. Y se lo comento para que sepa la magnitud de la Carga que traía y le digo que traía porque gracias a Dios y a Ustedes ya no la Cargo y le aseguro que era una Carga muy pesada, pues es referente a me Sentencia, ya que me ~~senten~~ dieron 40 años de prision y Cuando me notificaron esa sentencia desde ai Comenzo el martirio que realmente no hayaba que hacer, pero gracias a una de sus sessiones la puse en Practica y se la tejé a Dios y desde entonces e Sentido Una Calma que nunca antes había Sentido, y Desde ese momento he pensado y he he Sentido el Poder que tiene Dios Nuestro Señor Es Infinito Y Que Puede Obrar en me Siempre Y Cuando haga lo que dice Su Palabra que Es la Biblia ya, Yo Se que Dios Padre me va ayudar en este problema, por que Dios Sabe que no Meresco esa Sentensia y Si el Considera que haci me Puede pues que sea Como el quiera, pero Yo se que el Se va Compadeser de Mr y en la apelasion que estoy esperando el se va a manifestar y Confio en el Plenamente y Dios Sabe que así es puesto que e empesado a Conoserlo Y Yo se que es Justo y Recto y Nunca me va

Desamparar; ~~por~~ por eso quiero
manifestarle que e sentido que Ustedes Son
Una gran Ayuda para mi y Creo que para el
Resto de Mis compañeros, puesto que todo
lo que Ustedes trasmiten y Nos enseñan
es lo que nos anima en gran Manera en
Continuar día con día y les doy gracias
gracias de todo Corazon por su grandiosa
Ayuda y Dios Quiera que siempre les ayude
a ustedes para que asi puedan seguir ayudando
que tanta Falta nos hace, que personas
Como ustedes nos acompañe. Que Dios las
Bendiga ahora Y Siempre.

Dios la Cuide y las proteja
A ustedes y a su Familia
se los deseo de todo Corazon

26/03/04

Para Mis hermanas que quiero mucho.
De: Su hermano Juan Manuel Espinoza T.

Hola espero y se encuentren vien
junto con toda su familia.

Gracias por la carta que me mandaron
porque me motivo mucho, lla que en
esos días estava pasando por una
situacion fuerte pero sus palabras
me dieron motivacion y aliento y me doy
cuenta que todavia me recuerdan.

Yo tambien las recuerdo mucho y las
tengo en mi corazon y mis horaciones
por todo lo que me enseñaron en ese
tiempo, un tiempo que pase feliz
con ustedes y que nunca boy a oluidar.

Y espero y ustedes tambien nunca me
oluiden.

Hall ocaciones en que deseo volver al
grupo pero no me decido por temor
o por sircustancias que se presentan,
Rosalia lla me sentenciaron y realmente
son muchos años los que me dieron
que abeces pienso que no boy a
aguantar mucho porque siento que
me estoy muriendo tanto fisico, mental,
moralmente y sobre todo espiritual.

Pero le pido a Jehova que me
allude y me quite los pensamientos
siguidas que se meten en mi mente
y espero muy pronto estar nuevamente
con ustedes y mis compañeros porque
de lo contrario nose que va a pasar
con mi vida.

Y si no he echo algo malo es por
la gracia de dios que no lo ha
permitido.

Pero samben que las extraño mucho
y las sigo queriendo apesar de que
convivimos tan poco tiempo les
agarre mucho apreclo y estimacion y si
no he echo una locura es por los
momentos agradables y marabillosos que
me dieron y por dios que no ha
permitido que aga una locura.

Gracias por acordarce de mi y no
olvidarme y que Dios me las cuide
ciempre y las protega por la lavor
que asen para nosotras.

Las quiero mucho, las extraño y sobr
todo quisiera estar otraves con ustede

13/12/2003 Juan Manuel,

En este día. Tan especial para
ustedes y para mí les deseo
lo mejor y una vonita Felis
Navidad co toda su Familia

Espero y nunca nos olviden
y nos tenga gravadas en su
mente y su corazon porque llo
las llevo con migo.

Gracias por precuparse por mí
y mis compañeros.

Recuerden que por todo lo que
icieron por nosotros. Dios se los
ba a recompensar con creses y
sobre todo con el priviléglo
de estar en el nuevo Orden
de sistema de cosas que
Jehova les ofrece por lo
que han echo por nosotros.

Les hespera una vida eterna
en el paraiso que espero yo
Juan Manuel Ospinoza Terrazas
verlas en ese día tan especial.
Que Jehova nos ofrece tanto a
ustedes como ami.

Que Jehova las bendiga por ciempre
y las cuide.
Las Amo, Las Quiero, No me olviden.

Hna. Rosalía. Estas son algunas de las canciones que cantamos, para dar testimonio, y las escribo con mucho gusto para ti.

que bonito día me da Dios,
ahora que salimos a correr,
no hace frío no hace calor,
bajo la mirada del Creador
que para mí es Dios, el poder Superior.

y sí Señor, sí somos nosotros,
un grupo de personas, que luchando están.
y no Señor, no somos nosotros.
aqueyos que se drogan, y sufriendo están.
Pues limpios segiremos, pues triunfamos ya...

oye compañero lo que vamos a decir,
quiero que me escuches y pongas atención,
que veas a tu madre como la tienes ya,
que dejes ya la droga, que matandote esta
atí es al que te digo, que me estas mirando haya
lo cual te invitamos que te vengas a anexar
que todos juntos te halludamos a camviar

Solo por hoy no me drogo,
por fuerza de voluntad,
lo mejor de la vida,
es nuestra livertad.
fibra coraje y valor,
es la fuerza, de un gran vencedor

Mis muy queridas. Silvia y Rosalia
Les escribo estas cuantas Letras, deseando de tod corazón

que Siempre esten bien, yo estoy bien gracias a mi
Padre Dios, Les escribo primeramente para darles las gracia
s, por darme la oportunidad, de poder compartir con ustedes, mis
pensamientos Los cuales quiero compartir con ustedes,
y quiero decirles que me encuentro muy contento con
ustedes, porque gracias a ustedes estoy conociendo La
palabra de mi padre Dios, y quiero que Sepan que
nunca me habia Sentido tan fortalecido, espiritualmente
como me Siento ahora y anhelo de todo corazón Seguir
este camino, que yo Se que es bueno, gracias a
Dios por traerlas a este lugar donde yo Me encuentro
Les agradezco de todo corazón, la voluntad que
ustedes tienen para venir a enseñarnos la palabra de
Dios, que mucha falta me hacia, porque yo tenia mucha,
Sed y en el camino donde yo handaba no halle agua que
me la quitara, pero hoy cristo Jesús me esta dando
agua, pero agua viva, me esta enseñando a amar a
mi projimo, queridas hermanas yo las quiero mucho de
todo corazón al. igual que a todos mis compañeros,
y toda la Semana las extraño mucho, yo quisiera
que ustedes estuvieran mas tiempo con nosotros,
gracias a Dios y a ustedes, yo estoy cambiando mi
manera de vivir ya que yo nunca habia Leido la
biblia, y ahora me vengo a dar cuenta que en ella
esta la palabra de mi padre Dios, es todo por el momento despues les escribo mas con el favor de mi padre
Dios, ATTE. Jesús Manuel

Fotos.

Imagen de archivo.
    Imagen realizada por los internos donde se aprecia su marcha desde las llamas y las nubes tormentosas (parte superior) hasta el paraíso (parte inferior)

Foto de Archivo.
Integrantes originales del Grupo Vértice

Foto de Archivo
Parados de Izquierda a derecha. Mauricio, Isidro, Marisela, Rosalía, Silvia y Julián. Sentado. *El Pastel*.

Foto de Archivo
Silvia de pie frente al grupo de talleristas en la capilla del *CERESO*

Foto de Archivo
Rosalía dirigiendo la sesión al frente al grupo de talleristas del *CERESO*

MW00897774

Made in the USA
Coppell, TX
09 January 2025

43732642R00174